DIREITO MARÍTIMO AMBIENTAL

DEVER FUNDAMENTAL DE PROTEÇÃO DO MEIO AMBIENTE MARINHO NO ÂMBITO NACIONAL E INTERNACIONAL

MARCELO F. QUIROGA OBREGÓN

Prólogo
Eliane Maria Octaviano Martins

Apresentação
Carla Adriana Comitre Gibertoni

DIREITO MARÍTIMO AMBIENTAL

DEVER FUNDAMENTAL DE PROTEÇÃO DO MEIO AMBIENTE MARINHO NO ÂMBITO NACIONAL E INTERNACIONAL

Belo Horizonte

FÓRUM

CONHECIMENTO JURÍDICO

2020

© 2020 Editora Fórum Ltda.

É proibida a reprodução total ou parcial desta obra, por qualquer meio eletrônico, inclusive por processos xerográficos, sem autorização expressa do Editor.

Conselho Editorial

Adilson Abreu Dallari
Alécia Paolucci Nogueira Bicalho
Alexandre Coutinho Pagliarini
André Ramos Tavares
Carlos Ayres Britto
Carlos Mário da Silva Velloso
Cármen Lúcia Antunes Rocha
Cesar Augusto Guimarães Pereira
Clovis Beznos
Cristiana Fortini
Dinorá Adelaide Musetti Grotti
Diogo de Figueiredo Moreira Neto (in memoriam)
Egon Bockmann Moreira
Emerson Gabardo
Fabrício Motta
Fernando Rossi
Flávio Henrique Unes Pereira

Floriano de Azevedo Marques Neto
Gustavo Justino de Oliveira
Inês Virgínia Prado Soares
Jorge Ulisses Jacoby Fernandes
Juarez Freitas
Luciano Ferraz
Lúcio Delfino
Marcia Carla Pereira Ribeiro
Márcio Cammarosano
Marcos Ehrhardt Jr.
Maria Sylvia Zanella Di Pietro
Ney José de Freitas
Oswaldo Othon de Pontes Saraiva Filho
Paulo Modesto
Romeu Felipe Bacellar Filho
Sérgio Guerra
Walber de Moura Agra

CONHECIMENTO JURÍDICO

Luís Cláudio Rodrigues Ferreira
Presidente e Editor

Coordenação editorial: Leonardo Eustáquio Siqueira Araújo
Aline Sobreira de Oliveira

Av. Afonso Pena, 2770 – 15º andar – Savassi – CEP 30130-012
Belo Horizonte – Minas Gerais – Tel.: (31) 2121.4900 / 2121.4949
www.editoraforum.com.br – editoraforum@editoraforum.com.br

Técnica. Empenho. Zelo. Esses foram alguns dos cuidados aplicados na edição desta obra. No entanto, podem ocorrer erros de impressão, digitação ou mesmo restar alguma dúvida conceitual. Caso se constate algo assim, solicitamos a gentileza de nos comunicar através do *e-mail* editorial@editoraforum.com.br para que possamos esclarecer, no que couber. A sua contribuição é muito importante para mantermos a excelência editorial. A Editora Fórum agradece a sua contribuição.

Dados Internacionais de Catalogação na Publicação (CIP) de acordo com a AACR2

O13d	Obregón, Marcelo F. Quiroga Direito marítimo ambiental: dever fundamental de proteção do meio ambiente marinho no âmbito nacional e internacional / Marcelo F. Quiroga Obregón.– Belo Horizonte : Fórum, 2020. 185p.; 14,5cm x 21,5cm ISBN: 978-85-450-0594-0 1. Direito Ambiental. 2. Direito Marítimo Ambiental. 3. Direito Internacional Público. I. Título. CDD: 341.347 CDU: 349.6

Elaborado por Daniela Lopes Duarte - CRB-6/3500

Informação bibliográfica deste livro, conforme a NBR 6023:2002 da Associação Brasileira de Normas Técnicas (ABNT):

OBREGÓN, Marcelo F. Quiroga. *Direito marítimo ambiental:* dever fundamental de proteção do meio ambiente marinho no âmbito nacional e internacional. Belo Horizonte: Fórum, 2020. 185p. ISBN 978-85-450-0594-0.

A mi adorada madre, luz que ilumina mis pasos y mantiene vivos los deseos de lucha constante y de la alegria de vivir.

Para Telma, esposa, companheira e amiga de todas as horas.

SUMÁRIO

PRÓLOGO
Eliane M. Octaviano Martins..9

APRESENTAÇÃO
Carla Adriana Comitre Gibertoni...11

INTRODUÇÃO 13

CAPÍTULO 1
O DIREITO INTERNACIONAL DO MAR E SEU
DESENVOLVIMENTO COMO UMA NECESSIDADE DE SOLUÇÃO
DE CONFLITOS E DE REGULAMENTAÇÃO DOS ESPAÇOS
MARÍTIMOS, TANTO NA SUPERFÍCIE QUANTO NO LEITO E
SUBSOLO MARÍTIMO...21

1.1	A Convenção das Nações Unidas Sobre Direito do Mar e a legislação interna	29
1.2	Primeira Conferência cobre Direito do Mar das Nações Unidas (1958)	29
1.2.1	Comissão sobre Mar Territorial e Zona Contígua	30
1.2.2	Comissão sobre Plataforma Marítima ou Continental	32
1.2.3	Comissão sobre Pesca e os Recursos Vivos do Alto-Mar	34
1.2.4	Comissão sobre Alto-mar	37
1.3	Segunda Conferência sobre Direito do Mar das Nações Unidas (1960)	41
1.4	Terceira Conferência das Nações Unidas Sobre Direito do Mar (1982), Convenção de Montego Bay	43
1.4.1	Mar territorial e zona contígua	46
1.4.2	Linha de base	47
1.4.3	Águas interiores	48
1.4.4	Passagem inocente	49
1.4.5	Jurisdição penal e civil a bordo do navio	51
1.4.6	Zona contígua	52
1.4.7	Zona econômica exclusiva	54
1.4.8	Plataforma continental	57
1.4.9	Comissão de Limites da Plataforma Continental	60

CAPÍTULO 2
POLUIÇÃO AMBIENTAL MARINHA À LUZ DA LEGISLAÇÃO
INTERNACIONAL......63

2.1 Análise da Convenção das Nações Unidas Sobre Direito do Mar: proteção do meio marinho......66

2.2. Poluição por derramamento de óleo......73

2.2.1 Declaração das Nações Unidas sobre o Meio Ambiente de 1972 (Declaração de Estocolmo)......75

2.2.2 Convenção Internacional sobre Responsabilidade Civil por Dano Causado por Poluição por Óleo (CLC/69) e o Protocolo de 1992......80

2.2.3 Convenção Internacional para a Prevenção da Poluição Causada por Navios (MARPOL 73/78)......95

2.2.4 Convenção Internacional sobre Preparo, Resposta e Cooperação em Caso de Poluição por Óleo, de 1990 (OPRC/90)......107

2.2.5 Convenção Internacional para Controle e Gerenciamento de Água de Lastro e Sedimentos de Navios......114

2.2.5.1 Água de lastro: repercussões e importância na navegação e no transporte marítimo......114

2.2.5.2 Gerenciamento da troca de água de lastro no Brasil pela Lei nº 9.966, de 28 de abril de 2000, e pela Norma da Autoridade Marítima para o Gerenciamento da Água de Lastro de Navios (NORMAM-20/DPC)......120

2.2.5.3 Análise da Convenção Internacional para o Controle e Gerenciamento da Água de Lastro e Sedimentos de Navios de 2004......123

CAPÍTULO 3
ANÁLISE DA LEGISLAÇÃO NACIONAL: POLÍTICA NACIONAL
DO MEIO AMBIENTE (PNMA)......127

3.1 Análise da Lei nº 9.966, de 28 de abril de 2000 – Lei do Óleo......135

CAPÍTULO 4
A ELABORAÇÃO DE NORMAS INTERNAS E EXTERNAS
COMO UMA FORMA DO CUMPRIMENTO DO DEVER
FUNDAMENTAL NA PREVENÇÃO E PROTEÇÃO DO MEIO
AMBIENTE MARINHO......151

CONSIDERAÇÕES FINAIS......173

REFERÊNCIAS......177

PRÓLOGO

Com muita satisfação e alegria, aceitei o honroso convite para apresentar a obra *Direito Marítimo Ambiental: dever fundamental de proteção do meio ambiente marinho no âmbito nacional e internacional*, de autoria do Prof. Dr. Marcelo Fernando Quiroga Obregón. A obra é resultado de tese de doutorado da qual tive a honra de participar como examinadora presenciando o brilhantismo com o qual o Prof. Obregón destacou temas complexos e fundamentais.

Estruturada em quatro capítulos, a obra analisa, fundamentalmente, em que medida os tratados internacionais, considerados como norma externa, regidos pela ação conjunta dos Estados-partes através da boa-fé para seu cumprimento, e as leis internas de um Estado ou norma interna, cuja característica é a subordinação, a obrigatoriedade e a coerção para o seu cumprimento, podem exigir, tanto interna como externamente, a responsabilidade civil, o cumprimento do dever fundamental e jurídico e a aplicação de sanções quando se tratar da preservação e da proteção do meio ambiente marinho, nos casos de poluição e danos ambientais por derramamento de óleo e outras substâncias nocivas.

Com profundidade e densidade, o capítulo primeiro contempla o surgimento, o desenvolvimento e as principais características do mar para compreender o processo de elaboração de normas regulatórias dos usos e costumes do mar e da exploração dos seus recursos naturais, além de adentrar nos mecanismos de regulamentação dos limites dos espaços marítimos, a jurisdição dos Estados costeiros e as questões relativas à soberania.

Destaca, em especial, a Convenção das Nações Unidas sobre Direito do Mar (conhecida como Convenção de Montego Bay) considerando-a, nas palavras do autor, como um "verdadeiro código de Direito Marítimo Internacional que rege as relações concernentes aos usos do mar por parte dos Estados-membros da sociedade, estabelecendo normas e exigindo responsabilidades e aplicação de sanções, de maneira conjunta com os Estados signatários e Estados costeiros e mediterrâneos".

Em subsequência, o segundo capítulo se centra na preocupação da sociedade internacional com os danos ao meio ambiente marinho e aborda como os incidentes relacionados ao derramamento de óleo por navios durante o transporte marítimo e outras formas de descarga de substâncias nocivas lançadas ao mar compeliram para que fossem elaboradas normas e regulamentos, através de Convenções internacionais, e ratificadas pelos Estados-membros da comunidade internacional de maneira solidária. Destaca-se, em específico, importante análise de Convenções que contemplam a responsabilidade civil objetiva, em caso de dano ambiental por derramamento de óleo e as normas que referenciam prevenir a poluição por navios e a cooperação internacional para a prevenção e precaução de acidentes ocorridos por poluição por óleo.

O terceiro capítulo adentra na análise das normas internas relativas às políticas do meio ambiente, assim como da legislação específica relacionada à poluição marinha por óleo dentro do mar territorial sob jurisdição do Brasil.

O último capítulo analisa, com maestria, os motivos pelos quais as normas internas e externas elaboram a sua regulamentação, a aplicação de sanções para os infratores, poluidores ou depredadores. O autor defende ainda a solução de conflitos por meios pacíficos, como a arbitragem marítima.

A obra configura, portanto, em relevante instrumento de pesquisa e de fundamental interesse para a comunidade jurídica.

Parabéns Prof. Obregón! Faço votos que esta seja a primeira de muitas contribuições ao estudo de tão relevante área do Direito.

Saudações maritimistas,

Eliane M. Octaviano Martins
Pós-Doutora pela Universidade Autônoma de Barcelona. Doutora pela Universidade de São Paulo. Mestre pela Universidade Estadual "Júlio de Mesquita Filho".

APRESENTAÇÃO

Eis o lançamento de mais uma grande obra. É com grande alegria que apresento a obra de autoria do amigo Prof. Dr. Marcelo Fernando Quiroga Obregón intitulada *Direito Marítimo Ambiental: dever fundamental de proteção do meio ambiente marinho no âmbito nacional e internacional*. A obra é resultado de tese de doutorado do Prof. Obregón, período no qual tive a honra de acompanhar seus estudos e a constante reflexão sobre os deveres dos Estados em relação aos danos ao meio ambiente marinho. A qualidade da obra não constitui surpresa para os que conhecem o Prof. Obregón e não ignoram os conhecimentos que ele tem sobre o assunto.

Não há dúvida que a previsão constitucional vigente em relação ao meio ambiente, bem como o disposto em acordos e tratados internacionais, a pretensão à manutenção e reparação dos danos direciona-se, mais e mais, na ligação coerente da responsabilidade civil, dever jurídico e sanção como elementos necessários para a efetivação das normas internas e externas e para a convivência pacífica da sociedade. Essa é a questão em análise da presente obra.

Importante salientar que o Prof. Obregón não se limita a tratar da poluição marinha, mas de analisar de forma minuciosa as normas internas e internacionais na busca da efetiva capacidade de responsabilização dos Estados na sua função de proteger o meio ambiente marinho, bem como no reparo dos danos eventualmente causados pela atividade marítima.

Para responder a questão proposta, com a análise de atos e medidas mais rígidas que imponham o respeito às normas legais de proteção e segurança do meio ambiente marinho em prol da coletividade, a obra está dividida em quatros capítulos que se revelam uma fonte permanente de consulta.

Primeiramente, o autor aborda, de forma profunda, o surgimento, o desenvolvimento e as principais características do mar para compreender o processo de elaboração de normas regulatórias dos usos e costumes do mar e da exploração dos seus recursos naturais além de adentrar nos mecanismos de regulamentação dos limites dos espaços marítimos e a jurisdição dos Estados costeiros e as questões relativas à soberania, com destaque à Convenção das Nações Unidas sobre Direito do Mar (Convenção de Montego Bay) que, nas palavras do autor "pode ser considerada como uma das normas internacionais marítimas mais abrangentes sobre Direito do Mar posto que regula aspectos relacionados ao espaço oceânico em geral respeitando a soberania dos Estados".

A seguir, apresenta um estudo pormenorizado sobre os danos ao meio ambiente marinho, que colocam em risco o equilíbrio ecológico de toda a sociedade, afetando os seres vivos e as espécies marítimas no planeta, e, ao mesmo tempo, desperta uma profunda preocupação na comunidade internacional, ao ponto de levar a elaboração de acordos internacionais, transformadas em normas, através de Convenções a fim de prevenir e proteger o meio ambiente marinho. Nesse ponto, há uma importante análise dos documentos que contemplam a responsabilidade civil objetiva, em caso de dano ambiental por derramamento de óleo e as normas de prevenção cooperação internacional para a prevenção e precaução de acidentes ocorridos por poluição por óleo e por navios.

A abordagem detalhada das normas internas relativas ao meio ambiente faz-se necessária, assim como da legislação relacionada à poluição marinha por óleo, água de lastro e substâncias nocivas dentro do mar territorial sob jurisdição do Brasil.

Por fim, o autor analisa, com base na origem dos direitos fundamentais, o dever jurídico, a responsabilidade e a coerção, como instrumentos necessários para o cumprimento das normas, sejam internas ou internacionais, inclusive, para evitar, como lembra o autor, "que determinados atos considerados crimes, como é o caso da poluição ambiental, permaneçam impunes, permitindo práticas reiteradas, favorecendo interesses econômicos em detrimento dos interesses da sociedade".

A obra enfrenta questões polêmicas, a desafiar doutrinadores e jurisprudentes, em especial aqueles que se preocupam com o destino do país e da humanidade.

Acredito, firmemente, que as ideias aqui contidas poderão contribuir para análise das controvérsias referentes à responsabilidade civil ambiental e para a exata compreensão das exigências e sanções impostas no Direito do Mar.

Recomendo a todos a leitura.

Carla Adriana Comitre Gibertoni
Mestre em Direito pela Universidade de Barcelona. Advogada militante nas áreas cível, comercial, marítima e portuária.

INTRODUÇÃO

Através da análise doutrinária dos diferentes textos do Direito Marítimo podemos considerar que as normas que regulamentam o mesmo surgem na Antiguidade, através dos usos e costumes das sociedades organizadas da época, como consequência do intercâmbio comercial e da necessidade do uso de embarcações para seu transporte e comercialização de infinidade de produtos, fortalecendo, ao mesmo tempo, a integração entre os diferentes povos, assim como a sua consolidação e o poderio, através dos usos militares e de conquista, motivo pelo qual a fonte principal deste Direito é o costume.

Neste sentido a legislação ambiental em geral, e marítima em particular, é construída através da elaboração de normas internacionais, internalizadas no ordenamento jurídico dos respectivos Estados e transformados em normas com *status* de leis ordinárias. Este procedimento é possível e permitido pela ordem constitucional dos mesmos devido à necessidade assumida internamente de proteção do meio ambiente, assim como a tomada de consciência da preservação do mesmo, até porque, no caso brasileiro, existe uma previsão constitucional no seu artigo 225, impondo ao Poder Público e à coletividade o dever de defendê-lo para presentes e futuras gerações.

Este conjunto de normas vem fortalecer, de maneira notória, a moderna doutrina do Direito Internacional do Mar, a partir da Convenção das Nações Unidas sobre Direito do Mar, que reconhece a contribuição dos diferentes acordos internacionais que cuidam da preservação proteção do meio ambiente marinho através de princípios fundamentais que servem como alicerce para a exigência de responsabilidade civil, penal e administrativa, bem como o cumprimento de deveres jurídicos e a aplicação de sanções aos poluidores e predadores ambientais, sejam pessoas físicas ou jurídicas.

Diante da previsão constitucional vigente em relação ao meio ambiente, e tendo em conta que a degradação do mesmo atenta contra a segurança da sociedade e viola direitos fundamentais dos seus membros, é importante salientar e reafirmar que, a ligação coerente da responsabilidade civil, dever jurídico e sanção são elementos necessários para a efetivação das normas internas e externas e para a convivência pacífica da sociedade.

Neste contexto, considerando que os acordos internacionais têm como atributo essencial a ação conjunta e coordenada dos Estados-partes através da boa-fé para o cumprimento dos mesmos, embora no Direito Interno a característica de sua norma é de subordinação e mecanismos de coerção para o seu cumprimento, o objetivo do presente trabalho é responder à seguinte indagação: em que medida os acordos internacionais, que são regidos pela boa-fé dos Estados-partes, podem exigir a responsabilidade civil, o cumprimento do dever jurídico e a aplicação de sanções quando se tratar da preservação e da proteção do meio ambiente marinho, nos casos de poluição e danos ambientais por derramamento de óleo e outras substâncias nocivas?

Adotou-se como fio condutor da presente pesquisa, a perspectiva dialética hegeliana como um sistema de compreensão da realidade, ante um processo em incessante impulsão, no qual há a proposta de uma tese que possui a pretensão de ser verdadeira. Por sua vez, a antítese corresponde à negação da tese e, em decorrência do embate entre a tese e a sua antítese, ocorre a síntese, como uma nova tese que novamente será confrontada, ou seja, é a autossuperação pelo confronto.

Para responder à nossa indagação, a presente tese foi dividida em quatros capítulos. No Capítulo 1, analisamos o Direito Internacional do Mar, investigando o surgimento, o desenvolvimento e as suas principais características para compreender o processo de elaboração de normas regulatórias dos usos e dos costumes do mar e da exploração dos seus recursos naturais, tanto na superfície quanto na profundidade, a partir da sustentação teórica trazida por Eliane Maria Octaviano Martins, principalmente.

No mesmo propósito, percebemos o mecanismo de regulamentação dos limites dos espaços marítimos e a jurisdição dos Estados costeiros, a discussão da soberania, cuja preocupação acompanha a sociedade desde épocas remotas que, ao mesmo tempo, deram origem ao surgimento das primeiras normas marítimas de caráter consuetudinário, consideradas, na atualidade, como sendo a fonte principal do moderno Direito Marítimo Internacional, tendo como base teórica as ponderações de Carla Adriana Comitre Gibertoni e Jete Jane Fiorati.

Assim, verificamos as diferentes iniciativas da Organização das Nações Unidas representadas por três Conferências Internacionais sobre Direito do Mar. A Primeira Conferência, realizada em 1958, propôs uma discussão de caráter jurisdicional dos espaços marítimos e, principalmente, um tema que nunca tinha sido discutido, qual seja, a análise dos aspectos biológicos sobre proteção e exploração da diversidade dos recursos naturais. Esta Conferência criou quatro

INTRODUÇÃO | 15

Comissões para tratar temas específicos, tais como, Mar Territorial e Zona Contígua; Plataforma Marítima ou Continental; Pesca e Recursos Vivos do Alto-Mar e a Comissão sobre Alto-Mar. Averiguamos a Segunda Conferência, convocada em 1960, realizada em Genebra, cuja década foi considerada como sendo a mais instável nas relações entre os Estados em razão do aprofundamento da Guerra Fria, os embates ideológicos Norte-Sul e o descontentamento dos países em relação à exploração sobre a jurisdição e soberania do mar territorial que ainda não estava definido. Estes fatos foram os principais obstáculos para que a mencionada Conferência fracasse na tentativa de elaborar uma agenda a fim de definir uma das principais discussões de interesse dos países participantes, qual seja, quanto à extensão do mar territorial e à exploração dos recursos marinhos em igualdade de condições.

Examinamos, ainda, a Terceira Conferência das Nações Unidas sobre Direito do Mar, que deu início às discussões, durante as décadas de 1960 e 1970, sobre três temas primordiais concernentes à regulamentação marítima internacional: o regime jurídico dos fundos marinhos, oceânicos, do subsolo marinho e limites jurisdicionais; os espaços marítimos, mar territorial, zona contigua, zona econômica exclusiva e plataforma continental; finalmente a análise ambiental, proteção e preservação do meio ambiente marinho, assim como a pesquisa científica e a transferência de tecnologia. Estes temas foram aprovados, sendo elaborado um Projeto de Convenção, que através do uso do sistema de consenso foram elaborados num único instrumento que deu lugar à Convenção das Nações Unidas Sobre Direito do Mar, aprovada em 30 de abril de 1982 por 117 Estados, na Jamaica, na cidade de Montego Bay, e promulgada no Brasil, pelo Decreto nº 99.165, de 12 de março de 1990.

As classificações e a regulamentação dos espaços marítimos previstos na CNUSDM, é, hodiernamente, reconhecida como um verdadeiro código de Direito Marítimo Internacional que rege as relações concernentes aos usos do mar por parte dos Estados-membros da sociedade, estabelecendo normas e exigindo responsabilidades e aplicação de sanções, de maneira conjunta com os Estados signatários e Estados costeiros e mediterrâneos.

A preocupação da sociedade internacional com a deterioração do meio ambiente marinho, como consequência da poluição ou depredação do mesmo através de uma sucessão de incidentes, tais como o derramamento de óleo por navios durante o transporte marítimo e outras formas de descarga de substâncias nocivas lançadas ao mar, compeliu para que fossem elaboradas normas e regulamentos, através de Convenções internacionais, ratificados pelos Estados-membros da comunidade internacional de maneira solidária.

Neste sentido, as advertências de Lecir Maria Scalassara serviram como base teórica para o entendimento de que os mares e oceanos não são fontes inesgotáveis de recursos e, principalmente, de que a sua capacidade de absorção de poluição é limitada.

Esta análise foi enfrentada no Capítulo 2, a partir do reconhecimento e da ratificação de todas as Convenções Internacionais relativas à proteção do meio ambiente marinho, estabelecida na Parte XII, artigos 192 a 237 da CNUSDM, no que ser refere à poluição marinha. Verificamos a contribuição da Convenção de Montego Bay na compreensão mais abrangente de poluição marinha, ao contemplar incidentes, desde a emissão de substâncias tóxicas ou nocivas, provenientes não somente de navios, como também de fontes terrestres, da atmosfera e da exploração do leito do mar e do subsolo, na exploração do petróleo.

Averiguamos o conteúdo da Convenção Internacional sobre Responsabilidade Civil por Dano Causado por Poluição por Óleo – CLC/69 e do Protocolo de 1992, relativo à CLC/69, considerados como o único instrumento internacional que reconhece a necessidade de garantir uma indenização adequada e justa às vítimas de poluição ou depredação ambiental marinha, determinando a responsabilidade civil objetiva para o proprietário da embarcação e para todas as pessoas físicas e jurídicas responsáveis pelo dano ambiental, impondo regras claras de cumprimento dos deveres jurídicos e aplicando sanções para os infratores.

Para a compreensão do regime da responsabilidade civil objetiva, em caso de dano ambiental por derramamento de óleo, este instrumento internacional levou em conta as suas consequências imprevisíveis, determinando diferentes formas de ressarcimento para as vítimas. Portanto, a norma internacional reconhece a importância das consequências do dano ambiental, e para evitar que ocorra a impunidade deste tipo de crime, que afeta à sociedade no seu conjunto, reconhece a necessidade da imputação da respectiva responsabilidade, exigindo o cumprimento dos deveres jurídicos, com a aplicação de sanções, para a efetivação dos direitos das pessoas numa sociedade organizada.

A intensificação do intercâmbio comercial e a exploração de fontes de energia, tais como o petróleo e as suas diferentes formas de distribuição nos mercados interno e internacional, através do uso do transporte marítimo, como um procedimento logístico, passou a ser uma preocupação para a sociedade, devido a uma sucessão de catástrofes ambientais ocorridas por derramamento de óleo de navios petroleiros. Esta situação compeliu as autoridades nacionais e os organismos internacionais a iniciar a elaboração de normas a fim de prevenir a poluição por navios, concretizada pela Convenção Internacional para a Prevenção da Poluição Causada por Navios (MARPOL 73/78), que entrou em vigor no Brasil em 1996, promulgada pelo Decreto nº 2.508, de 04 de março de 1998.

A MARPOL 73/78 estabelece um encadeamento de regras e normas que devem ser respeitadas pelos operadores de navios, a fim de evitar a poluição do meio marinho durante o transporte de óleo, exigindo dos Estados a instauração de processos pelas supostas violações, com a aplicação de sanções rigorosas aos infratores. É importante destacar que a Convenção prevê que os conflitos relativos à interpretação entre dois ou mais Pares da Convenção com relação à INTERPRETAÇÃO ou à APLICAÇÃO da presente Convenção.

É importante destacar que a Convenção prevê no seu artigo X que as controvérsias entre dois ou mais Estados-partes relacionadas à interpretação do texto da MARPOL 73 deverão ser resolvidas através de negociações entre Partes e, se as Partes não chegarem a um acordo, deverá ser submetida, por solicitação de qualquer delas, a uma arbitragem, como estabelecido no Protocolo II (relativos à arbitragem) da mesma Convenção.

O Protocolo II da MARPOL, relativo à arbitragem segue todos os procedimentos previstos na doutrina, relacionados ao uso deste instrumento, no caso, para dirimir controvérsias relacionadas à interpretação da Convenção e não assim aos conflitos relacionados com as violações ao meio ambiente marinho, uma vez que, mesmo não sendo considerado direito patrimonial disponível, Luiz Antonio Scavone Junior aponta que

> [...], todavia, para que possa ser adotada como meio de solução de conflitos, além de se limitar aos direitos patrimoniais, a arbitragem ainda exige a existência de direitos disponíveis. A disponibilidade dos direitos se liga, conforme pensamos, à possibilidade de alienação e, demais disso e principalmente, àqueles direitos que são possíveis de transação. (SCAVONE JUNIOR, 2009, p. 22)

Por fim, avaliamos a Convenção Internacional sobre Preparo, Resposta e Cooperação em Caso de Poluição por Óleo, de 1990 (OPRC/90), promulgada pelo Decreto nº 2.870, de 10 de dezembro de 1988, no que concerne à cooperação internacional para a prevenção e a precaução de acidentes ocorridos por poluição por óleo, reconhecendo a gravidade e os riscos que representa a poluição por óleo no ambiente marinho.

A OPRC/90 adota o princípio do poluidor-pagador, que é fundamental para o cumprimento e a eficácia das normas internacionais, em plena sintonia com as demais Convenções quanto à necessidade de adoção de regras claras de responsabilidade civil, dever jurídico e coerção a fim de eliminar as fontes poluidoras e indispensável para a prevenção do meio ambiente marinho.

O Capítulo 3 deste trabalho se adentra na análise das normas internas relativas às políticas do meio ambiente, assim como da legislação específica relacionada à poluição marinha por óleo dentro do mar territorial sob jurisdição do Brasil. Partindo do artigo 225, §§1º e 4º da Constituição federal vigente, há determinação quanto aos direitos e deveres fundamentais na defesa e na preservação do meio ambiente marinho, com a promoção da educação ambiental e da conscientização pública para a preservação do meio ambiente de maneira solidária, e como sendo parte de uma responsabilidade compartilhada entre todos os membros da sociedade.

Estudamos a Política Nacional do Meio Ambiente, criada pela Lei nº 6.938, de 31 de agosto de 1981, elaborada em concordância com as normas internacionais que visam à proteção do meio ambiente em geral, assim como os princípios basilares do Direito Ambiental. Desse modo, verificamos a razão para a criação do Sistema Nacional do Meio Ambiente e seus diferentes órgãos responsáveis pela política ambiental no Brasil e, notadamente, entendermos o princípio do desenvolvimento sustentável e a dicotomia entre proteção do meio ambiente e desenvolvimento econômico, a partir das reflexões teóricas de Paulo Bessa Antunes.

É neste contexto, e por motivos preocupantes da degradação ambiental marinha com consequências de extrema gravidade, atingindo contornos irreversíveis e irrecuperáveis em decorrência de derramamento de óleo nas áreas marinhas sob jurisdição brasileira, é que ocorre a promulgação da Lei nº 9.966, de 28 de abril de 2000, a "Lei do Óleo".

A Lei do Óleo prevê uma sequência de prescrições que vão regulamentar o transporte de substâncias nocivas ou perigosas a bordo de navios petroleiros, as mesmas que também serão válidas nas instalações portuárias e nas plataformas de petróleo, exigindo responsabilidades e aplicando sanções para os infratores, de aplicação subsidiária em relação à MARPOL 73/78, dando preferência à aplicação de medidas coercitivas estabelecidas no ordenamento jurídico nacional.

Por derradeiro, no Capítulo 4 analisamos os motivos pelos quais as normas internas e externas elaboram a sua regulamentação, ou seja, com base na necessidade de exigir e determinar responsabilidade civil, o cumprimento dos deveres jurídicos, há muito tempo descuidados como consequência de diferentes fatores sociológicos, políticos e históricos pelos quais a sociedade internacional teve que atravessar durante diferentes etapas características do século XX.

Do mesmo modo, ponderamos sobre a aplicação de sanções para os infratores, poluidores ou depredadores, que não cumpram com as disposições previstas nos ordenamentos internos e internacionais que têm por objetivo a proteção e a preservação do meio ambiente marinho. Contudo, observamos que, para a solução de conflitos por meios pacíficos, é mais eficiente a utilização de métodos como a arbitragem marítima, cujo sistema é utilizado nas relações comerciais do transporte marítimo, desde tempos remotos até os nossos dias, método que não pode ser utilizado nos atos ou fatos de violação ambiental, uma vez que os mesmos, como explicamos anteriormente, não são considerados bens disponíveis nem patrimoniais.

A regulamentação dos usos e exploração dos recursos do mar é uma preocupação antiga, inicialmente realizada pelos usos e costumes do mar posteriormente positivada e adaptada às necessidades de cada Estado costeiro, outorgando de maneira permanente um encadeamento de direitos aos protagonistas dos mesmos, sejam pessoas físicas ou jurídicas, de direito público ou privado. Por outro lado, com a evolução da sociedade e com os processos de industrialização em permanente efervescência, surge uma sociedade altamente consumista, motivo pelo qual aumentou a exploração de recursos naturais e a necessidade de maiores fontes energéticas para satisfazer as necessidades do mercado de consumo.

É neste cenário que o petróleo e seu derivados se transformaram nas fontes de energia mais utilizadas na atualidade, dando lugar ao desenvolvimento de meios sofisticados para seu transporte, tais como navios especializados de grande tonelagem, com capacidade para transportar enormes quantidades de óleo ao redor do mundo.

Por outro lado, o transporte de óleo a bordo de navios demonstrou seu lado negativo, quando, por diferentes motivos, acidentes provocando poluição marinha foram acontecendo de maneira desproporcional, ao derramar enormes quantidades de óleo e substâncias nocivas e danosas nos diferentes espaços marítimos com graves consequências para os ecossistemas marinhos, criando riscos à saúde humana e causando danos aos recursos e à vida marinha.

Estes incidentes exigiram das autoridades a elaboração urgente de uma regulamentação com o objetivo de: tomar medidas preventivas para evitar desastres ecológicos, determinar a responsabilidade civil por dano ambiental dos agentes poluidores, exigindo a obrigação do cumprimento dos deveres jurídicos e a aplicação de sanções a fim de evitar a impunidade dos responsáveis pelo fato criminoso.

Em razão disto, neste capítulo, respondendo ao nosso problema de pesquisa, se faz uma fundamentação argumentativa jurídica filosófica, a partir da sustentação teórica de Hans Kelsen, José Casalta Nabais e Peces-Barba Martínez, sobre a necessidade do cumprimento do dever jurídico e sobre a aplicação de sanções, afirmando que as normas internas e internacionais provenientes de Convenções relativas à proteção do meio ambiente marinho, analisadas neste trabalho, estão de acordo com os princípios do Direito Ambiental Internacional, com os sistemas jurídicos vigentes que outorgam a proteção e a conservação do meio ambiente e com uma legislação especifica, próprios de um Estado Democrático de Direito.

CAPÍTULO 1

O DIREITO INTERNACIONAL DO MAR E SEU DESENVOLVIMENTO COMO UMA NECESSIDADE DE SOLUÇÃO DE CONFLITOS E DE REGULAMENTAÇÃO DOS ESPAÇOS MARÍTIMOS, TANTO NA SUPERFÍCIE QUANTO NO LEITO E SUBSOLO MARÍTIMO

A importância da navegação e o Direito do Mar estão diretamente ligados à própria civilização considerando que o mar "[...] foi o maior espaço físico utilizado pelos povos da Antiguidade" (GIBERTONI, 2014, p. 5), como um elemento de integração e desenvolvimento econômico e principalmente de intercâmbio de mercadorias através do transporte aquaviário (marítimo, fluvial e lacustre).

Podemos afirmar que o comércio e a navegação foram as atividades mais antigas praticadas pelo ser humano e que, como decorrência das mesmas, o Direito surge como uma forma de solução pacífica dos conflitos no intuito de prevenir guerras por desavenças comerciais e até por questões geopolíticas.

Desse modo, o Direito passa a ser utilizado para a resolução dos casos de disputa pelo domínio de espaços marítimos para fins comerciais, como a exploração de recursos, a pesca ou, em determinados momentos, para a solução de casos com características eminentemente bélicas ou de conquista, segurança e controle, domínio e prolongação de territórios.

A discussão sobre a soberania ou domínio dos espaços marítimos por parte dos Estados ribeirinhos ou costeiros também é de longa data, vez que as legislações mais antigas já previam normas baseadas em costumes marítimos relativos ao uso dos mares e ao domínio dos seus espaços para efeitos de navegação comercial e militar, assim como da pesca e exploração de recursos marinhos.

Fiorati (1999, p. 1) sustenta que, na Roma Antiga, os jurisconsultos classificavam o mar como *res communis omnium* e, por conta desta natureza jurídica, implicava na impossibilidade de sua apropriação por qualquer pessoa, ou seja, indivíduos ou mercadores. Por outro viés, esta condição de *res communis omnium* era regida exclusivamente por princípios e pelos costumes, ante a ausência de disciplina jurídica escrita sobre o mar e seus recursos.

Interessante observarmos que o Direito romano fazia referência a alguns institutos de Direito Marítimo que se mantêm vigentes, tais como as responsabilidades do armador *exercitor* (*exercitoria actione*) com a tripulação abordo do navio, sobre a prática do alijamento de mercadoria e o devido pagamento de forma proporcional como previsto nas normas de Direitos Internacional e Interno contemporâneos e vigentes, excetuando-se os casos de força maior, fortuna do mar ou perigo do mar, orientando Martins (2008, p. 34) quanto ao entendimento de força maior como sendo "[...] um acontecimento imprevisível e inevitável que, necessariamente, deve ocorrer durante a navegação".

Além dessas exceções, incluem-se os casos de *incursio piratarum*, atos de pirataria e o empréstimo de dinheiro a risco através de um contrato *foenus nauticum*,[1] onde o prestamista receberia seu dinheiro de volta somente se o navio atracasse em segurança no porto de destino.

No século XVIII definiu-se a delimitação do mar territorial a partir da linha costeira, conhecida atualmente como linha de base, conforme designação feita na Convenção das Nações Unidas sobre o Direito do Mar de 1982 (BRASIL, 1995).

Fiorati (1999, p. 5) explica que "[...] Bynkershoek e Galiani descobriram que o alcance de um tiro de canhão atingia uma légua, medida correspondente a três milhas marítimas". A partir desse fato, alguns Estados adotaram as três milhas marítimas como mar territorial ou espaço soberano, outros estabeleceram quatro milhas marítimas de maneira aleatória e atendendo aos seus interesses econômicos (pesca e navegação) e militares, não existindo uma uniformidade de critérios ou de normas que regulassem a situação jurídica dos espaços marítimos, implicando em conflitos permanentes entre Estados costeiros.

---

[1] A expressão *foenus* era utilizada pelos romanos como contrato ou como tratado.

Observamos que o Direito Marítimo é um Direito consuetudinário, sendo, portanto, o costume a sua principal fonte, contemplando, por esta razão, as normas e institutos marítimos que surgiram na Antiguidade e se mantêm vigentes, enfrentando-se o tempo e a própria evolução da sociedade.

Neste sentido, entendemos que as normas e regras do Direito Marítimo se confundem com as origens da civilização, as mesmas que surgem através dos usos e costumes praticados pelos diferentes povos, desde o Código de Hamurabi, escrito dois mil anos antes de Cristo, passando pelo Código de Manú, que já fazia referência à regulamentação dos contratos marítimos.

González-Lebrero afirma que:

> Lamentavelmente não recolhemos textos de leis marítimas dos fenícios, egípcios e cartagineses, mas sem dúvida, isso não significa a sua inexistência, posto que outros elementos isolados nos permitem afirmar que esses povos regularam em certa medida a navegação.[2] (GONZÁLEZ-LEBRERO, 2000, p. 3, tradução nossa)

Durante os períodos da Idade Média e da Renascença são aperfeiçoados esses institutos através de regras ou preceitos elaborados por autores anônimos, tais como a *Tabua Amalfitana*, que tratava sobre alijamento, afretamento de navios, construção e venda de navios, assim como obrigações do capitão; Livro do Consulado do Mar, Ordenações da Marinha (século XV), vigentes na Península Ibérica (COLOMBOS, 1961, p. 19-20).

No mesmo sentido, foram as *Roles de Oleron* (século XI a século XV), coleção de costumes marítimos que tratava das obrigações do capitão, práticas de salvamento de navios, alijamento, pirataria, procedimentos de estiva, uso da praticagem, abalroação, direitos e obrigações da tripulação etc., chegando-se até nossos dias, preservando a sua característica consuetudinária (COLOMBOS, 1961, p. 19-20).

Cogitamos que o uso ou formas de utilização dos espaços marítimos deu lugar a inúmeras discussões no âmbito da comunidade internacional gerando uma infinidade de conflitos internacionais ao longo dos anos, inicialmente pela utilização das águas unicamente

---

[2] "Lamentablemente no hemos recogido textos de leyes marítimas de los fenícios, egípcios y caratagineses, pero es indudable que ello no significa su inexistencia, ya que otros elementos aislados nos permiten afirmar que esos pueblos habían regulado en cierta medida la navegación."

para a navegação comercial e militar, assim como a exploração de recursos vivos.

Posteriormente, conforme a evolução e surgimento de novas técnicas, entendemos que, pela exploração dos recursos minerais e energéticos dos fundos dos oceanos, solo e subsolo, deram início a um processo de destruição do meio ambiente marinho e que se aprofundou com o descobrimento de novas técnicas de exploração e transporte nas áreas marinhas e espaços marítimos.

González Campos, Sanchez Rodrígues e Sáenz de Santa Maria defendem que:

> Esta dualidade de áreas que formam os chamados espaços oceânicos deu origem a uma diversidade de usos por parte do ser humano do meio marinho. Desde uma perspectiva horizontal, os mares constituem grandes vias de comunicação para os navios mercantes e navios de guerra, com os resultados e consequências econômicas e estratégicas que derivam para a comunidade internacional. Em uma projeção vertical, os oceanos oferecem uma grande variedade de recursos naturais (renováveis e não renováveis, que vão desde a pesca até as grandes jazidas de petróleo que se encontrão no subsolo marinho). Esta pluralidade de usos nem sempre foi feita de maneira pacifica e harmônica, posto que, por exemplo, o transporte de petróleo por mar pode dar origem a uma contaminação do meio ambiente que prejudique gravemente a fauna e a flora.[3] (GONZÁLEZ CAMPOS; SANCHEZ RODRÍGUES; SÁENZ DE SANTA MARIA, 2003, p. 623, tradução nossa)

A necessidade de regulamentar o uso do mar e as práticas marítimas através de normas costumeiras é uma preocupação constante desde a Antiguidade, demonstrada historicamente pelo combate à pirataria, o controle da pesca, a fiscalização sanitária a fim de evitar a disseminação de doenças e epidemias impossíveis de curar à época, a classificação de navios, a construção de navios, a distinção de navios mercantes e de guerra, o regime jurídico dos mares etc., através de decisões unilaterais e conforme a conveniência dos Estados ribeirinhos.

---

[3] "Esta dualidad, de áreas que forman los llamados espacios oceanicos há dado origen a una diversidad de utilizaciones humanas del médio marino. Desde una perspectiva horizontal, los mares constituyen grandes vías de comunicación para los buques mercantes y de guerra, con las aplicaciones económicas y estratégicas que de ello se derivan para la comunidad internacional. En una proyección vertical, los oceanos ofrecen una variada gama de recursos naturales (renovables y no renovables), que van desde la pesca hasta las grandes bolsas de petróleo que estan situadas en el subsuelo marino. Esta pluralidad de usos no siempre se lleva a cabo de manera armónica, pues, por ejemplo, el transporte de petróleo por mar puede dar origen a una contaminación del medio que perjudique gravemente la fauna y la."

Com o surgimento do Estado Liberal Burguês e a afirmação do conceito de soberania tanto interna quanto externa, fortalece-se a ideia de apropriação de uma faixa de mar contígua à linha de base costeira com soberania absoluta do Estado como explicado nos parágrafos anteriores.

Conforme a evolução da sociedade, o Direito Internacional vem se aperfeiçoando, no sentido de positivar as suas normas e institutos, fortalecendo as relações entre Estados através de tratados internacionais e iniciando a criação de organismos internacionais e tribunais internacionais de justiça a fim de dirimir, de maneira pacífica, eventuais conflitos internacionais.

O conjunto dos Estados nacionais modernos e soberanos faz parte de uma sociedade internacional, que se relaciona entre si através de tratados internacionais, onde prima a boa-fé para o cumprimento dos mesmos, dando lugar a novas transformações ao conceito de soberania e ao surgimento de novos atores com personalidade jurídica de Direito Internacional.

Desse modo, esses novos atores têm a competência de chancelar acordos internacionais, tais como os organismos internacionais, sistemas econômicos de integração, tribunais internacionais, que impõem suas decisões aos Estados-partes a fim de evitar violações que atentem contra os direitos fundamentais dos seres humanos, sujeitos de Direito Internacional.[4]

No mesmo sentido, também será o próprio indivíduo, na defesa dos seus direitos humanos, que poderá apelar à jurisdição dos tribunais internacionais em caso de negligência ou violação por parte do próprio Estado. O objetivo deste é o de regular as suas relações no âmbito internacional a fim de preservar uma relativa harmonia aplicando princípios e exigindo o cumprimento dos deveres fundamentais que, em definitivo, sejam úteis para a existência da humanidade.

Estas relações entre os sujeitos de Direito Internacional, como indicados no parágrafo anterior, implicam em mudanças substanciais do conceito de soberania, mas de forma voluntária, de mútuo acordo e de pleno consentimento entre as partes, por causa dos interesses existentes dos diferentes sujeitos de Direito Internacional. Uma vez ratificado o tratado internacional, deverá ser internalizado ao ordenamento jurídico do Estado-parte, conforme suas normas constitucionais, passando a ter

---

[4] O Direito Internacional reconhece o indivíduo como sujeito de Direito Internacional na defesa de seus direitos humanos.

status de norma ordinária, ou, como previsto na legislação brasileira, os tratados que versem sobre direitos humanos, ingressarão com *status* de emenda constitucional, adquirindo uma hierarquia superior aos tratados que versam sobre negócios jurídicos.

Mário Soares entende que o conceito de soberania:

> [...] tem disso reformulado, desde a Primeira Guerra, de forma concreta, através de tratados internacionais que criam organizações internacionais, tais como a Sociedade das Nações (SDN) ou o Organização das nações Unidas (ONU), com poderes para impor suas decisões de forma coativa. (SOARES, 2000, p. 187)

Neste sentido, para a interpretação dos tratados internacionais, Mário Soares (2000, p. 189) assume que a mesma é "[...] desempenhada pelos órgãos jurisdicionais das organizações internacionais [compreendendo que os tribunais], geralmente privativos, destinam-se a dirimir conflitos entre os Estados-membros".

Portanto, entendemos que, para a resolução dos conflitos entre os Estados-membros, as normas constantes dos tratados são orientadas "[...] pelo princípio básico da boa-fé e suas regras de interpretação, compiladas na Convenção de Viena sobre o Direito dos Tratados (assinado em 1969 e vigendo desde 1980)" (SOARES, 2000, p. 189).

Devemos salientar que, na atualidade, a preservação e proteção do meio ambiente têm assumido importância nas relações entre Estados e, consequentemente entre governos, pessoas jurídicas, pessoas físicas e a sociedade em seu conjunto, tendo os particulares como dever fundamental[5] a corresponsabilidade junto com o Poder Público. A Sociedade das Nações, em 1925 dá início à criação de uma Comissão de Peritos para regular as relações jurídicas entre Estados em relação a exploração e conservação dos recursos do mar denominada Conferência Codificadora de Haia de 1930.

Na Conferência de Haia constatou-se a urgência sobre a elaboração de uma Convenção Internacional como o meio mais adequado

---

[5] "Adotamos o conceito de dever fundamental elaborado pelo Grupo de Pesquisa "Estado, Democracia Constitucional e Direitos Fundamentais", do Programa de Pós-Graduação *Stricto Sensu* em Direitos e Garantias Fundamentais, da Faculdade de Direito de Vitória, como sendo uma [...] categoria jurídico-constitucional, fundada na solidariedade, que impõe condutas proporcionais àqueles submetidos a uma determinada ordem democrática, passíveis ou não de sanção, com a finalidade de promoção de direitos fundamentais" (GONÇALVES; FABRIZ, 2013, p. 92).

de regulação ante o complexo conjunto de relações econômicas, tecnológicas, políticas e estratégicas sobre o mar (FIORATI, 1999, p. 13). Desse modo, ao invés do uso e apropriação do mar ser regulado por práticas internacionais defasadas, a inovação estava exatamente na possibilidade de os Estados criarem novas normas firmadas em Convenção Internacional.

A elaboração de normas internacionais que regulamentam as relações entre os Estados, especialmente quando se trata da utilização adequada de recursos naturais, da preservação do meio ambiente ou o respeito das linhas de fronteiras, tendem a enfrentar árduas discussões e debates que se prolongam no tempo. Esta singularidade, decorrente da falta de entendimento, especialmente nas questões de interesses econômicos, com fortes argumentos de violações à soberania dos mesmos, por conta da falta de vontade política, acarreta uma série de conflitos, colocando em risco a paz e a segurança internacional.

Por este motivo, os líderes das nações, com maior ênfase durante as primeiras décadas do século XX, principalmente com o fim da Primeira Guerra Mundial, durante a Conferência de Paz em Paris, em 1919, decidiram criar uma organização mundial, a Liga das Nações ou Sociedade das Nações, com a finalidade de manter a paz entre os membros da sociedade internacional, a mesma que em 1930 inicia uma Conferência de Codificação de Estados-Membros (Conferência de Haia de 1930) a fim de discutir a extensão do mar territorial, portanto, de competência restritiva.

González Campos, Sanchez Rodrígues e Sáenz de Santa Maria explicam que, entre 1900 e 1970, houve uma grande evolução na positivação das normas consuetudinárias marítimas:

> Deixando de lado as codificações sobre os aspectos particulares que foram levados a cabo nos últimos anos do século XIX e nos primeiros anos do século XX, em 1930 a Sociedade das Nações convoca uma Conferência de codificação que não conclui com a adoção de nenhum texto pela falta de acordo entre os Estados para fixar de modo uniforme a largura do mar territorial e para a criação de uma zona contigua ao mar territorial.[6] (GONZÁLEZ CAMPOS; SANCHEZ RODRÍGUES; SÁENZ DE SANTA MARIA, 2003, p. 627, tradução nossa)

---

[6] "Dejando a un lado las codificaciones del siglo XIX y en los primeros años del XX, en 1930 convoca la Sociedad de Naciones una Conferencia de codificación que no concluye con la adopción de texto alguno por la falta de acuerdo entre los Estados para fijar de modo uniforme la anchura del mar territorial y para la creación de una zona contigua a este".

Contudo, este organismo internacional, não conseguindo atingir seus objetivos pela falta de vontade política dos diferentes representantes, encerra suas atividades em 1946. MacMillan (2004, p. 99), ao se referir a este organismo mundial, salienta que:

> A pura citação de seu nome evoca imagens de zelosos burocratas, defensores liberais confusos, resoluções inúteis, missões investigadoras improdutivas e, sobretudo, fracassos: Manchúria em 1931, Etiópia em 1935 e, o pior de todos, o deflagrar da Segunda Guerra Mundial, apenas vinte depois do fim da primeira. Os dinâmicos líderes dos anos entre guerras – Mussolini, Hitler, os militares japoneses – zombaram da Liga e acabaram dando-lhe as costas. Os maiores apoios da Liga – Inglaterra, França e democracias menores – foram tíbios e frouxos (sic). A União Soviética só se associou porque Stalin não pôde, na ocasião, pensar em coisa melhor. Os Estados Unidos jamais se associaram. Tal foi a pecha de fracasso que, quando as potencias pensaram na possibilidade de uma associação permanente das nações, durante a Segunda Guerra Mundial, decidiram criar a ONU totalmente nova.

A descrição de MacMillan confirma a dificuldade existente entre os membros da sociedade internacional para poder atingir objetivos que regulem as suas relações, o que não significa um abandono definitivo na procura da elaboração das normas internacionais através de acordos que evitem o surgimento de conflitos.

A Conferência Codificadora de Haia de 1930, embora não tenha logrado os objetivos de criar um acordo entre os Estados-partes e, desta maneira, iniciar a positivação dos costumes marítimos e codificar o Direito Internacional Marítimo, demarca, de maneira definitiva, a largura do mar territorial e a sua respectiva soberania. Para tanto, é elaborado um encadeamento de documentos (relatórios e anexos) relacionados ao espaço marítimo adjacente ao território terrestre do Estado ribeirinho denominando-o Mar Territorial, assim como se iniciou a discussão em relação ao regime jurídico que deverá prevalecer sobre esse mar territorial.

Guimarães (2010, p. 20), ao abordar e analisar a contribuição da Conferência Codificadora, aponta que o Comitê II, ao enfrentar a questão das "Águas Territoriais", entendeu ser necessário que o tema fosse tratado em dois Subcomitês. Neste sentido, o Subcomitê I buscou a aprovação de um texto que objetivava corresponder ao primeiro artigo da Convenção, a partir da definição de Mar Territorial, qual seja, de ser "o território de um Estado inclui uma porção de mar descrita nesta Convenção como Mar Territorial" (GUIMARÃES, 2010, p. 20).

Além disso, o Subcomitê I empenhou-se na aprovação do texto que assumia que a soberania sobre o mar territorial se exerce conforme as condições determinadas na presente Convenção e com as demais regras do Direito Internacional (GUIMARÃES, 2010, p. 22). Portanto, o poder exercido pelo Estado sobre o Mar Territorial não diferia do poder que exercia sobre seu território terrestre, sendo, assim, o termo soberania era a melhor definição da natureza jurídica desse espaço marinho (GUIMARÃES, 2010, p. 22).

Estes documentos estruturais serviram como ferramenta de partida para iniciar os trabalhos preparatórios convocada pela Resolução das Nações Unidas 1105 (XI), que darão início à I Conferência do mar.

1.1 A Convenção das Nações Unidas Sobre Direito do Mar e a legislação interna

Em 1945, após o fim da Segunda Guerra Mundial, foi criado um novo organismo mundial, a Organização das Nações Unidas, através de um acordo internacional ou tratado internacional chamado de Carta das Nações Unidas, cujos objetivos eram os mesmos que os da fracassada Liga das Nações – a preservação da paz no mundo e a segurança internacional. Ao mesmo tempo, os Estados-membros deveriam reconhecer o Estatuto da Corte Internacional de Justiça, que tinha como objetivo promover a solução pacífica de conflitos entre os Estados.

A Organização das Nações Unidas, consciente da necessidade de retomar as discussões iniciadas na Conferência Codificadora de Haia de 1930 sobre a regulamentação dos espaços marítimos e a fim de evitar a intensificação de conflitos entre Estados que ingressavam em uma nova ordem mundial surgida com o fim da Segunda Guerra, convoca a Comissão de Direito Internacional – CDI – (1949-1956) para iniciar os trabalhos preparativos a serem analisados pelos Estados-membros numa Conferência Internacional.[7]

1.2 Primeira Conferência cobre Direito do Mar das Nações Unidas (1958)

Em 24 de fevereiro de 1958, a Assembleia Geral das Nações Unidas convoca a Primeira Conferência sobre Direito do Mar através da

---

[7] Por iniciativa das Nações Unidas foram realizadas três Conferências sobre Direito do Mar.

Resolução 1105 (XI), com a participação de 86 países, propondo uma discussão não somente de caráter jurisdicional dos espaços marítimos e de domínio soberano e absoluto do Estado ribeirinho sobre estes espaços marítimos.

Desse modo, ampliou-se a discussão para aspectos que nunca tinham sido discutidos, nem pelo ordenamento costumeiro da Antiguidade, nem na Conferência Codificadora de Haia, tais como a análise dos aspectos biológicos (proteção e exploração da diversidade de recursos naturais), aspectos econômicos e decisões de interesse político da comunidade internacional (FIORATI, 1999, p. 17).

Os trabalhos foram divididos inicialmente em cinco Comissões, mas, por decisão dos convencionais, uma delas foi extinta. Cada uma destas quatro Comissões deveria tratar sobre um tema específico e, na conclusão dos trabalhos, elaborariam individualmente uma Convenção.

Por esta razão, esta Conferência produziu quatro Convenções sobre temas de grande importância para a criação do Direito do Mar, além de um Protocolo Facultativo para a Solução de Litígios, quais sejam, a Comissão sobre o Mar Territorial e a Zona Contígua; a Comissão sobre a Plataforma Continental; a Comissão sobre Pesca e os Recursos Humanos Vivos de Alto-Mar e a Comissão sobre Alto-Mar (FIORATI, 1999, p. 17).

1.2.1 Comissão sobre Mar Territorial e Zona Contígua

A Comissão sobre o Mar Territorial e a Zona Contígua debateu de maneira ampla sobre a soberania deste espaço marítimo, apontando Fiorati (1999, p. 17) que:

> A primeira das questões a serem resolvidas pelos convencionais de Genebra versava sobre uma discussão doutrinária iniciada com La Pradelle, Foustchilli e Delbez no século XIX acerca da natureza jurídica do mar territorial e que se resumia da seguinte forma : o mar territorial é parte do alto-mar, sobre a qual o Estado tem direito de utilização e gestão de recursos, exercendo a vigilância e zelando pela conservação dos recursos mas considerando-o franqueado à navegação e utilização de outros Estados, constituindo um patrimônio comum, conforme pleiteavam La Pradelle e Foustchili, ou o mar territorial é parte do território do Estado costeiro o qual este detém a soberania irrestrita e o direito à exploração exclusiva de recursos, exercendo direitos e deveres idênticos aos que detém sobre o território terrestre, conforme queria Delbez.

CAPÍTULO 1
O DIREITO INTERNACIONAL DO MAR E SEU DESENVOLVIMENTO COMO UMA NECESSIDADE DE SOLUÇÃO... | 31

Desta maneira, a antiga discussão sobre o espaço de mar adjacente à costa do Estado ribeirinho denominada mar territorial foi incluída na Convenção genebrina aceitando-se parcialmente o pensamento de Delbez (FIORATI, 1999, p. 17), posto que os convencionais a definiram como sendo um espaço com soberania relativa, pelo fato do reconhecimento pelos Estados-partes, da passagem inocente e não como um patrimônio comum da sociedade internacional, como afirmavam La Pradelle e Foustchili, nas discussões do século XIX (FIORATI, 1999, p. 17).

A Convenção de Genebra adotou a posição da soberania relativa em razão da aceitação da passagem inocente porque esta passagem somente poderia ser realizada com a aquiescência e adesão de maneira voluntária por parte do Estado costeiro à Convenção.

Contudo, assumimos a posição de que a soberania no mar territorial é absoluta na medida em que o Estado costeiro poderia denunciar o tratado quando assim achar conveniente aos seus interesses.

O artigo segundo da Convenção também estabeleceu que a soberania no mar territorial se expande para o espaço aéreo assim como ao leito e ao subsolo deste mar. Por sua vez, o artigo quinto definiu meridianamente outro espaço marítimo, denominado como águas interiores,[8] como sendo as águas situadas do lado da linha de base do mar territorial que faz face à terra.

A Comissão também definiu e regulamentou as ilhas como sendo uma extensão natural de terra cercada de água que se conserva a descoberto na maré alta, cujo mar territorial será medido de acordo com as disposições da Convenção conforme prevê o artigo décimo. Os convencionais membros desta Comissão definiram também o instituto do direito de passagem inocente ou inofensiva, assim como sobre a sua regulamentação e os direitos e deveres dos Estados costeiros, bem como a jurisdição penal e civil a bordo dos navios estrangeiros durante a passagem inocente e as regras aplicáveis aos navios de guerra.

A segunda parte desta Convenção elaborada pela Comissão tratou sobre a zona contígua, espaço marítimo de prevenção e alerta a fim de evitar qualquer forma de violação da soberania do Estado costeiro no seu mar territorial, estabelecendo em seu artigo 24 que o Estado ribeirinho podia exercer a fiscalização necessária sobre uma zona do alto-mar contígua ao seu mar territorial.

---

[8] Águas interiores correspondem aos portos, instalações portuárias, rios, lagos, baías cujas costas pertencem apenas a um Estado. Para efeitos da Convenção, uma baía consiste numa reentrância bem marcada, cuja penetração pela terra esteja em tal proporção com a largura da sua entrada que contenha águas fechadas e forme mais do que uma mera inflexão na costa.

Como resultado dos trabalhos da Comissão foi elaborada a respectiva Convenção e depositada na Secretaria Geral da Organização das Nações Unidas em 29 de abril de 1958, entrando em vigor em 1964.

1.2.2 Comissão sobre Plataforma Marítima ou Continental

A segunda Comissão mencionada por Fiorati (1999) trata sobre a Plataforma Continental, cujo espaço marítimo não foi motivo de discussão na Antiguidade, nem fazia parte das normas costumeiras do Direito Marítimo, talvez, como indica Figueroa (2014, p. 51):

> Na década de 1920, a Liga das Nações, em seus esforços de codificação do Direito Internacional, chegou a referir-se à plataforma continental. Os membros do Subcomitê de Águas Territoriais do Comitê de Peritos estabelecido pela Liga, entretanto, não a trataram como espaço marítimo autônomo sujeito à reivindicação e apropriação estatal.

Pondera, ainda, Figueroa (2014, p. 51) que:

> A expressão "plataforma continental" foi cunhada em 1887 por Hugh Robert Mill, para indicar a massa terrestre continental que desliza suavemente sob o mar até o ponto no qual começam as grandes profundidades oceânicas. Esse fato natural – o prolongamento dos continentes sob o mar – constitui a base para as primeiras reivindicações estatais sobre a plataforma, que viria a culminar no regime estabelecido pela CNUDM.

Por seu turno, Fiorati (1999, p. 25-26) aponta que:

> [...] a noção de plataforma continental somente começou a fazer sentido aos juristas no início deste século (século XX)* (grifo nosso) quando José León Suarez e Raul Stormi, jurista e militar argentinos respectivamente passaram em conferências e artigos científicos, a pregar a necessidade de um acordo internacional para reger a *meseta continental*, caracterizada como um prolongamento submarino do continente, conforme o demonstravam o desenvolvimento das ciências cartográfica, geológica, e biológica da época. Por outro lado, a evolução tecnológica já propiciava o aproveitamento econômico dos recursos da plataforma continental, o que ocasionava a necessidade de uma disciplina jurídica sobre este espaço marítimo.

Assim, a expressão plataforma continental surge no século XIX, mas é no século XX que este espaço marítimo será considerado juridicamente como uma prolongação do território terrestre com jurisdição do Estado costeiro, assim como uma fonte importante de recursos vivos e minerais incluindo o petróleo e o gás natural, estes últimos considerados orgânicos (FIGUEROA, 2014; FIORATI, 1999).

O descobrimento desta imensidade de recursos biológicos e minerais despertou nas lideranças políticas uma oportunidade ímpar para sua exploração, enriquecimento das suas nações, entendida como uma oportunidade para o desenvolvimento econômico através do uso de tecnologia que deveria ser utilizada inclusive no aproveitamento do leito do mar e o subsolo.

O presidente norte-americano Harry Truman, através de uma Proclamação sobre a plataforma continental, conhecida como a "Proclamação Truman", assinalava os rumos da política do seu país em relação aos direitos de exploração desse espaço marítimo com prolongação até o alto-mar, não reivindicando soberania absoluta e respeitando os direitos de navegação. Esta Declaração deu lugar à tomada de posição de vários Estados acerca do uso da plataforma continental através de atitudes unilaterais defendendo o direito à exploração de recursos, especialmente o petróleo.

Para tanto, o trabalho da Comissão estava baseado na discussão sobre a jurisdição, controle e os direitos soberanos do estado ribeirinho sobre este espaço marítimo, a sua exploração dos recursos tanto no leito do mar e no subsolo marinho e a definição de plataforma continental. Portanto, em decorrência da divergência de posicionamentos dos convencionais, era primordial a superação deste antagonismo entre o grupo dos países que reivindicava o reconhecimento da soberania dos Estados ribeirinhos sobre a plataforma continental e o grupo, liderado pelos Estados Unidos, que apoiava unicamente a temática da jurisdição e controle.

Conforme indica Figueroa (2014, p. 89):

> O texto da Convenção sobre Plataforma Continental foi finalmente adotado pelo plenário em sessão de 26 de abril de 1958, por 57 votos a favor (Brasil), três contra (Bélgica, República Federal Alemã e Japão) e oito abstenções (inclusive França, Suécia e Noruega). A CPC (Comissão de Plataforma Continental) introduziu firmemente o conceito de plataforma continental no Direito Internacional. Contribuiu para seu desenvolvimento progressivo e logrou, em alguma medida, uniformidade na compreensão do regime aplicável à plataforma continental.

O artigo primeiro da Convenção designa plataforma continental como sendo o leito do mar e o subsolo das regiões submarinas adjacentes às costas, mas situadas fora do mar territorial até uma profundidade de 200m ou, para além deste limite, até ao ponto onde a profundidade das águas superjacentes permita a exploração dos recursos naturais das ditas regiões.

No mesmo propósito, é definido que o exercício da soberania do Estado costeiro será unicamente para fins de exploração e da extração dos seus recursos naturais. Portanto, se o Estado costeiro não explorar a plataforma continental, ou não proceder à extração dos seus recursos naturais, ninguém poderá empreender tais atividades nem reivindicar direitos sobre a plataforma continental sem o consentimento expresso do Estado ribeirinho, conforme estipulado no artigo segundo inciso 2º da Convenção.

Portanto, é permitido o uso do espaço marítimo para pesca, navegação e investigação científica para terceiros Estados, desde que não se violem os interesses do Estado costeiro, devendo tomar todas as medidas apropriadas a fim de proteger os recursos biológicos do mar contra agentes nocivos, de acordo com o inciso 2º do artigo 2º da Convenção.

A contribuição da Comissão da Plataforma Continental (CPC) fortalece a normatividade do Direito Internacional Marítimo e facilita as relações entre os Estados, permitindo o compartilhamento da exploração dos recursos vivos e minerais, incluindo o petróleo e gás, de maneira pacífica e em benefício da sociedade internacional. A Convenção entrou em vigor em 1964.

1.2.3 Comissão sobre Pesca e os Recursos Vivos do Alto-Mar

A Comissão sobre a Pesca e os Recursos Vivos do Alto-Mar assumiu a responsabilidade de regulamentar a pesca, uma prática surgida com a própria humanidade, que garantiu a sua subsistência ao longo dos séculos que, com a evolução das sociedades e os grandes avanços tecnológicos provocou a necessidade de atualização da regulamentação de sua prática.

A normatização da liberdade de pesca se inicia com o período da industrialização e como consequência da pesca predatória por parte de potências marítimas, como Inglaterra, Estados Unidos de Norte América e os países nórdicos que, de maneira indiscriminada e aproveitando da sua tecnologia naval, exploram os mares, respeitando unicamente as três milhas marítimas, consideradas na época como mar territorial com jurisdição dos Estados costeiros, ocasionando a diminuição de determinadas espécies de peixes e mamíferos marinhos, sob risco de sua extinção (FIORATI, 1999, p. 34).

Conforme explica O'Connel, referenciado por Fiorati (1999, p. 34), são identificadas as primeiras apreensões, no final do século XIX, quanto ao decréscimo da quantidade de certos espécimes marinhos, culminando com a declaração da primeira sentença lavrada por um tribunal arbitral. Neste propósito, a sentença referia-se à preservação das espécies prejudicas pela caça e pesca predatórias, além de enfrentar a questão do conflito entre ingleses e norte-americanos a respeito do abatimento das focas no estreito de Bering.

Para tanto, a sentença asseverava que, sem embargo do direito de soberania sobre o mar territorial americano no Alasca, em suas três milhas de extensão, entretanto, apesar dessa distância configurar espaço para a livre caça e pesca, isto não significava que o Tribunal estivesse impedido de "[...] impor regulamentação para preservar as focas, criando zonas de proteção na qual a caça às focas seria vedada, instituindo ainda a proibição de caça às fêmeas e filhotes, visando a conservação da espécie" (FIORATI, 1999, p. 34).

A preocupação dos organismos internacionais com a preservação dos recursos vivos assim como em relação ao meio ambiente marinho, se intensifica ao ponto de promover a celebração de tratados internacionais para regulamentar acordos de pesca especialmente em alto-mar, elegendo-se a arbitragem como o mecanismo mais eficiente e pragmático na solução de controvérsias entre os Estados em conflito. Fiorati enfatiza que:

> A partir do século XIX, com as inovações técnicas que possibilitaram o início da industrialização, bem como o aumento da população e a consequente demanda por alimentos, a pesca deixou de ser vista como atividade de subsistência para ser considerada pelos Estados como fonte inesgotável de alimentos para a população, objeto não somente de interesses estratégicos, mas também fonte de obtenção de riquezas para comunidades pesqueiras organizadas como as da Noruega, Islândia e Grã-Bretanha. (FIORATI, 1999, p. 33)

Podemos admitir que todos os Estados costeiros estavam dispostos a explorar esta riqueza dentro do seu mar territorial, embora sem a definição, ainda, da largura do mar territorial, ao mesmo tempo que se reivindicava a fiscalização dos espaços marítimos em relação à pesca e à exploração dos recursos biológicos até o alto-mar em se tratando de pesca predatória por terceiros países visando à conservação dos recursos vivos do mar.

O combate à pesca predatória tinha como propósito a preservação dos recursos no alto-mar da costa do Estado ribeirinho, levando-se à promulgação de normas internas e de acordos bilaterais, tais como o Acordo de conservação de recursos naturais do Atlântico Sul de 1969, entre o Brasil e a Argentina, Acordo de pesca de 1969, entre o Brasil e a Argentina, Acordo de pesca de 1969, entre o Brasil e o Uruguai, Convenção sobre pesca no mar Báltico de 1973, Convenção sobre a Conservação dos Recursos Marítimos Vivos da Antártida de 1980 etc.

Após árduas discussões envolvendo interesses econômicos e posturas nacionalistas de países subdesenvolvidos que insistiam no direito de fiscalização até o alto-mar contra o posicionamento de países desenvolvidos que preferiam uma regulamentação através de acordos internacionais, os convencionais genebrinos conseguiram elaborar a Convenção Sobre a Pesca e a Conservação dos Recursos Biológicos do Alto-mar.

Para tanto, é reafirmado, na parte considerativa do documento, que o desenvolvimento das técnicas modernas para a exploração dos recursos biológicos do mar, assim como o aumento das necessidades de uma população crescente, expõe ao risco de exploração excessiva destes recursos, sendo necessárias a conservação dos mesmos e a resolução, quando possível, destes problemas por via de cooperação internacional.

A Convenção sobre Pesca e Conservação dos Recursos vivos do Alto-mar de 1958 inova ao oferecer um sistema de solução de controvérsias (artigo 9º) por meio de uma comissão especial composta de cinco membros, nomeados em comum acordo entre as partes em divergência, os mesmos que deverão se pronunciar em um prazo de três meses a contar do pedido de regularização. Na falta de acordo, o Secretário Geral das Nações Unidas deverá nomear uma Comissão Especial, com cinco membros de diferentes países, que proferirá sua decisão nos cinco meses seguintes à designação dos seus membros. As decisões da Comissão são tomadas por maioria e têm caráter obrigatório para os Estados em causa. A Convenção foi aprovada na cidade de Genebra em 29 de abril de 1958, entrando em vigor em 1966. Observamos que a Comissão Especial não pode ser confundida com um Tribunal arbitral, posto que suas decisões são tomadas por maioria dos membros.

1.2.4 Comissão sobre Alto-mar

A discussão do domínio do mar remonta à Antiguidade por questões eminentemente comerciais, de conquista ou de domínio territorial, principalmente por parte de povos mais organizados política e militarmente. Mas, a partir do século XV, inicia-se um verdadeiro debate de conteúdo jurídico sobre a situação legal do uso dos mares, concretamente o alto-mar entre os Estados europeus, como consequência da decisão do Papa Alexandre VI (1493), que através da bula papal *Inter-Coetera* e o tratado de Tordesilhas, o Vaticano divide o Novo Mundo, incluindo a soberania absoluta dos mares e terras descobertas e a descobrir para os reinos de Espanha e Portugal como uma retribuição à sua fidelidade com a Igreja e, consequentemente, pelos benefícios econômicos que representarão estas conquistas.

A decisão do Papa Alexandre provocará uma série de reações no continente europeu especialmente da Inglaterra, a mesma que, por decisão do rei Jaime I, proibira a pesca no Mar do Norte, assumindo o controle absoluto deste território marítimo. Ao se referirem a esta atitude, Nguyen Quod, Daillier e Pellet (2003, p. 1219) apontam que:

> Para se opor a esta pretensão, o governo holandês publicou o capítulo 12 de um parecer redigido por Grotius a pedido da Companhia das Índias: *De jure praedae* (Do direito das capturas). Neste capítulo, intitulado *Mare liberum* ("o mar livre"), Grotius invoca argumentos extraídos da natureza do mar (mobilidade, fluidez, impossibilidade de fixação, caráter inesgotável dos seus recursos) e o Direito natural: o direito ao comércio livre internacional é um direito fundamental dos Estados e os mares são os meios naturais ao serviço deste direito; pode-se nele navegar em todas as direções porque os ventos sopram tanto de um lado como do outro; a liberdade dos mares é assim como o complemento necessário da liberdade do comércio, das comunicações e das trocas. O principal opositor de Grotius foi o inglês Seldem que escreveu em 1635, o *Mare clausum* ("o mar fechado") por oposição ao *Mare liberum* do primeiro. Nele defendeu a soberania britânica sobre vastos espaços incluindo o Mar do Norte e largas porções do Atlântico Norte em nome da vetustez dos poderes de polícia que seu país aí tinha exercido.

O princípio da liberdade dos mares defendida por Hugo Grotius em oposição às atitudes inglesas (através da obra *Mare Clausum* de John Selden), espanholas e portuguesas, será consolidado e fortalecido nos anos posteriores, por outros autores e países e até pelos interesses comerciais das grandes potências europeias que, aos poucos, vão impondo regras e princípios econômicos baseados no capitalismo como uma forma de expansão, domínio e colonização. A tese de Grotius se manteve até os dias atuais, a mesma que foi adotada pela Convenção genebrina de 1958 sobre Alto-Mar que, no seu artigo 2º prescreve que, estando "[...] o alto-mar aberto a todas as nações, nenhum Estado pode legitimamente pretender submeter qualquer parte dele à sua soberania".

A Convenção de 1958 conseguiu definir, organizar e regular o uso do alto-mar, reafirmando que é um espaço marítimo aberto a todas as nações e que nenhum Estado pode subordinar o espaço mencionado à sua soberania interna, declarando a existência de quatro liberdades fundamentais: Liberdade de Navegação; Liberdade de Pesca; Liberdade de colocar Cabos e Oleodutos Submarinos e a Liberdade de Sobrevoo.

Os artigos 3º e 4º da Convenção, ao proclamarem o direito de usufruir das referidas liberdades por todos os Estados desprovidos de litoral, outorgando igualdade de condições com os Estados ribeirinhos, contemplam uma mudança de atitude que representa um grande avanço nas relações entre as nações e, ao mesmo tempo, o fortalecimento do Direito Internacional do Mar, robustecendo o princípio da igualdade de direitos entre os Estados.

As normas marítimas costumeiras consideravam como fatores importantes a identificação, o registro e a nacionalidade do navio, chegando este a ser comparado com um indivíduo, motivo pelo qual o diploma genebrino vem positivar este instituto em seus artigos 5º e 6º, permitindo ao Estado que outorga a nacionalidade fixar as suas condições e exigências de fiscalização e controle, posto que, ao outorgar a nacionalidade, passa a exercer a sua jurisdição penal, civil, técnica, administrativa e social sobre todos os navios que arvoram o seu pavilhão. Observamos que não será permitida nenhuma mudança de pavilhão no curso de uma viagem ou de uma escala, salvo em caso de transferência real da propriedade ou de mudança de registro, nem a navegação sob os pavilhões de dois ou mais Estados, utilizando as bandeiras conforme a sua conveniência, podendo ser equiparado a um navio sem nacionalidade.

Em relação à navegação dos navios de guerra em alto-mar, são conferidos a eles direitos e privilégios tais como a imunidade completa de jurisdição por parte de outros Estados, definindo a expressão "navio de guerra" como navio pertencente à marinha de guerra de um Estado, que deverá exibir os sinais exteriores distintivos dos navios de guerra da sua nacionalidade. O comandante deverá estar a serviço do Estado, figurando o seu nome na lista dos oficiais da marinha de guerra, cuja tripulação estará submetida às regras da disciplina militar.

CAPÍTULO 1
O DIREITO INTERNACIONAL DO MAR E SEU DESENVOLVIMENTO COMO UMA NECESSIDADE DE SOLUÇÃO... | 39

Além dos navios de guerra, no artigo 9º faz-se referência aos navios governamentais, ou navios que se encontram a serviço do governo sem fins comerciais, como navios-escola, navios-hospital, polícia federal etc. Desse modo, estes navios gozam de imunidade completa de jurisdição por parte dos Estados que não sejam o Estado de pavilhão. No caso brasileiro, muitos destes navios se encontram navegando nos diferentes rios ou vias fluviais, muitos deles internacionais,[9] onde o tráfico de carga e passageiros é intenso, cumprindo funções governamentais.

Ao outorgar a nacionalidade a um navio, o Estado outorgante deverá exigir a aplicação de uma série de medidas de segurança a todas as embarcações que arvoram o seu pavilhão, de acordo com a legislação nacional e internacional, como o uso de sinais, serviço de comunicações, prevenção contra abordagens, assim como a aplicação da legislação trabalhista, fiscalizando as condições de trabalho das suas tripulações, conforme previsto no artigo 10º do diploma genebrino.

Nos artigos 11º a 17º, o documento elaborado pelos membros da Comissão enfatiza aspectos importantes que devem ser respeitados durante a navegação em alto-mar, como os incidentes da abordagem e as responsabilidades penais e disciplinares do capitão ou qualquer outra pessoa a serviço do navio; as obrigações do capitão a prestar assistência, socorro e salvamento a qualquer pessoa encontrada no mar ou colisão de navios; a proibição de transporte de escravos (tráfico de pessoas). Também há previsão dos casos de repressão dos atos de pirataria que, segundo o artigo 15º, incisos 1 a 3, representam todo ato ilegítimo de violência, de detenção ou toda a depredação cometida para fins pessoais pela tripulação ou passageiros de um navio privado dirigidos contra outro navio ou pessoas a bordo. A Convenção, do mesmo modo, afirma que o navio transformado em pirata perde a sua nacionalidade, indicando as medidas legais que devem ser tomadas, tais como a apreensão, captura, julgamento e aplicação de penas e normas a serem aplicadas a estes navios e às terceiras pessoas de boa-fé.

Embora seja considerado *maré liberum*, conforme definição de Hugo Grotius, o alto-mar não pertence ao mar territorial nem às águas interiores dos Estados costeiros. Os artigos 22º e 23º estabelecem o "direito de visita", outorgado aos navios de guerra, a fim de que os mesmos

---

[9] Como o Rio Paraguai, que abrange a Bolívia, a Argentina e o Paraguai; o Rio Juruá, contempla o Peru; o Rio Japurá, abrange a Colômbia; o Rio Purus, envolve o Peru; o Rio Madeira-Mamoré, alberga a Bolívia; o Rio Paraná, compreende o Paraguai, o Uruguai e a Argentina; o Rio Amazonas, alberga a Colômbia e o Peru.

possam verificar que os navios abordados estejam com os documentos autorizando legalmente o uso do pavilhão. Portanto, é verificado o registro e inscrição do navio confirmando a sua nacionalidade e se não está cometendo atos de pirataria ou comércio de escravos, com a ressalva de que, se as suspeitas não forem justificadas, o navio abordado injustificadamente deverá ser indenizado por todas as perdas e danos resultantes daquela abordagem.

O artigo 23º permite o "direito de perseguição" de um navio estrangeiro se as autoridades competentes de um Estado costeiro tiverem boas razões para pensar que este navio infringira as leis e regulamentos deste Estado, especificando, nos incisos pertinentes, o procedimento da perseguição. Todavia, se o exercício do direito de perseguição não for justificado, deverá ser indenizado por todas as perdas e danos ocorridos durante a perseguição.

A Convenção reafirma, de maneira contundente, a sua preocupação com a proteção e preservação do meio ambiente marinho como resultante da poluição por derramamento de óleo por parte de navios petroleiros, assim como a poluição como produto da exploração do petróleo no solo e subsolo submarinos, alertando ao Estado quanto às medidas preventivas necessárias a fim de evitar a destruição do meio ambiente marinho, inclusive em relação à imersão de desperdícios radiativos e outros agentes nocivos.

Podemos asseverar que a preocupação da proteção ambiental dos convencionais reafirmada no documento foi o início da construção de uma agenda de políticas ambientais até então negligenciadas pelos Estados, pela sociedade internacional e muito longe das preocupações das pessoas tanto físicas como jurídicas. Posteriormente, isto se transformará em um dos temas mais importantes analisados pela sociedade internacional, dando lugar à elaboração de uma série de Convenções internacionais, inclusive quanto ao surgimento de uma nova vertente do Direito Internacional, qual seja, o Direito Marítimo Ambiental.

A Primeira Conferência deu uma contribuição primordial para a criação do moderno Direito Internacional do Mar pelo fato de ter compilado e positivado normas costumeiras ancestrais usadas nas relações do ambiente marítimo, embora não tenha conseguido atingir todos os seus objetivos, tais como a regulamentação da pesca, equilibrando os interesses econômicos das grandes potencias com a reivindicação dos países periféricos costeiros na delimitação do mar territorial.

Cortes (2010, p. 23) explica que:

Ao término da I Conferência, cada uma das Comissões apresentou uma Conferência em separado, que deveriam receber ao menos a ratificação de dois terços dos Estados presentes com direito de voto. A razão de se ter feito as Convenções em separado, foi pelo facto de terem entendido que assim seria mais fácil obter adesão dos Estados. Vale salientar, que embora cada uma das Convenções vincule integralmente, somente os estados que houvessem subscrito e ratificado ou aderido posteriormente, contem normas *ipso iure* a todos os Estados, mesmo para aqueles que não sejam parte, na medida em que não seja parte, na medida em que positivam normas de direito consuetudinário de observância obrigatória pela Comunidade dos estados.

Após serem ratificadas, as Convenções genebrinas, entraram em vigor, sendo ratificadas por separado pelos diferentes membros da sociedade internacional. Entretanto, ponderam Nguyen Quoc, Daillier e Pellet (2003, p. 1171) sobre a situação singular de que as mesmas foram ratificadas por um número representativo de não mais de sessenta Estados, com a particularidade de que, alguns desses Estados que foram partes nas mesmas, posteriormente vieram a denunciá-las, vez que diversos Estados-partes manifestaram numerosas reservas (NGUYEN QUOC; DAILLIER; PELLET, 2003, p. 1171).

1.3 Segunda Conferência sobre Direito do Mar das Nações Unidas (1960)

Na conclusão da Primeira Conferência foi estabelecida a importância de dar continuidade aos trabalhos iniciados por esta, a fim de chegar a uma solução à discussão sobre os limites do mar territorial e à criação de uma área ou zona de pesca, motivo pelo qual, os convencionais sugerem a convocação de uma Segunda Conferência, para que de forma específica trate sobre a extensão do mar territorial.

A Guerra Fria aprofundou-se, com o enfrentamento entre países alinhados a um sistema bipolar: um capitalista, liderado pelos Estados Unidos da América do Norte, e outro socialista, liderado por Moscou através da União Soviética (leste-oeste).

Além disso, havia o enfrentamento ideológico de caráter político, social e econômico entre países do Primeiro Mundo, altamente desenvolvidos, e países do Terceiro Mundo (norte-sul), considerados subdesenvolvidos, o que aumentou o descontentamento dos diferentes países em relação à exploração das áreas marinhas, concretamente às áreas do mar territorial e das zonas de pesca.

Por conta de todos esses motivos, provocou a perda de interesse na realização de uma nova Conferência com o intuito de discutir os temas pendentes, considerados de grande importância para o estabelecimento de regras e normas internacionais a fim de reger as relações marítimas entre os Estados nacionais.

A Segunda Conferência das Nações Unidas Sobre Direito do Mar foi convocada pela Assembleia Geral através da Resolução 1307 (XIII), realizada em Genebra, de 17 a 26 de abril de 1960, com a presença de 88 Estados, num ambiente de descontentamento e de enfrentamento entre os diferentes países defendendo os seus interesses econômicos e territoriais.

No mesmo sentido, não havia vontade política de realizar mudanças inovadoras de interesse comum da sociedade internacional ou de compor acordos para facilitar a elaboração de uma agenda a fim de definir a extensão do mar territorial, assim como as formas ou métodos para a exploração de recursos marinhos em igualdade de condições, haja vista a desvantagem dos países subdesenvolvidos no uso de tecnologia em relação às potências industrializadas.

Analisa Guimarães (2010, p. 25) que no decorrer da II Conferência foram expostas treze propostas, sendo a proposta do México a única distinta das demais, preconizando, além da largura de doze milhas para o mar territorial, a eventualidade de organização de diversas formas de intercorrências.

Contudo, a Comissão plenária aprovou o texto apresentado conjuntamente pelo Canadá, Estados Unidos e Islândia que, em certa medida, abarcava a proposta apresentada pelo México, com pequenas alterações pois, da proposta de um mar territorial de 12 milhas marítimas, na eventualidade do mar territorial ser menor, abria-se a possibilidade de sua complementação até este limite com uma zona de pesca, enquanto a outra proposta adotava um mar territorial de seis milhas e uma zona adicional de seis, com direito exclusivo de pesca (GUIMARÃES, 2010, p. 25).

A Segunda Conferência foi considerada um fracasso, posto que nenhuma das propostas foram aprovadas por falta de consenso, mas, mesmo assim, ficou como um precedente positivo sobre a necessidade de dar continuidade à discussão da utilização das 12 milhas marítimas como o limite da extensão do mar territorial, ou o uso da fórmula de 6x6, ou seja, seis milhas marítimas de mar territorial e seis milhas marítimas adjacentes como uma zona de pesca.

1.4 Terceira Conferência das Nações Unidas Sobre Direito do Mar (1982), Convenção de Montego Bay

Durante as décadas de 1960 e 1970, após a realização das duas Conferências das Nações Unidas e como consequência da ausência de acordos internacionais, os países subdesenvolvidos e em vias de desenvolvimento, assim como os novos países independentes, assumiram posturas unilaterais de cunho nacionalista, defendendo a soberanias dos espaços marítimos adjacentes à sua costa como sendo uma prolongação do seu território terrestre, assim como os seus interesses econômicos relacionados à pesca e à exploração de recursos marinhos. De outro viés, as potências marítimas insistiam na liberdade de navegação estendendo suas competências marítimas através do uso de tecnologia avançada, criando um ambiente de permanente conflito no âmbito marítimo e nas relações entre os Estados.

Nguyen Quoc, Daillier e Pellet (2003, p. 1168), ao analisarem os antecedentes deste processo de criação de um moderno Direito do Mar, salientam que:

> *A revisão do Direito do Mar* nasceu de um duplo movimento do qual os Estados do Terceiro Mundo foram os instigadores. Eles temeram não poder aproveitar os importantes recursos potenciais dos oceanos (petróleo e nódulos polimetálicos dos grandes fundos marinhos, mas também os recursos haliêuticos) cuja exploração necessita meios financeiros e técnicos que só os países industrializados podem mobilizar, o que os conduziu por um lado a tentar apropriar-se de espaços marinhos cada vez mais consideráveis e, por outro lado, a afirmar que ninguém pode explorar no seu exclusivo interesse os recursos marinhos situados para além dos limites das jurisdições nacionais. A iniciativa de uma reforma radical do Direito do Mar foi tomada em 1967 pelo Embaixador de Malta Arvid Pardo, logo na 22º sessão da Assembléia Geral, e conduziu à adopção, sem oposição, mas com 14 abstenções, da declaração dos princípios que regem o fundo dos mares e dos oceanos para além dos limites da jurisdição nacional (resol. 2749 (XXV), de 17 de dezembro de 1970), ao mesmo tempo que era decidida a convocação, em 1973, da Terceira Conferência sobre Direito do Mar.

A Terceira Conferência inicia suas sessões na cidade de Nova York em dezembro de 1973, com a função de elaborar um Projeto de Convenção através da criação de três comitês preparatórios. O primeiro sendo responsável pelo regime jurídico dos fundos marinhos, oceânicos, do subsolo marinho e limites jurisdicionais; o segundo, responsável pelos espaços marítimos, mar territorial, zona contígua, zona econômica exclusiva e plataforma continental, e o terceiro, encarregado da análise ambiental, proteção e preservação do meio ambiente marinho, pesquisa cientifica e transferência de tecnologia.

As discussões e os debates até a assinatura em Montego Bay duraram aproximadamente uma década, anos considerados de grande turbulência em decorrência da bipolaridade da sociedade internacional, os interesses políticos, ideológicos e econômicos, além de uma cadeia de acontecimentos com repercussões mundiais. Cortes (2010, p. 39) destaca fatos relevantes, como a Guerra do Vietnam, as tentativas frustradas dos EUA e da URSS de estabelecerem um processo que pusesse termo à Guerra Fria e à corrida armamentista; a invasão do Afeganistão pela URSS; o conflito Árabe – Israel, em 1973, o primeiro grande choque petrolífero que abalou de forma global a economia internacional.

Era necessário criar um sistema apropriado para a tomada de decisões e a aprovação dos temas debatidos durante a realização dos trabalhos, haja vista os interesses defendidos pelos Estados-partes durante o processo de deliberação. Por esta razão, estabeleceu-se que as decisões deveriam ser tomadas através do uso do consenso entre as partes e aprovadas em bloco (*paquet*), dando celeridade à aprovação dos documentos e transformando os três projetos dos comitês preparatórios em um único projeto de Convenção sobre Direito do Mar, que foi aprovado em 30 de abril de 1982 na Jamaica, na cidade de Montego Bay. Assinado na mesma cidade em 10 de dezembro de 1982 por 117 Estados, entrou em vigor em 1994. No Brasil foi aprovada pelo Decreto Legislativo nº 5, de 09 de novembro de 1987 (BRASIL, 1987), ratificada em 22 de dezembro de 1998 e promulgada pelo Decreto nº 99.165, de 12 de março de 1990 (BRASIL, 1990).

A Convenção de Montego Bay está constituída por um Preâmbulo, 319 artigos, 17 partes e 9 anexos. No Preâmbulo é reafirmado que a Convenção é uma contribuição para a manutenção da paz, da justiça e do progresso de todos os povos do mundo, respeitando a soberania dos mesmos através da criação de um ordenamento jurídico que venha a transformar mares e oceanos como um elemento de integração e facilitador das comunicações internacionais, promovendo o uso pacífico dos mesmos de forma equitativa, eficiente dos seus recursos, alertando para a proteção e preservação do meio ambiente marinho.

A Convenção de Montego Bay faz referência às desigualdades econômicas entre os Estados, exigindo o estabelecimento de uma ordem econômica internacional justa e equitativa, que tenha em conta os interesses e as necessidades da humanidade no seu conjunto, em particular os interesses e as necessidades dos países em desenvolvimento (incluindo os países subdesenvolvidos, carentes de tecnologia e recursos econômicos para o aproveitamento dos recursos marinhos e oceânicos, incluindo o subsolo). Pela primeira vez é tratada a inclusão dos países sem litoral ou países mediterrâneos, uma vez que os recursos marinhos e oceânicos correspondem ao patrimônio comum da humanidade e pelo respeito à liberdade de navegação ou de livre trânsito independentemente da situação geográfica dos Estados.

Pela primeira vez uma norma internacional faz menção ao reconhecimento da universalidade dos direitos dos seres humanos, através do estabelecimento de uma ordem econômica internacional justa, como o objetivo de alcançar uma sociedade internacional com capacidade solucionar os conflitos por meio de métodos pacíficos.

Luigi Ferrajoli (2007, p. 62, tradução nossa) enfatiza que:

> [...] a democracia constitucional pode ser caracterizada como um método de civilização e de solução pacífica de controvérsias. Na ausência de igualdade nos direitos vitais e de uma esfera pública organizada para garanti-la, não se dão conflitos e sim opressão. O conflito pacífico supera sempre a garantia dos direitos fundamentais vitais como condição da igualdade. Isto é válido claramente na esfera pública tanto estatal como internacional [...].[10]

O autor defende que os direitos fundamentais consagrados pelo constitucionalismo, podem ser considerados como *leyes del más débil*, em todas as relações entre pessoas física e jurídicas, de direito público ou privado, provocando desigualdades entre Estados e explorando os recursos naturais de maneira ilegal e destrutiva. Desta maneira, afirma o autor que a democracia constitucional pode ser caracterizada como um método de civilização e de solução pacífica dos conflitos.

Contudo, autores como Nguyen Quoc, Daillier e Pellet (2003, p. 1180) entendem que, na realidade, a liberdade de navegação dos países sem litoral, mas que um direito, seria uma diretiva geral concedida pela Convenção ao se posicionarem no sentido de que:

---

[10] "[...] da democracia constitucional puede ser caracterizada como um método de civilización y de solución pacífica del conflitos. Em ausência de igualdad em los derecho vitales y de una esfera pública organizada para garantizarla no se dan conflitos sino opresión. El conflito pacífico supone seimpre la garantia delos derecho Fundamentales vitales como condición dela igualdad. Eso vale claramente em la esfera pública, tanto estatal como internacional [...]."

Nos termos de uma evolução marcada por reticências muito fortes dos Estados de trânsito, eles obtiveram a consagração do princípio do direito de acesso ao mar cujo corolário lógico é a liberdade de transito, mas está subordinada à verificação de condições estritas que a tornam mais uma directiva geral que um direito pertencente aos Estados sem litoral.

Esta afirmação deve ser considerada como um posicionamento doutrinário e não como uma regra geral, posto que, no Direito Internacional, está pacificado o direito à liberdade de navegação por parte dos Estados sem litoral.

A Parte I da Convenção é introdutória, explicando os termos criados a serem utilizados e aplicados na Convenção, tais como "Área",[11] "Autoridade",[12] "atividade na Área",[13] "poluição do meio marinho".[14] Teremos um capítulo neste trabalho que tratará sobre poluição do meio ambiente marinho como corolário do derramamento de óleo, troca de água de lastro e avaria portuária e marítima, "alijamento"[15] etc., assim como a obrigação dos Estados-partes no cumprimento dos termos da Convenção.

1.4.1 Mar territorial e zona contígua

A Parte II trata sobre um dos temas mais importantes da discussão na sociedade internacional desde a Antiguidade e que deu lugar à elaboração deste documento internacional, reconhecido como uma norma de Direito Internacional do Mar, após longos debates conforme explicado na parte inicial deste trabalho, o mar territorial e a zona contígua.

---

[11] Artigo 1, 1.1 da Convenção da Montego Bay – "[...] significa o leito do mar, os fundos marinhos, e o seu subsolo além dos limites da jurisdição nacional) (BRASIL; 1995).

[12] Artigo 1, 1.2 da Convenção da Montego Bay – "[...] significa a Autoridade Internacional dos Fundos Marinhos (BRASIL, 1995).

[13] Artigo 1, 1.3 da Convenção da Montego Bay – "[...] significa todas as atividades de exploração e aproveitamento dos recursos na Área (BRASIL, 1995).

[14] Artigo 1, 1.4 da Convenção da Montego Bay – "[...] significa a introdução pelo homem, direta ou indiretamente, de substâncias ou de energia no meio marinho, incluindo os estuários, sempre que a mesma provoque ou possa vir provocar efeitos nocivos, tais como danos aos recursos vivos e à vida marinha, riscos à saúde do homem, entrave às actividades marítimas, incluindo a pesca e as outras utilizações legítimas do mar, alteração da qualidade da água do mar, no que se refere à sua utilização, e deterioração dos locais de recreio (BRASIL, 1995).

[15] Artigo 1, 1.5 da Convenção da Montego Bay – "[...] significa i) qualquer lançamento deliberado no mar de detritos e outras matérias, a partir de embarcações, aeronaves, plataformas ou outras construções; ii) qualquer afundamento deliberado no mar de embarcações, aeronaves, plataformas ou outras construções (BRASIL, 1995).

Para efeitos da Convenção, fica definido e estipulado que mar territorial é considerado o espaço soberano de um Estado costeiro, que se estende além do seu território e de suas águas interiores a uma zona de mar adjacente designada pelo nome de mar territorial, definição abrangente para os Estados arquipélagos, das suas águas arquipelágicas.

Fica estabelecido, também de forma meridiana, que esta soberania se estende ao espaço aéreo sobrejacente ao mar territorial, bem como ao leito e ao subsolo deste mar. Neste sentido, entende-se que a soberania no mar territorial é plena, e não mitigada ou relativa, mesmo aceitando, através da Convenção, a passagem inocente de navio mercante, conforme fundamentado no capítulo referente à Comissão genebrina sobre Mar Territorial. A largura do mar territorial deverá ser fixada até uma distância que não ultrapasse as 12 milhas marítimas, a partir da linha de base determinada pela Convenção, dando fim, desta maneira, à velha discussão dos limites deste espaço marítimo, definindo em forma definitiva a jurisdição desta extensão de mar.

1.4.2 Linha de base

Em relação à linha de base normal, a CNUSDM define em seu artigo 5º, como sendo a linha imaginária de baixa mar ao longo da costa, tal como indicada nas cartas marítimas de grande escala, reconhecidas oficialmente pelo Estado costeiro, a partir da qual se mede a distância dos diferentes espaços marítimos. Vale destacar que este instrumento internacional também se refere ao uso do método de linhas de base retas (art. 7º) nos locais em que a costa apresente recortes profundos e reentrâncias ou em que exista uma franja de ilhas ao longo da costa na sua proximidade imediata, podendo ser adotado o método das linhas de base retas que unam os pontos apropriados para traçar a linha de base a partir da qual se mede a distância do mar territorial.

A função das linhas de base é de suma importância para delimitação dos espaços marítimos previstos na Convenção, como ensina Fiorati (1999, p. 78):

As linhas de base têm como função delimitar os diversos espaços oceânicos. O primeiro limite por eles estabelecido é o das águas interiores, cuja linha de base externa se confunde com o limite interior do mar territorial [...]. Estas águas são submetidas à soberania integral dos Estados, não se permitindo inclusive a passagem inocente de navios. Tratando-se de um espaço marítimo sujeito à absoluta soberania dos estados costeiros, não constitui-se (*sic*), pois, objeto de ampla disciplina convencional.

1.4.3 Águas interiores

Na classificação de espaços marítimos, a Convenção considera águas interiores aquelas situadas no interior da linha de base do mar territorial, ou seja, aquelas que se encontram dentro do território terrestre dos Estados, tais como as baías, que para efeitos do documento internacional é uma reentrância bem marcada, cuja penetração em terra, em relação à largura da sua entrada, é tal que contem águas cercadas pela costa e constitui mais do que uma simples inflexão da costa.

No mesmo propósito, os Portos, junto com as instalações portuárias, desde que sejam permanentes, não diferenciando entre portos naturais e portos artificiais (construídos pela mão do homem com o uso de tecnologia), desde que façam parte integrante do sistema portuário. São também considerados como águas interiores os Ancoradouros, ou a infraestrutura utilizada nos portos para embarque e desembarque de mercadorias e passageiros assim como para o fundeio dos navios;

Baixos a descoberto, conforme o artigo 13º da Convenção é uma extensão natural de terra rodeada de água que, na baixa-mar, fica acima do nível do mar, mas que submerge na preamar, alertando que, quando o mesmo estiver, na totalidade, situado a uma distância do continente ou de uma ilha superior à largura do mar territorial, não possui mar territorial próprio.

Quanto aos rios, os mesmos podem ser considerados nacionais quando se encontram dentro de um mesmo território, e internacionais aqueles que atravessam mais de um território, no caso brasileiro, compartilhando com quase todos os países fronteiriços, tais como Argentina, Bolívia, Paraguai, Uruguai, considerados de grande importância devido ao intercâmbio comercial dentro do transporte fluvial, criando uma poderosa infraestrutura portuária ao longo destes rios.

González-Lebrero (2000, p. 45-46, tradução nossa) entende que:

> Os rios internacionais podem ser de dois tipos, internacionais propriamente ditos, ou seja, de curso sucessivo através de mais de um Estado, e fronteiriços. Cada setor dos primeiros, compreendido no território de cada Estado, está submetido à sua soberania, conseguintemente a todas as leis e regulamentos previstos pelo estado: a navegação é, em geral, livre, determinando-se seu regime mediante tratados entre os Estados interessados. Respeito dos fronteiriços, existem dois sistemas para determinar a extensão da soberania dos Estados limítrofes: o da linha média e o do *thalweg*. Este último consiste na linha que une os pontos

de maior profundidade; sua vantagem sobre o sistema da linha media, aparentemente mais equitativo, radica em que garante o uso do canal.[16]

1.4.4 Passagem inocente

Na análise da jurisdição do mar territorial, observamos que a Convenção de Jamaica reafirma o instituto marítimo costumeiro da passagem inocente, analisado na Convenção de Genebra de 1958 (art. 14 a 23) onde a maioria dos autores entende que é uma forma de mitigar a soberania absoluta do Estado costeiro dentro do mar territorial, ao permitir, através do tratado, a passagem de navios respeitando a jurisdição civil e penal do pavilhão do navio, desde que a mesma não seja prejudicial à paz, à boa ordem ou à segurança do Estado costeiro.

À luz da Convenção e conforme previsto no artigo 18º, "passagem" significa navegação pelo mar territorial, sem penetrar nas águas interiores nem fazer escala num ancoradouro ou instalação portuária situada fora das águas interiores. Também se entende como passagem, dirigir-se para as águas interiores ou delas sair ou fazer escala num desses ancoradouros ou instalações portuárias, enfatizando que a mesma deverá ser contínua e rápida, podendo fundear unicamente em casos de emergência ou quando aconteçam incidentes comuns de navegação ou sejam impostos por motivos de força maior ou por dificuldade grave.

A Convenção de 1982 tenta normatizar o direito de passagem inocente criando uma série de direitos e deveres a serem cumpridos tanto pelos Estados costeiros como pelas embarcações que se beneficiam com o direito de passagem inocente. A norma internacional não exclui nenhum tipo (classificação) de navio, seja este mercante ou de guerra, motivo pelo qual, no artigo 19º, explica claramente o significado de "passagem inocente", enfatizando que a mesma não pode ser prejudicial à paz, à boa ordem ou à segurança do Estado. Assim, estes três

---

[16] "Los rios internacionales pueden ser de dos tipos, internacionales propiamente dichos, o sea, de curso sucesivo a través de mas de um Estado, y fronterizos. Cada sector de los primeros, comprendido en el território de cada Estado, está sometido a su soberanía, y por consiguiente a todas las leyes y reglamentos que él dicte: la navegación es, en general, libre, determinandose su régimen mediante tratados entre los Estados interesados. Respecto de los fronterizos, existen dos sistemas para determinar la extención de la soberanía de los estados limítrofes: el de la línea média y el del thalweg . Este último consiste em la línea que une los puntos de mayor profundiddad; su ventaja sobre el sistema de la línea media, aparentemente mas equitativo, radica em que garantiza el uso del canal."

conceitos podem ser interpretados conforme os interesses do Estado costeiro, que pode aplicar a norma interna do seu país, conforme a sua conveniência e ao exercício da sua soberania, que não pode ser limitada ou violada, pelo menos teoricamente, por norma internacional, mesmo que tenha aderido e ratificado como Estado-parte.

Por motivos de interpretação e correta aplicação da Convenção, a Carta de Jamaica, no inciso 2º do artigo 19,[17] elabora um regulamento relativo à passagem inocente a fim de esclarecer direitos e obrigações das partes e evitar qualquer tipo de conflito que venha a colocar em risco a paz e a segurança internacional, de conformidade com os Princípios da Organização das Nações Unidas.

Em relação aos submarinos e outros veículos submergíveis, a norma internacional exige que os mesmos devem navegar à superfície e arvorando o seu pavilhão, assim como os navios estrangeiros de propulsão nuclear e navios transportando substâncias radioativas ou outras substâncias intrinsecamente perigosas ou nocivas devem ter a bordo os documentos necessários que comprovem, autorizem e justifiquem o transporte deste tipo de produtos, observando as exigências internacionais para este tipo de carga. Portanto, a passagem inocente é extensiva a este tipo de embarcações, após o cumprimento das exigências do Estado costeiro, como uma consequência do compromisso com as normas internacionais, facilitando a navegação e o comércio internacional.

A Convenção prevê nos seus artigos 24º e 25º deveres e direitos para o Estado costeiro durante o procedimento de passagem inocente Entre os deveres encontram-se o de não pôr dificuldades à passagem inocente de navios estrangeiros, impondo obrigações que tenham na prática o efeito de negar ou dificultar este direito, assim como de não

---

[17] Artigo 19, inciso 2 da Convenção de Montego Bay – "[...] a) qualquer ameaça ou uso da força contra a soberania, a integridade territorial ou a independência política do Estado costeiro ou qualquer outra ação em violação dos princípios de Direito Internacional enunciados na Carta das Nações Unidas; b) qualquer exercício ou manobra com armas de qualquer tipo; c) qualquer ato destinado a obter informações em prejuízo da defesa ou da segurança do Estado costeiro; d) qualquer ato de propaganda destinado a atentar contra a defesa ou a segurança do Estado costeiro; e) o lançamento, pouso ou recebimento a bordo de qualquer aeronave; f) o lançamento, pouso ou recebimento a bordo de qualquer dispositivo militar; g) o embarque ou desembarque de qualquer produto, moeda ou pessoa com violação das leis e regulamentos aduaneiros, fiscais, de imigração ou sanitários do Estado costeiro; h) qualquer ato intencional e grave de poluição contrário à presente Convenção; i) qualquer atividade de pesca; j) a realização de atividades de investigação ou de levantamentos hidrográficos; k) qualquer ato destinado a perturbar quaisquer sistemas de comunicação ou quaisquer outros serviços ou instalações do Estado costeiro; l) qualquer outra atividade que não esteja diretamente relacionada com a passagem (BRASIL, 1995).

fazer discriminação de direito ou de fato contra navios de determinado Estado ou de navios que transportem carga de determinado Estado ou a eles destinadas ou por conta deles, isto como consequência de retaliações por motivos concernentes a possíveis conflitos entre Estados. No que concerne aos direitos, é permitido ao Estado costeiro tomar no seu mar territorial as medidas necessárias para impedir toda a passagem que não seja inocente, ou suspender temporariamente em determinadas áreas de seu mar territorial o exercício do direito de passagem inocente em função de medidas de segurança ou do interesse soberano do Estado costeiro; a Convenção ressalta que tal suspensão só produzirá efeito depois de ter sido devidamente tornada pública.

1.4.5 Jurisdição penal e civil a bordo do navio

Durante a passagem inocente, o Estado costeiro deverá respeitar a jurisdição penal do pavilhão do navio estrangeiro (artigo 27º) inclusive do navio estrangeiro que passe pelo mar territorial com o fim de deter qualquer pessoa ou realizar investigação criminal cometida a bordo desse navio durante sua passagem, salvo se a assistência de autoridades locais tiver sido solicitada pelo capitão do navio ou pelo representante diplomático ou funcionário consular do Estado de bandeira ou se a infração criminal tiver consequências para o Estado costeiro; for de natureza que possa perturbar a paz do país ou a ordem no mar territorial, tráfico ilícito de estupefacientes, violação aos interesses políticos, sociais econômicos do estado ribeirinho, tráfico de pessoas, poluição ambiental, podendo o Estado costeiro aplicar as suas normas internas.

Sobre a jurisdição civil em relação aos navios mercantes, a Convenção prevê que o Estado costeiro não deve parar nem desviar de sua rota um navio estrangeiro que passe pelo mar territorial, a fim de exercer sua jurisdição civil em relação a uma pessoa que se encontre a bordo, ou tomar medidas executórias ou cautelares em matéria civil contra o próprio navio.

Os navios de guerra gozam de imunidade de jurisdição, mas, conforme previsto na Convenção (artigos 30º a 32º da CNUSDM), em passagem inocente pelo mar territorial, é estabelecido que, na hipótese de não cumprimento das leis e regulamentos do Estado costeiro e não acatamento do pedido que lhes for feito para seu cumprimento, o Estado costeiro pode exigir-lhes que saiam imediatamente do mar territorial.

Para diferenciar navio de guerra de navio mercante, a Convenção define expressamente o significado de navio de guerra como sendo qualquer navio pertencente às forças armadas de um Estado, que ostente sinais exteriores próprios de navios de guerra da sua nacionalidade, sob o comando de um oficial devidamente designado pelo Estado cujo nome figure na correspondente lista de oficiais ou seu equivalente e cuja tripulação esteja submetida às regras da disciplina militar.

Os sinais exteriores dos navios de guerra se diferenciam dos navios mercantes pelo uso das cores dos mesmos (preto e cinza tradicionalmente utilizados na maioria dos navios de guerra dos diferentes países da sociedade internacional, assim como a classificação do tipo de navio de guerra). Em relação à tripulação, a do navio mercante estará submetida às normas trabalhistas do pavilhão do navio; já o navio de guerra deverá acatar as regras da disciplina militar das forças armadas do país ao qual pertence.

Todos os navios estrangeiros estão subordinados às normas e regulamentos do Estado costeiro no mar territorial do mesmo, devendo respeitar a sua jurisdição, conforme ensina Gibertoni:

> Os navios estrangeiros no mar territorial brasileiro estarão sujeitos aos regulamentos estabelecidos pelo Governo brasileiro. Se um navio estrangeiro violar as normas e regulamentos nacionais, qualquer embarcação de guerra do estado soberano poderá persegui-lo, exercendo o direito de perseguição (*hot porsuit*) dentro das águas sob a jurisdição nacional, ou da chamada zona contigua, podendo continuar em alto-mar até o limite do mar territorial de outro Estado. (GIBERTONI, 2014, p. 45)

Considerado como um espaço marítimo com soberania absoluta, o mar territorial encontra-se sob jurisdição do Estado costeiro, portanto as normas internas do mesmo devem ser respeitadas por qualquer navio estrangeiro, seja mercante ou de guerra, dentro do território nacional, a não ser que estes se encontrem realizando a "passagem inocente" prevista na Convenção de Montego Bay e aceito pela legislação nacional.

1.4.6 Zona contígua

A existência deste espaço marítimo e a reivindicação do mesmo por parte dos Estados costeiros remontam a séculos passados, iniciando-se uma discussão a respeito da largura e do domínio soberano dos Estados, assim como os direitos que estes Estados deveriam exercer neste espaço marítimo, especialmente em relação ao controle da pesca.

Nguyen Quoc, Daillier e Pellet (2003, p. 1197) explicam que:

A origem da zona contígua remonta às *Hovering laws* estabelecidas em Inglaterra no século XVIII e que permitiam, como excepção à liberdade do alto-mar, aos navios deste país, exercer um controle aduaneiro sobre os navios estrangeiros suspeitos navegando fora das águas territoriais da Inglaterra (cf. A.M. Frommer, in R.B.D.I.,1981-82, p. 434-458). O costume levou o tempo a sancionar este precedente. O processo, reavivado pelos *liquor treaties* concluídos pelos Estados Unidos a fim de facilitar a aplicação da proibição do álcool entre 1919 e 1933, foi estimulado pela doutrina (GIDEL). O conceito foi reconhecido durante a Conferencia da S.d.N. de 1930 e confirmado em 1958. A idéia é que numa porção de mar "contíguo" ao mar territorial, o Estado ribeirinho deveria conservar alguns poderes exclusivos, mas limitados. A zona contígua aparece assim como uma zona de transição cuja função é a de atenuar o contraste entre o regime do alto-mar e o do mar territorial.

Em 1930, a Conferência de Codificação (Convenção de Haia de 1930) inicia a discussão para a criação de uma zona contígua adjacente ao mar territorial, mas, por falta de acordo entre os Estados, esta Conferência não consegue adotar nenhum texto; o debate será retomado em 1958, na Primeira Conferência de Direito do Mar em Genebra, durante a elaboração da Convenção sobre Mar Territorial e Zona Contígua.

O artigo 24º do mencionado texto estabelece a criação de uma zona de alto-mar contígua ao seu mar territorial, denominada "zona contígua" com a finalidade de prevenir as infrações às suas leis de polícia aduaneira, fiscal, sanitária ou de emigração sobre o seu território ou no seu mar territorial e reprimir as infrações às mesmas leis, praticadas no seu território ou no seu mar territorial.

Os convencionais genebrinos também estabelecem a largura ou extensão de 12 milhas marítimas a partir da linha de base exterior que serve de ponto de partida para medir a largura do mar territorial. A Convenção de 1982 esclarece que a zona contígua não pode estender-se além das 24 milhas marítimas, contadas a partir das linhas de base que servem para medir a largura do mar territorial. A soberania deste espaço marítimo será limitada, mitigada e não absoluta como no mar territorial, posto que é considerada uma zona de controle e prevenção e repressão a fim de evitar violações às normas internas no mar territorial dos Estados costeiros.

Fiorati (1999, p. 91) ressalta que esta Convenção traz uma inovação jurídica aplicada na zona contígua, estabelecendo normas para o caso de remoção e proteção de objetos arqueológicos e históricos achados no mar, previstos no artigo 33 incisos 1 e 2, a fim de que o Estado costeiro possa controlar o tráfico de tais objetos e que a sua remoção dos fundos marinhos, na área referida, sem a sua autorização constitui uma infração, cometida em seu território ou no seu mar territorial, das suas leis e regulamentos.

Desta maneira, a norma internacional regulamenta a busca de objetos arqueológicos, evitando que aventureiros ou simplesmente particulares se beneficiem com a exploração ilegal destes objetos considerados como patrimônio histórico e cultural, não somente do Estado costeiro, como também da humanidade, que devem ser protegidos e preservados inclusive para investigação científica e histórica.

1.4.7 Zona econômica exclusiva

Considerada pela Convenção das Nações Unidas Sobre Direito do Mar (Convenção de Montego Bay) como uma área ou espaço marítimo com uma largura de 200 milhas marítimas contadas a partir da linha de base territorial, a mesma foi motivo de árduos debates e discussões por parte dos Estados costeiros em relação à sua natureza jurídica. Este debate se consolida através dos argumentos apresentados na "Proclamação Truman" de 1945, como uma preocupação do governo norte-americano em relação às atividades de pesca e à preservação dos recursos em áreas adjacentes ao mar territorial dos Estados Unidos da América do Norte, permitido unicamente aos nacionais desse país através de normas internas, porém aceitando a liberdade de navegação e o controle nas áreas próximas ao alto-mar, afirmando a sua soberania neste espaço marítimo.

Casella (2009, p. 400) orienta que:

A figura da ZEE teve sua origem em tentativas unilaterais de projeção de direitos soberanos do estado sobre faixas mais extensas de mar. Às preocupações relacionadas com a navegação e a segurança do estado ribeirinho, herdadas de outras eras, e que se mantêm presentes, somaram-se a estas a preocupação crescente com os recursos vivos do mar e com a exploração dos recursos minerais do fundo marinho e do subsolo marinho.

A largura do mar territorial sob jurisdição do Estado costeiro, com direitos soberanos e absolutos, foi uma preocupação que remonta a épocas anteriores às discussões dos convencionais de Viena de 1930 e às de Genebra de 1958, como consecução do controle e proteção das áreas de pesca além das 12 milhas marítimas, reivindicando de forma unilateral um mar territorial soberano de 200 milhas marítimas, com direitos de exploração de todos os recursos vivos, minerais e o solo e sub solo do leito do mar.

Na década de 1970, países latino-americanos como o Peru e o Chile reivindicaram um mar territorial com uma extensão de 200 milhas marítimas com o exercício de plena soberania, acarretando uma série de conflitos internacionais em decorrência das medidas proibitivas para a pesca por parte de embarcações estrangeiras neste espaço territorial considerado soberano por estes países.

Casella afirma que:

> O Brasil, depois de hesitar, durante alguns anos, foi seguir o exemplo dos demais países latino-americanos. Em 28 de marco de 1970, por meio do *Decreto Lei nº 1.098*, estipulava-se: "o mar territorial do Brasil abrange uma faixa de 200 (duzentas) milhas marítimas em largura". O Decreto-lei ainda especificava que "a soberania do Brasil se estende ao leito e ao subsolo deste mar". (CASELLA, 2009, p. 401, grifo do autor)

O Brasil, segundo ponderações de Casella (2009, p. 401), acolhe o posicionamento dos demais países latino-americanos, reivindicando, também, o mar territorial de 200 milhas marítimas de largura, cuja soberania do Brasil se estende, tanto ao espaço aéreo acima do mar territorial, bem como o solo e subsolo deste mar, a teor do Decreto-Lei nº 1.098, de 25 de março de 1970.[18]

Esta proposta – que surge por iniciativa dos países latino-americanos através de uma série de Declarações e acordos internacionais que reafirmam a necessidade e o direito de possuir e exercer o seu direito soberano sobre esta águas (200 milhas marítimas) e os seus recursos naturais como a Declaração de Santiago de 1952, a Declaração de Montevidéu sobre o Direito do Mar de 1970 e a Declaração de Santo Domingo de 1972, que se diferencia das anteriores por dividir as 200 milhas marítimas em duas áreas, um mar territorial com soberania absoluta e um "mar patrimonial" com soberania limitada, ou seja, com jurisdição sobre os recursos naturais, permitindo a liberdade de navegação e de sobrevoo – foi apoiada pelos países do continente africano através da Declaração da Organização da Unidade Africana de 1973.

Este posicionamento pode ser entendido a partir de dois conceitos, um político e outro jurídico. O conceito político se estabelece

---

[18] O Decreto-Lei nº 1.098, de 25 de março de 1970 (BRASIL, 1970) foi revogado pela Lei nº 8.617, de 4 de janeiro de 1993 (BRASIL, 1993).

pela abrangência da bipolaridade da sociedade internacional ou enfrentamento entre dois sistemas econômicos, um socialista e outro capitalista e o aprofundamento da crise norte-sul entre países desenvolvidos e países subdesenvolvidos ou do Terceiro Mundo, estes últimos adotando através de seus governos uma conduta nacionalista de defesa dos recursos naturais, evitando o expansionismo através da economia e da tecnologia dos países ricos.

Já o conceito jurídico será entendido pela necessidade de proteção, conservação e exploração dos recursos naturais marinhos tanto na superfície como no leito e subsolo através de uma regulamentação e codificação uniforme, que será estabelecida na III Conferência das Nações Unidas Sobre o Direito do Mar após longas negociações especialmente relacionadas com a soberania, exploração dos fundos marinhos, utilização dos recursos vivos e os direitos dos Estados sem litoral.

A CNUSDM de 1982, no seu artigo 55 se refere ao regime jurídico específico da zona econômica exclusiva como sendo uma zona situada além do mar territorial e a este adjacente, sujeita ao regime jurídico específico estabelecido na Convenção, respeitando os direitos, deveres, jurisdição dos Estados costeiros, assim como as liberdades (pesca, navegação, sobrevoo) dos demais Estados.

A Convenção, também no seu artigo 56, reafirma os direitos e deveres dos Estados costeiros na zona econômica exclusiva, enfatizando que a soberania dos mesmos é limitada e não absoluta como a exercida no mar territorial. Assim sendo, os direitos de soberania devem ser exercidos unicamente para fins de exploração e aproveitamento, conservação e gestão dos recursos naturais, vivos ou não vivos das águas sobrejacentes ao leito do mar, do leito do mar e seu subsolo e outras atividades econômicas, como a produção de energia a partir da água, das correntes e dos ventos, assim como os direitos de colocação e utilização de ilhas artificiais, instalações e estruturas, investigação cientifica marinha e, principalmente, a proteção e preservação do meio ambiente marinho, respeitando os direitos e deveres dos outros Estados.

O documento internacional estabelece no seu artigo 58 os direitos e deveres de todos os Estados, quer costeiros quer sem litoral, os mesmos que gozaram, nesta zona marítima, de liberdades de navegação, sobrevoo, colocação de cabos e dutos submarinos, bem como outros usos do mar internacionalmente lícitos. Desta maneira se consolida definitivamente a possibilidade dos Estados de usufruir dos diferentes recursos de maneira harmoniosa e respeitando as normas previstas na Convenção.

1.4.8 Plataforma continental

Analisa Fiorati (1999, p. 118) que, na Antiguidade, não havia, ainda, qualquer inquietação no que concerne à prossecução do território continental que se embrenhava no mar, recebendo distintas intitulações, a exemplo de *meseta continental, escalon continental,* mar epicocontinental e, ao final, de plataforma continental. Com efeito, nos séculos XVII e XVIII, inúmeros tratadistas passaram a promover estudos sobre os fundos marinhos e sobre a formação de uma plataforma continental adjacente ao território terrestre. Podemos afirmar que, no início do século XX, através das obras dos argentinos Raul Stormi, *Intereses argentinos en el mar,* e José Leon Suarez, *El mar territorial y las industrias marítimas,* se inicia a discussão sobre a jurisdição da extensão da plataforma marítima adjacente ao mar territorial (FIORATI, 1999, p. 118).

Para a percepção da importância da plataforma continental é necessário compreender a partir de seu conceito geomorfológico e conceito jurídico. Portanto, em relação ao seu conceito geomorfológico, a plataforma continental compreende basicamente a formação geográfica deste planalto submarino, como consequência da adequação dos continentes, conforme explica Andrade (1995, p. 20):

> É patente, nomeadamente a partir de uma qualquer verificação oceanográfica, a constatação de que os continentes não estão postos diretamente sobre o fundo dos oceanos, mas, antes, repousam sobre uma plataforma cuja inclinação impõe que o território do Estado não desapareça de imediato com o mar, em suma se prolongando submerso [...].

Então, o conceito geomorfológico, se refere ao declive suave, adjacente ao continente e que se estende até aproximadamente 200 milhas marítimas, para depois se precipitar subitamente nas profundezas abissais. Vale observar que nem todos os Estados costeiros possuem a largura mencionada.

O conceito jurídico da plataforma continental surge por influência de reivindicações de soberania e interesses econômicos dos Estados costeiros não somente na superfície dos mares, como também sobre a necessidade de exploração e aproveitamento dos recursos naturais que se encontram no leito e subsolo das áreas submarinas. Consequentemente, o conceito jurídico de plataforma continental se encontra consagrada na CNUSDM, no inciso 1º do artigo 76 (BRASIL, 1990):

A plataforma continental de um Estado costeiro compreende o leito e subsolo das áreas submarinas que se estendem além do seu mar territorial, em toda a extensão do prolongamento natural do seu território terrestre, até ao bordo exterior da margem continental, ou até uma distância de 200 milhas marítimas das linhas de base a partir das quais se mede a largura do mar territorial, nos casos em que o bordo exterior da margem continental não atinja a distância.

Em 28 de setembro de 1945, o presidente norte americano Harry Truman, através de uma declaração conhecida como a Declaração Truman, reivindica, em nome do governo dos Estados Unidos a jurisdição e controle da plataforma terrestre adjacente às suas costas para fins de exploração e proteção, criando toda uma doutrina sobre este espaço marítimo.

Andrade (1995, p. 30) assinala que:

O interesse consistente nesse espaço submarino adjacente ao mar territorial e que não se confundia com as águas do alto-mar implicou na gestão de um conceito que viria a ter como data de nascimento o dia 28 de setembro de uma proclamação do presidente Harry Truman na qual os Estados Unidos declararam que a plataforma adjacente às suas costas "fazia parte" do seu território, estando sujeita à sua jurisdição e controle.

A Declaração Truman sobre conservação de áreas de pesca e sobre proteção e exploração de recursos naturais na plataforma continental pode ser considerada como o início de uma doutrina adotada pelos Estados Unidos nas suas relações marítimas, a mesma que foi decisiva na definição de conceitos por parte da Convenção das Nações Unidas Sobre Direito do Mar de 1982. A postura norte-americana não reivindicava soberania absoluta sobre este espaço marítimo, mas instava à proteção e controle dos recursos naturais do mesmo, considerado pelo governo norte-americano como extensão do seu território continental, assim como a realização de acordos entre os Estados interessados na exploração marinha na plataforma continental, permitindo a liberdade da navegação para outros Estados.

A Declaração Truman tem grande relevância em relação aos Estados costeiros, vez que dá início à tomada de decisões unilaterais com pretensões de ampliar a distância do seu mar territorial até uma distância de 200 milhas marítimas, incluindo a plataforma continental, por ser uma extensão do território terrestre em áreas submersas, exercendo soberania plena. Entre os países que abraçam este critério em nosso continente pode-se citar Chile, Peru, Equador e Honduras entre outros.

O Brasil, alegando razões econômicas e de soberania, conforme afirma Casella (2009, p. 423):

> Em 1950, o Brasil fixou as suas normas a respeito em Decreto, posteriormente complementado por outro Decreto, de 26 de agosto de 1969, que dispunha sobre a exploração e pesquisa da plataforma submarina do Brasil nas águas do mar territorial, nas águas interiores, e dava outras providências. O Decreto de 1950 declarava "integrada ao território nacional a plataforma submarina, na parte correspondente a esse território". Cumpre ainda salientar que o Decreto-Lei nº 1.098 de 1970, que fixava o mar territorial do Brasil em 200 milhas, acrescentava, no artigo 2º, que a soberania do Brasil se estende no espaço aéreo acima do mar territorial, bem como ao leito e subsolo deste mar.

Estes atos unilaterais dos Estados costeiros provocaram uma série de conflitos internacionais e a preocupação das Nações Unidas no sentido de regulamentar as relações marítimas entre os Estados, convocando a Primeira Conferência das Nações Unidas em Genebra em 1958, onde foi elaborada a Convenção sobre Plataforma Continental, já explicitado neste trabalho em parágrafos anteriores.

Apesar dos convencionais genebrinos terem definido expressamente o conceito de plataforma continental, os seus objetivos jurisdicionais e a sua delimitação, em anos posteriores, diferentes Estados costeiros se enfrentaram em árduas discussões legais perante tribunais internacionais, tentando solucionar disputas relacionadas à delimitação da plataforma continental, soberania e aproveitamento dos seus recursos naturais.

A Segunda Conferência das Nações Unidas de abril de 1960, conforme já explicado linhas acima, não tendo alcançado nenhum resultado concreto, chegando ao ponto de se considerar o fracasso das Nações Unidas para dar continuidade nos trabalhos de regulamentação das relações marítimas entre os membros da sociedade internacional, reafirma a necessidade de convocar uma Terceira Conferência com o objetivo de completar os trabalhos e objetivos definidos pela Assembleia das Nações Unidas relacionadas à elaboração de uma norma internacional que regule de maneira definitiva e permanente as relações marítimas entre os membros da sociedade internacional.

Em 1982, através da Terceira Conferência das Nações Unidas Sobre Direito do Mar é concluída a Convenção do Direito do Mar, entrando em vigor em 1994. É nesta Convenção que se demarca o conceito da plataforma continental, estipulando-se sobre os direitos do Estado costeiro sobre a mesma (artigo 77).

Além disso, a Convenção discrimina que o exercício da soberania do Estado costeiro na plataforma continental será unicamente para efeitos de exploração e aproveitamento dos seus recursos naturais. Na eventualidade do Estado costeiro não explorar a plataforma continental ou não aproveitar os recursos naturais da mesma, ninguém poderá empreender essas atividades sem o expresso consentimento desse Estado.

Nos artigos 78 a 85 da Convenção estabelece-se a regulamentação sobre a plataforma continental, assim como o regime jurídico das águas e do espaço aéreo sobrejacentes, o respeito à liberdade de navegação e as demais liberdades previstas na Convenção, assim como o direito de outros Estados de instalar e colocar cabos e dutos submarinos, sob autorização e fiscalização do Estado costeiro, inclusive na prevenção, redução e controle da poluição causada pelos dutos, não dificultando a possibilidade do reparo dos cabos e dutos.

Quanto às perfurações por parte de outros Estados na plataforma continental estabeleceu-se que o Estado costeiro terá o direito exclusivo de autorizar e regulamentar as mesmas.

1.4.9 Comissão de Limites da Plataforma Continental

Cabe ressaltar que os Estados costeiros podem solicitar o prolongamento da sua plataforma continental além das 200 milhas marítimas, conforme estipulado no artigo 76º inciso 6º, e que a mesma não deve exceder 350 milhas marítimas das linhas de base a partir das quais se mede a largura do mar territorial.

Com a finalidade de resolver estes pedidos, de maneira pacífica, a Convenção estabeleceu no seu Anexo II a Comissão de Limites da Plataforma Continental, composta de 21 membros, peritos em geologia, geofísica ou hidrografia, eleitos pelos Estados-partes, entre os seus nacionais e, conforme ressalta a Convenção, em seu inciso 1º do artigo 2º do Anexo II, a Comissão deverá assegurar uma representação geográfica equitativa. Os membros da Comissão serão eleitos por um mandato de cinco anos, podendo ser reeleitos.

Estes pedidos devem ser submetidos pelo Estado costeiro à Comissão, a mesma que fará recomendações aos solicitantes sobre questões relacionadas com o estabelecimento dos limites exteriores da sua plataforma continental. O Estado costeiro deve depositar junto do Secretário das Nações Unidas mapas e informações pertinentes incluindo dados geodésicos, para sua devida publicidade.

Machado (2015, p. 69) explica que:

> [...] cabe ao Estado costeiro, que desejar ir além das duzentas milhas em trechos de sua plataforma continental, apresentar à CLPC dados técnicos que embasem essa pretensão. Há que se frisar, porém, que muito embora devam ser apresentadas à Comissão cartas onde figurem os limites da totalidade da plataforma continental do Estado costeiro, a leitura da Convenção deixa claro que a Comissão só poderá pronunciar-se sobre aqueles trechos da plataforma que ultrapassem as duzentas milhas.

Portanto, não significa que o pedido seja abrangente à totalidade da costa de um Estado solicitante na medida em que a Convenção trata de "trechos" da plataforma que ultrapassem as 200 milhas marítimas.

Entre as funções da Comissão encontram-se as seguintes (artigo 3º do Anexo II):

a) Examinar os dados e outros elementos de informação apresentados pelos Estados costeiros sobre os limites exteriores da plataforma continental nas zonas em que tais limites se estendem além das 200 milhas marítimas;

b) Prestar assessoria científica e técnica, se o Estado costeiro interessado a solicitar;

c) A Comissão pode cooperar, na medida em que se considere útil e necessário com a Comissão Oceanográfica Intergovernamental da UNESCO.

Em relação à pretensão brasileira de prolongação da sua plataforma continental, é promulgado o Decreto n° 98.145, de 15 de setembro de 1989 (BRASIL, 1989), aprovando o Plano de Levantamento da Plataforma Continental Brasileira, afirmando textualmente que a Convenção das Nações Unidas Sobre Direito do Mar, ratificada pelo Brasil em 22 de dezembro de 1988, marca o início de nova era do Direito Internacional, pela amplitude de seus temas e pela ampla aceitação recebida da Comunidade Internacional. O mesmo Decreto faz referência ao artigo 4º do Anexo II da Convenção, que trata da Comissão de Limites da Plataforma Continental, criada para atender, entre outras coisas, os pedidos dos Estados-partes de prolongação da sua Plataforma Continental.

Nesse sentido, o Brasil, através deste Decreto, elaborou o Plano de Levantamento da Plataforma Continental Brasileira (LEPLAC), com o propósito de estabelecer as diretrizes reguladoras das ações a serem empreendidas visando à determinação do limite exterior da Plataforma Continental, além das 200 milhas marítimas.

O decreto também afirma no seu inciso IV que o levantamento da plataforma continental brasileira se reveste de particular importância para a política exterior brasileira em relação ao Atlântico Sul. O inciso V estipula que planejamento, execução e controle serão realizados pela Comissão Interministerial para os Recursos do mar (CIRM). Martins (2010) pontifica que:

> Solidamente amparado nos estudos realizados pelo LEPLAC, o Brasil apresentou em 2004, pedido de extensão da Plataforma Continental à Comissão para os Limites da Plataforma Continental da ONU (CLPC) em consonância ao artigo 76 da CNUSDM III e seguindo os preceitos da "Scientific and Technical Guidelines"- SGT, documento da ONU que regulamenta o artigo em questão.

O Brasil foi o segundo país a apresentar sua proposta à ONU, nas ponderações de Martins (2010). O primeiro país foi a Rússia, que teve seu pedido negado, e continua afirmando que a proposição solicitava novo limite exterior da plataforma continental na extensão de 350 milhas e a inclusão em sua plataforma de cinco áreas: Cone de Amazonas; Cadeia Norte Brasileiro; Cadeia Vitória e Trindade, Platô de São Paulo e margem continental Sul.

A autorização do prolongamento da plataforma continental brasileira por parte da Comissão de Limites da Plataforma Continental significa a incorporação de aproximadamente 900.000km² de território, área conhecida como "Amazônia azul", comparando com a Amazônia verde, de grande importância estratégica econômica com a exploração de petróleo do pré-sal, fomentando o desenvolvimento nacional e incrementando o domínio marítimo por parte do Brasil.

CAPÍTULO 2

POLUIÇÃO AMBIENTAL MARINHA À LUZ DA LEGISLAÇÃO INTERNACIONAL

O sistema aquaviário marítimo é responsável por transportar aproximadamente 90% (GIBERTONI, 2014, p. 447) dos diferentes tipos de mercadorias através das inúmeras rotas marítimas ao redor do mundo. Neste sentido, esta forma de transporte utilizada pelo homem desde a Antiguidade deu lugar a uma infinidade de fatos históricos, assim como o de ter facilitado a evolução e o aperfeiçoamento do comércio internacional e do próprio direito através da criação e da elaboração de normas e institutos de Direito Marítimo, numa primeira instância, criados pelos usos e costumes dos povos e, posteriormente, positivados e codificados para a sua melhor aplicação.

A necessidade de elaboração de normas de direito na prática comercial e no transporte marítimo surgem como uma forma de solucionar conflitos de cunho comercial através de meios pacíficos para que o intercâmbio comercial não fosse alterado ou prejudicado no momento de se fechar contratos de afretamento e fretamento de embarcações por parte de embarcadores ou proprietários de mercadorias junto aos armadores (proprietários) de navios.

Por esta razão, entendemos que houve a demanda por elaboração de acordos sobre deveres e obrigações dos capitães ou comandantes para a contratação de membros das tripulações ou tripulantes e, finalmente, com os destinatários das mercadorias transportadas a bordo dos navios.

A cadeia de relacionamento comercial marítimo também promoveu o surgimento de formas inovadoras do direito, a exemplo do seguro marítimo, dada a natureza deste tipo de transporte, que sempre foi considerado perigoso em decorrência dos acidentes da navegação, perigos do mar ou por fenômenos da natureza.

Além disso, constatamos que os princípios de Direito de Trabalho incidentes e presentes nas mais modernas legislações têm na sua gênese a prática para a contratação de tripulações experientes.

Esta tripulação tinha a singularidade de ser forjada a bordo dos navios, vez que a arte de navegação era aprendida desde criança, tornando-se uma mão de obra escassa já que, à época, não havia centros de capacitação profissional.

Para a permanência a bordo dos navios dessa mão de obra experiente praticava-se, então, a concessão de uma série de benefícios e condições de trabalho diferenciado dos demais trabalhadores que se transformaram em normas do Direito do Trabalho incidentes sobre as demais modalidades de trabalho.

O modal marítimo teve uma grande evolução, satisfazendo as necessidades da sociedade internacional e sofisticando cada vez mais a construção de navios altamente especializados para o transporte de diferentes tipos de mercadorias, chamando a atenção dos Estados como propósito de regulamentar o transporte marítimo de mercadorias através de normas internas e Convenções internacionais, facilitando o comércio internacional.

Há um grande tensionamento entre aqueles que defendem os interesses econômicos na obtenção exclusiva de lucro e aqueles que lutam pela preservação do meio ambiente marinho, notadamente quanto ao transporte de cargas a bordo de navios das diferentes especialidades, consideradas perigosas e com um grande poder de poluição ambiental dos espaços marítimos na superfície, ou leito e subsolo marinho, assim como nas instalações portuárias durante as operações de embarque e desembarque de todo tipo de mercadorias, afetando o ambiente marinho e seus recursos naturais.

Adverte Scalassara (2008, p. 21) sobre a cômoda e cínica visão de compreender que os mares e oceanos são fonte inesgotável de recursos, tanto alimentares, minerais ou energéticos, tendo capacidade de neutralizar todos os resíduos da civilização, porque está sustentada na equivocada crença da capacidade de diluição como sendo a chave para a poluição engendrada pelo homem.

Apesar de dois terços do planeta serem mares e oceanos, a capacidade de absorção da poluição, no entanto, é limitada, ao ponto de a poluição colocar em risco a vida dos mares e oceanos, refletindo na capacidade regulatória do clima e, consequentemente, sobre a própria vida na terra (SCALASSARA, 2008, p. 21).

Assim, esta preocupação demonstrada por Scalassara configura a possibilidade de se transformar numa grave ameaça para a existência dos seres humanos se a sociedade internacional, no seu conjunto, não assumir a responsabilidade do dever compartilhado de contribuir para a prevenção, redução e controle da poluição marinha.

Por sua vez, entendemos que, da mesma forma que o direito de exploração e uso de recursos naturais é praticado pelos entes públicos e privados, as obrigações e os deveres fundamentais de preservação do meio ambiente marinho deveriam ser extensivos às pessoas físicas e jurídicas de direito público e privado, a fim de assumir uma responsabilidade compartilhada na proteção destes recursos naturais.

Portanto, reafirmamos que o dever fundamental é compreendido como sendo uma

> [...] categoria jurídico-constitucional, fundada na solidariedade, que impõe condutas proporcionais àqueles submetidos a uma determinada ordem democrática, passíveis ou não de sanção, com a finalidade de promoção de direitos fundamentais. (GONÇALVES; FABRIZ, 2013, p. 92)

Por este conceito, verificamos que todas as partes envolvidas no transporte marítimo e operação portuária tem a responsabilidade compartilhada na proteção do meio ambiente marinho, fundamentada no artigo 225 da Constituição da República Federativa do Brasil 1988 – CRFB/1988 (BRASIL, 1988), que prescreve que todos têm direito ao meio ambiente ecologicamente equilibrado, bem de uso comum do povo e essencial à sadia qualidade de vida, impondo-se ao Poder e à coletividade o dever de defendê-lo e preservá-lo para presentes e futuras gerações.

Neste capítulo investigaremos as três formas diferentes de poluição ambiental marinha, quais sejam, a poluição por derramamento de óleo, a poluição por troca de água de lastro e emissão de esgoto e detritos lançados ao oceano e a poluição por avaria marítima e portuária.

Para tanto, examinaremos as diversas normas internacionais elaboradas através de Convenções e que, posteriormente, foram internalizadas ao ordenamento jurídico dos diferentes Estados-membros da sociedade internacional, demonstrando a preocupação do Poder Público e da sociedade internacional, a partir da elaboração de normas internas e acordos internacionais através de Convenções com o objetivo de controlar, regular e prevenir a poluição marinha, para preservar e proteger os diferentes ecossistemas.

2.1 Análise da Convenção das Nações Unidas Sobre Direito do Mar: proteção do meio marinho

A Convenção das Nações Unidas sobre o Direito do Mar – CNUS-DM, incorporada ao nosso ordenamento jurídico através do Decreto nº 1.530, de 22 de junho de 1995 (BRASIL, 1995), introduziu o conceito de "desenvolvimento sustentável" e da ênfase no cumprimento do dever fundamental de proteger e preservar o meio marinho conforme prescrito na Parte XII, nos artigos 192 a 237 (BRASIL, 1995), afirmando que os Estados têm o direito soberano de aproveitar os seus recursos naturais de acordo com a sua política em matéria de meio ambiente e em conformidade com o seu dever de protegê-lo.

Assim, compreendemos que o "[...] reconhecimento do direito a um meio ambiente sadio enriquece e reforça os direitos humanos existentes e traz à tona outros direitos em novas dimensões" (CANÇADO TRINDADE, 1992, p. 11), norteado pelo artigo 5º,[19] em seu parágrafo 2º da CRFB/88 (BRASIL, 1988).

No mesmo sentido, Cançado Trindade defende que os domínios da proteção do ser humano e os da proteção ambiental, que eram tratados apartadamente, devem se aproximar, pois "[...] correspondem aos principais desafios de nosso tempo, a afetarem em última análise os rumos e destinos do gênero humano" (CANÇADO TRINDADE, 1993, p. 23).

A CNUSDM também, no seu artigo 194 (BRASIL, 1995), exige dos Estados a necessidade de tomar medidas compatíveis com a Convenção a fim de prevenir, reduzir e controlar a poluição do meio marinho, devendo utilizar todos os meios disponíveis e viáveis de que disponham e de acordo com as suas possibilidades. Desse modo, evidenciamos a elaboração de normas internas e a criação de órgãos especializados para controle e fiscalização nas diferentes áreas marítimas e portuárias susceptíveis de poluição.

Por seu turno, no inciso 4 de seu artigo 1º (BRASIL, 1995), a CNUSDM define claramente o significado de poluição do meio marinho como sendo

---

[19] Artigo 5º da CRFB/88 – "[...] §2º Os direitos e garantias expressos nesta Constituição não excluem outros decorrentes do regime e dos princípios por ela adotados, ou dos tratados internacionais em que a República Federativa do Brasil seja parte" (BRASIL, 1988).

[...] a introdução pelo homem, direta ou indiretamente, de substâncias ou de energia no meio marinho, incluindo os estuários, sempre que a mesma provoque ou possa vir a provocar efeitos nocivos, tais como danos aos recursos vivos e à vida marinha, riscos à saúde do homem, entrave às atividades marítimas, incluindo a pesca e as outras utilizações legítimas do mar, alteração da qualidade da água do mar, no que se refere à sua utilização e deterioração dos locais de recreio.

As medidas previstas pela Convenção são muito abrangentes, posto que se referem a todas as formas de poluição marinha, como a emissão de substâncias tóxicas ou nocivas, as não degradáveis, provenientes de fontes terrestres, tais como, lixo, lama, esgoto e outros detritos considerados altamente poluentes.

Do mesmo modo, é regulada a poluição proveniente da atmosfera, ou através dela, ou por alijamento, bem como a poluição proveniente de embarcações, plataformas marítimas utilizadas na exploração do leito do mar e do subsolo, concretamente, na exploração de petróleo[20] na área conhecida como *pré-sal*.[21] A mencionada área, pré-sal, encontra-se dentro de um novo marco regulatório aprovado pela Câmara dos Deputados, no dia 9 de novembro de 2016. Uma vez sancionado pelo Presidente da República, o texto deverá ser de grande benefício para o desenvolvimento econômico do país e para a recuperação e fortalecimento da Petrobras, atraindo investimentos para a exploração do pré-sal.

A Convenção adverte sobre a obrigatoriedade de as partes incluírem medidas para proteger e preservar os ecossistemas raros e frágeis, bem como o *habitat* de espécies e outras formas de vida marinha em vias de extinção, ameaçadas ou em perigo.

---

[20] A profundidade entre a superfície do mar e os reservatórios de petróleo é de aproximadamente 8.000 metros.

[21] Segundo a Petrobras, o "[...] pré-sal é uma sequência de rochas sedimentares formadas há mais de 100 milhões de anos no espaço geográfico criado pela separação do antigo continente Gondwana. Mais especificamente, pela separação dos atuais continentes Americano e Africano, que começou há cerca de 150 milhões de anos. Entre os dois continentes formaram-se, inicialmente, grandes depressões, que deram origem a grandes lagos. Ali foram depositadas, ao longo de milhões de anos, as rochas geradoras de petróleo do pré-sal. Como todos os rios dos continentes que se separavam corriam para as regiões mais baixas, grandes volumes de matéria orgânica foram ali depositando. À medida que os continentes se distanciavam, os materiais orgânicos então acumulados nesse novo espaço foram sendo cobertos pelas águas do Oceano Atlântico, que então se formava. Dava-se início, ali, à formação de uma camada de sal que atualmente chega até 2 mil metros de espessura. Essa camada de sal depositou-se sobre a matéria orgânica acumulada, retendo-as por milhões de anos, até que processos termoquímicos a transformassem em hidrocarbonetos (petróleo e gás natural) (PETROBRAS, 2017).

O tratamento preferencial outorgado aos Estados em desenvolvimento sem recursos nem tecnologia apropriada para a prevenção e controle da poluição marinha é outra exigência prevista pela Convenção, instando às organizações internacionais a fornecer um tratamento preferencial aos mencionados Estados no que se refere à distribuição de fundos e assistência técnica apropriada, assim como a utilização de seus serviços especializados, minimizando os efeitos da poluição e evitando a expansão da mesma através das correntes marítimas.

A CNUSDM já alertava aos Estados-membros, em seus artigos 207 a 211 (BRASIL, 1995), a adoção de leis e regulamentos para prevenir, reduzir e controlar a poluição do meio marinho proveniente de várias fontes, tais como as terrestres, fiscalizando e preservando seus rios e estuários, dutos e instalações de descarga. Esta forma de poluição, também conhecida como telúrica, é considerada como sendo a mais grave, devido à sua diversidade.

Scalassara explica que são descargas diretas e indiretas a partir da costa ou da terra ou levadas pelos cursos dos rios e que representam alto grau de ameaça no meio marinho tais como "[...] esgotos, nutrientes, compostos orgânicos sintéticos, sedimentos, lixo e plásticos, metais, radionuclídeos, petróleo/hidrocarbonetos e hidrocarbonetos aromáticos plocíclicos etc." (SCALASSARA, 2008, p. 41).

Por outro lado, entendemos que há, ainda, a poluição proveniente dos fundos marinhos, caracterizada pela exploração dos recursos dos fundos marinhos ou subsolo sob a sua jurisdição, ilhas artificiais, instalações e estruturas, no caso brasileiro conhecido como *pré-sal*, exploração de petróleo através de instalação de plataformas marítimas na Zona Econômica Exclusiva do Estado costeiro.

O estágio acelerado de desenvolvimento tecnológico tem proporcionado a multiplicação das plataformas *off-shore* por diversas zonas ao ponto de que determinados mares estarem tomados por plataformas gigantescas com riscos reais e concretos de acidentes, a partir de colisões com plataformas ou cabos, vazamentos, explosões etc., como, de fato, ocorreram, em 1977, com a explosão da plataforma Ekofisk, no Mar do Norte e, em 1979, com a explosão da plataforma Ixtoc I, ao largo da península de Yucatán (SCALASSARA, 2008, p. 41).

Por outro lado, a instalação dessas estruturas e a exploração dos fundos marinhos e seu subsolo, explosões são desencadeadas com descomunais agravos aos ecossistemas, especialmente com a elevação de lamas, atingindo as cidades costeiras confinantes às zonas de exploração das referidas plataformas de petróleo, a exemplo dos estados de Rio de Janeiro e Espírito Santo, na costa brasileira (SCALASSARA, 2008, p. 42).

Além disso, a Convenção atentava, também, sobre a poluição por alijamento, dispondo que os Estados devem prevenir, reduzir e controlar esta forma de poluição, que consiste em jogar mercadoria ou outras formas de objetos de embarcações, de forma deliberada ou intencional, no transporte marítimo, conhecida como avaria grossa, unicamente em casos de fortuna do mar quando coloca em risco a vida da tripulação ou a própria embarcação, o capitão poderá alijar a mercadoria necessária que se encontra a bordo, com a finalidade de salvar o navio ou a tripulação.

A própria Convenção (BRASIL, 1995) esclarece, no seu artigo 1º, inciso 5º, que o termo alijamento não contempla o lançamento de detritos ou outras matérias resultante ou derivada da exploração normal de embarcações. A CNUSDM se refere, neste caso, ao alijamento de lixo urbano como uma forma deliberada de evitar custos na obrigação de reciclagem exigida pelas normas internas.

Soares, referenciado por Scalassara (2008, p. 43) denuncia a prática usual de os Estados e empresas privadas promoverem o descarte do "[...] lixo urbano, industrial e hospitalar através do lançamento deliberado no mar por ser uma forma economicamente menos custosa do que a promoção de sua destruição ou manutenção em depósitos".

Neste propósito, a CNUSDM entende que o alijamento no mar territorial e na zona econômica exclusiva ou na plataforma continental não pode realizar-se sem o consentimento prévio expresso do Estado costeiro, que tem o direito de autorizar, regular e controlar esse alijamento, evitando que o mesmo se realize nas áreas marítimas com jurisdição do estado costeiro.

Dessa maneira, a CNUSDM, assinala e atenta para outras formas de poluição, tal como a poluição proveniente das atividades na Área,[22] ou seja, poluição proveniente de embarcações, determinando que os Estados adotem sistemas de fixação de tráfego destinados a minimizar o risco de acidentes que possam causar a poluição do meio marinho, incluindo o litoral.

---

[22] Artigo 1º, inciso I da CNUSDM – "[...] 1 - "Área" significa o leito do mar, os fundos marinhos, e o seu subsolo além dos limites da jurisdição nacional" (BRASIL, 1987).

[23] Artigo 211, inciso 3 da CNUSDM – "[...] 3. Os Estados que estabeleçam requisitos especiais para prevenir, reduzir e controlar a poluição do meio marinho, como condição para a admissão de embarcações estrangeiras nos seus portos ou nas suas águas interiores ou para fazerem escala nos seus terminais ao largo da costa, devem dar a devida publicidade a esses requisitos e comunicá-los à organização internacional competente. Quando dois ou mais Estados costeiros estabeleçam de forma idêntica os referidos requisitos num esforço para harmonizar a sua política neste setor, a comunicação deve indicar quais os

O artigo 211,[23] inciso 3 da CNUSDM (BRASIL, 1987), também dispõe sobre a necessidade de os Estados estabelecerem requisitos especiais para evitar a poluição, como condição para a admissão de embarcações estrangeiras nos seus portos ou nas suas águas interiores ou, para fazer escala nos seus terminais ao largo da costa, dando a devida publicidade a esses requisitos e comunicando à organização internacional competente. Esta disposição inclui os navios que exerçam o direito de passagem inocente, com a observação de que a mesma não deve ser dificultada pelo Estado costeiro.

Finalmente, a CNUSDM se refere à poluição proveniente da atmosfera ou através dela, aplicáveis ao espaço aéreo sob sua soberania ou às embarcações que arvorem a sua bandeira ou a embarcações ou aeronaves que estejam registradas no seu território.

As recomendações para todas estas formas de poluição marinha são no sentido de se adotarem leis e regulamentos para prevenir, reduzir, e controlar a poluição do meio marinho, tomando todas as medidas necessárias e harmonizando suas políticas internas junto aos organismos internacionais competentes.

Para isto, há ordenações para os Estados elaborarem e estabelecerem normas e procedimentos de caráter mundial, bilateral ou regional, conforme as recomendações da Convenção, as leis, regulamentos, medidas, regras e normas, bem como práticas e procedimentos recomendados, devendo incluir disposições destinadas a minimizar, tanto quanto possível, a emissão no meio marinho de substâncias tóxicas, prejudiciais ou nocivas, especialmente as substâncias não degradáveis.

A norma internacional de Montego Bay prevê, também, a proteção das águas interiores especialmente nos portos por serem considerados locais de embarque e desembarque de mercadorias, muitas delas contendo produtos altamente perigosos para o meio ambiente marinho e, portanto, para as áreas urbanas próximas às instalações portuárias.

Neste sentido, o vínculo porto-cidade é histórico, nas ponderações de Porto e Teixeira (2001, p. 51), no que se refere às cidades portuárias, a exemplo de Rio de Janeiro, Santos, Porto Alegre e Salvador,

---

Estados que participam em tais ajustes de cooperação. Todo Estado deve exigir ao capitão de uma embarcação que arvore a sua bandeira ou que esteja registrada no seu território que, quando navegar no mar territorial de um estado participante nos aludidos ajustes, informe, a pedido desse Estado, se se dirige a um Estado da mesma região que participe em tais ajustes e, em caso afirmativo, indique se a embarcação reúne os requisitos estabelecidos por esse Estado para a admissão nos seus portos. O presente artigo deve ser aplicado sem prejuízo da embarcação continuar a exercer o seu direito de passagem inocente ou da aplicação do parágrafo 2º do artigo 25 (BRASIL, 1987).

entre tantas, na medida em que a história das cidades litorâneas se relaciona diretamente a seus portos, vez que o desenvolvimento dessas cidades portuárias se expandiu por conta da afluência de pessoas e cargas pelos seus portos.

Por causa desses portos foi alavancada a formação de bairros residenciais, bem como de áreas de comércio, formadas de cargas portuárias e, no mesmo sentido, as vias de tráfego de passageiro e carga. Desse modo, houve a integração aos ambientes urbanos desses sítios identificados como sendo de alta densidade habitacional, comercial e deslocamento de pedestres e de veículos (PORTO; TEIXEIRA, 2001, p. 51).

Estas instalações portuárias localizadas em áreas urbanas, como referidas acima, bem como os terminais portuários públicos do estado do Espírito Santo podem se transformar em elementos ou instrumentos de poluição ambiental, altamente perigosos para a saúde das populações estabelecidas nessas áreas, na ausência de fiscalização e regulamentação por parte do Poder Público.

Os acidentes ambientais nas áreas portuárias ocorrem como consequência de diferentes fatores, tais como a negligência no manuseio dos equipamentos, troca de água de lastro, abalroamentos, derrames ou despejo de lixo etc. A Convenção, no seu artigo 218, estabelece que os Estados costeiros podem realizar procedimentos e investigações relativos a qualquer descarga procedente de embarcações que se encontrem inclusive fora das águas interiores.

O Estado costeiro também deve atender, na medida do possível, às solicitações de qualquer Estado relativas à investigação de uma infração cometida por descarga poluente, que se julgue ter sido cometida nas águas interiores, mar territorial ou zona econômica exclusiva do Estado solicitante que tenha causado, ou ameace causar, danos aos mesmos.

O artigo 219 da CNUSDM (BRASIL, 1987) estabelece a necessidade da adoção de medidas relativas à navegabilidade das embarcações nos portos, a fim de evitar a poluição marinha.

Estas medidas consistem na aplicação de normas e medidas administrativas impedindo que a embarcação navegue, para que a mesma seja encaminhada até o estaleiro de reparações apropriado e mais próximo, com o objeto de eliminar as causas da infração, permitindo que a embarcação prossiga viagem sem demora.

O Estado costeiro também poderá adotar outras formas de execução e fiscalização de navios que se encontrem ancorados, fundeados ou em passagem inocente pelo seu mar territorial. Neste propósito se encontram as inspeções da embarcação, detenção, exigir que a embarcação forneça informações sobre a sua identidade, nacionalidade, porto de registro, a sua última e próxima escala e, finalmente, exigir garantias financeiras apropriadas para poder autorizar o prosseguimento da sua viagem. A norma de Montego Bay reafirma que nenhuma das disposições da Convenção afeta o direito de intentar ação de responsabilidade civil por perdas ou danos causados pela poluição do meio marinho.

Guido Soares (2003, p. 220-221) entende que a CNUSDM não tem a pretensão de substituir tratados e Convenções já vigentes ou que vierem a ser adotados, por duas razões. A primeira razão a ser admitida é porque ostenta a CNUSDM uma vocação universal em relação a seus participantes, vez que a referida Convenção foi engendrada pelos países-membros das Nações Unidas, consagrada em uma conferência geral e da atuação de todos os países-membros e de todos aqueles que vierem a integrar aquela organização, reconhecidos pela Convenção como Estados-partes[24] (SOARES, 2003, p. 220-221).

A segunda razão é porque a Convenção, no que se refere aos aspectos por ela regulados, configura uma consolidação das regras sobre todo Direito do Mar e, especificamente quanto ao Direito Internacional do Meio Ambiente, no que se concatena ao meio marinho (SOARES, 2003, p. 220-221). Assim, Guido Soares defende que a Convenção é uma *Lex generalis* quanto à proteção e preservação do meio ambiente marinho que tem a virtuosidade de promover a consolidação de costumes internacionais aceitos pela maioria dos Estados da atualidade (SOARES, 2003, p. 220-221).

A Convenção de Montego Bay pode ser considerada como uma das normas internacionais marítimas mais abrangentes sobre Direito do Mar posto que regula aspectos relacionados ao espaço oceânico em geral respeitando a soberania dos Estados. Para tanto, cria uma nova ordem jurídica para os mares e oceanos, reafirmando, no seu preâmbulo, a necessidade da utilização equitativa e eficiente dos seus recursos, a conservação dos recursos vivos, a proteção e preservação do meio marinho em todos os espaços marítimos, incluindo a superfície, solo e subsolo, e abrangendo e regulando todas as formas de poluição marinha.

Outra característica importante da Convenção é quanto ao seu caráter codificador, na medida em que adota o princípio da compatibilidade

---

[24] Artigo 1º, 2. 1 da CNUSDM – "[...] 2.1 "Estados-partes" significa os Estados que tenham consentido em ficar obrigados pela Convenção e em relação aos quais a Convenção esteja em vigor (BRASIL, 1987).

da CNUSDM, no artigo 237[25] (BRASIL, 1987) com os demais instrumentos, anteriores ou posteriores à Convenção, quanto às obrigações assumidas em outros instrumentos anteriores ou posteriores à CNUDM no que se refere à proteção e preservação do meio marinho, "[...] sempre que não se contraponham com os princípios e obrigações desta" (SCALASSARA, 2008, p. 97).

Ponderamos sobre este atributo codificador da CNUSDM pois, no decorrer do processo de sua elaboração, vários acordos internacionais sobre poluição marinha foram finalizados entre os membros da sociedade internacional, cujos conteúdos estão contemplados na Convenção de Montego Bay, como é o caso da Convenção sobre Prevenção da Poluição marinha por Alijamento de Resíduos e Outras Matérias de 1972 e a Convenção Internacional pra Prevenção da Poluição de navios – MARPOL 73-78, e outras Convenções relacionadas com a prevenção e proteção do meio marinho, demonstrando desta maneira a sua condição abrangente e de suma importância na regulamentação do uso de mares e oceanos aceita pelos membros da sociedade internacional (SCALASSARA, 2008, p. 97).

2.2. Poluição por derramamento de óleo

Podemos afirmar que a poluição ambiental dos mares e oceanos é uma prática nociva realizada desde a Antiguidade em diferentes proporções e diferentes escalas, por causa do interesse econômico, da ganância e do lucro em detrimento da preservação e proteção do meio ambiente.

Portanto, são pertinentes as críticas de Santos (2001, p. 56) quanto a esse desenvolvimento desequilibrado na sociedade, pois, ao invés de se buscar o desenvolvimento simétrico dos três princípios da regulação – Estado, comunidade e mercado –, o terceiro tem sobressaído, a partir da justificativa de dominação da natureza para ser usada em benefício de toda humanidade que, no entanto, "[...] conduziu a uma exploração excessiva e despreocupada dos recursos naturais, à catástrofe ecológica" (SANTOS, 2001, p. 56).

---

[25] Artigo 237 da CNUSDM – "[...] 1. As disposições da presente Parte não afetam as obrigações específicas contraídas pelos Estados em virtude de Convenções e acordos especiais concluídos anteriormente sobre a proteção e preservação do meio marinho, nem os acordos que possam ser concluídos em aplicação dos princípios gerais enunciados na presente Convenção.2. As obrigações específicas contraídas pelos Estados em virtude de Convenções especiais, relativas à proteção e preservação do meio marinho, devem ser cumpridas de modo compatível com os princípios e objetivos gerais da presente Convenção (BRASIL, 1987).

Os avanços tecnológicos, por sua vez, possibilitaram a construção de navios cada vez mais sofisticados, adaptando-se às necessidades e às exigências do mercado consumidor e globalizado, construídos com diferentes características e especialidades para cada forma ou tipo de mercadoria a ser transportada em navegação de cabotagem[26] e navegação de longo curso.[27]

Assim, os Navios Cargueiros são aqueles destinados ao transporte de carga em geral e os Navios Porta-Contêineres são os navios especializados para o transporte de contêineres com alta velocidade de cruzeiro. Os Navios *Roll-on/Roll-off*, por outro lado, são direcionados ao transporte de veículos, enquanto os Navios Graneleiros (granel seco) são destinados ao transporte de graneis sólidos. Os Navios Tanque (granel líquido) são projetados para transporte de derivados de petróleo e os Navios *Ore-Oil*, navio de projeto especial, são capazes de transportar tanto minérios como derivados de petróleo (RODRIGUES, 2007, p. 106-109).

Desta maneira, o transporte marítimo passa a ser uma das formas mais utilizadas pelo mercado internacional, movimentando quase 70% de carga nacional e internacional, sendo que 90% desta movimentação se refere ao transporte de óleo e derivados. Neste sentido, esta logística de diferentes tipos de mercadoria vem se transformando em uma grande preocupação para a sociedade internacional como corolário do derramamento de óleo originado por catástrofes marítimas ou, simplesmente, por negligência dos transportadores, acarretando a consequente contaminação, poluição e degradação do meio ambiente marinho (RODRIGUES, 2007, p. 109).

Neste propósito, González Campos, Sánchez Rodrígues e Sáenz de Santa Maria (2003, p. 849, tradução nossa) refletem que:

> Esta situação muda profundamente em 1967, data do grave acidente do "Torrey Canyon",[28] que sofrerá um processo de aceleração importante a partir da catástrofe do "Amoco-Cádiz"[29] em 1978, demonstrando, como

---

[26] Navegação dentro do mar territorial.

[27] Navegação com destino a portos de Estados vizinhos ou de outros continentes.

[28] No dia 18 de março de 1967, o petroleiro Torrey Canyon bateu contra um recife e 11.900 toneladas de petróleo foram ao mar na costa inglesa. Essa foi a primeira maré negra, como foi chamado o acidente, e deixou atrás de si animais e plantas mortos (DESASTRE ..., 2014).

[29] Em 1978, navio Amoco Cádiz, de bandeira liberiana fretado pela Shell, bateu nos recifes [perto da costa da França], partiu-se em dois perto da costa e matou 15 mil aves com óleo, chegando à Inglaterra (SUPERPETROLEIRO ..., 2016).

CAPÍTULO 2
POLUIÇÃO AMBIENTAL MARINHA À LUZ DA LEGISLAÇÃO INTERNACIONAL | 75

ressaltará Lucchini, as insuficiências dos dispositivos de proteção nacional contra a contaminação, e a necessidade de uma estreita cooperação internacional na matéria. Em todo caso, alguns países optaram por criar espaços marítimos específicos para a prevenção da contaminação, como de maneira relevante a legislação canadense de 1970.[30]

Acidentes e catástrofes ambientais como os mencionados acima, colocam em risco o equilíbrio ecológico, afetando os seres vivos e espécies marítimas no planeta, despertando uma profunda preocupação na comunidade internacional, ao ponto de se iniciar a elaboração de uma série de acordos internacionais, transformados em normas, através de Convenções a fim de prevenir e proteger o meio ambiente marinho.

As normas externas ou Tratados internacionais emanados das diferentes Convenções vêm adotando princípios e cláusulas de proteção e preservação do meio marinho, dando ênfase na necessidade de que os poluidores ou predadores assumam a responsabilidade civil objetiva, e cumpram com o dever jurídico e fundamental de respeitar as normas vigentes, caso contrário, terão que assumir as sanções previstas nas normas internas que, por exigência das Convenções, devem ser rigorosas e eficazes.

2.2.1 Declaração das Nações Unidas sobre o Meio Ambiente de 1972 (Declaração de Estocolmo)

A poluição ambiental por derramamento de óleo é uma preocupação para os Estados e para os organismos internacionais, compelindo-os a elaborar normas internas e internacionais regulando e criando direitos e obrigações a fim de evitar a degradação do meio ambiente marinho.

Nesta parte do trabalho, analisaremos as diferentes Convenções internacionais relativas à prevenção da poluição por derramamento de óleo, a partir da Declaração das Nações Unidas sobre o Meio Ambiente de 1972 (Conferência de Estocolmo) (UNEP, 1972), que admoesta sobre a necessidade de preservação dos recursos vivos do mar, criando para os

---

[30] "Esta situación cambia profundamente en 1967, fecha del grave accidente del "Torrey Canyon y sufrirá un proceso de aceleración importante a partir de la catástrofe del "Amoco-Cádiz, en 1978, demostrando, como resaltara Lucchini, las insuficiencias de los dispositivos de protección nacional contra la contaminación, y la necesidad de una estrecha cooperación internacional en la materia. En todo caso, algunos países habían ya optado por crear espacios marinos específicos para la prevención de la contaminación, como se pone de relieve en la legislación canadiense de 1970".

Estados a obrigação de prevenir a poluição dos mares por substâncias que possam colocar sob risco a saúde do homem.

Por sua vez, a CLC/69, concluída em Bruxelas (BRASIL, 1976), entrou em vigor em 19 de junho de 1975, promulgada pelo Decreto nº 79.437, de 28 de março de 1977 (BRASIL, 1977).

Observa Cabral (2010, p. 86) que o fato de esta Convenção entrar em vigor em tempo menor de dois anos ocorrido da sua entrada em vigor, em caráter internacional, atestando a sintonia do Congresso Nacional, que, através da pronta análise e aprovação da Convenção, aferiu a sua importância como mecanismo de defesa ao Estado Brasileiro e incorporou-a internamente em nosso ordenamento jurídico.

Assim, além da poluição ambiental por derramamento de óleo por parte de navios, como uma preocupação séria por parte do governo brasileiro, afora a necessidade de imposição da responsabilidade civil a ser assumida a fim de compensar pelos prejuízos como resultado dos danos ambientais, foram elementos essenciais para agilizar todo o processo de aprovação no Congresso, bem como a sua promulgação.

Todavia, a expansão da produção de óleo e seus derivados e, no mesmo sentido, o seu consumo, impulsionou a sua gestão, fomentado o transporte através da via marítima, e, trazendo como corolário, uma dimensão maior de poluição por derramamento de óleo.

Neste sentido, estes argumentos serviram para que a Convenção de 1969 sofresse um processo de modificação, alteração e atualização, por meio de um Protocolo[31] no que se refere ao controle e prevenção do meio ambiente marinho. Dessa maneira, em 1992, foi concluído, na cidade de Londres, Inglaterra, o Protocolo de 1992 (ONU, 1992), introduzindo algumas alterações ao tratado principal, tais como a Constituição de um Fundo Internacional para Compensação pelos Prejuízos Devidos à Poluição por Hidrocarbonetos, de 1971, e outras alterações importantes que serão analisados a seguir, sendo que estes dois tratados internacionais passaram a se constituir em um único instrumento, nos termos definidos pela Convenção de Viena de 1969[32] (BRASIL, 2009).

Faz-se necessário esclarecer que o Brasil não ratificou o Protocolo de 1992, que agora faz parte da Convenção Internacional sobre Responsabilidade Civil por Danos Causados por Poluição por Óleo de 1969.

---

[31] Instrumento internacional cuja característica é a de complementar posteriormente alguns conteúdos ao tratado principal.

[32] Artigo 2 da Convenção de Viena – "[...] 1. Para os fins desta Convenção: a) "tratado" significa um acordo internacional celebrado por escrito entre Estados e regido pelo Direito Internacional, quer inserido num único instrumento, quer em dois ou mais instrumentos conexos, e qualquer que seja sua designação específica (BRASIL, 2009).

CAPÍTULO 2
POLUIÇÃO AMBIENTAL MARINHA À LUZ DA LEGISLAÇÃO INTERNACIONAL | 77

Quanto à MARPOL 73/78, concluída em Londres em 02 de novembro de 1973, foi promulgada pelo Decreto nº 2.508, de 04 de março de 1998 (BRASIL, 1998a), entrando em vigor em 04 de abril de 1998.

A MARPOL 73/78 (BRASIL, 1998a) é considerada como um acordo significativo no controle e na prevenção da poluição marinha por parte de navios petroleiros novos[33] e navios petroleiros existentes. A MARPOL 73/78 foi modificada pelo Protocolo de 1978 (ONU, 1978), possuindo seis anexos, relacionados com a prevenção das diferentes formas de poluição marinha por navios.

Por seu turno, a OPRC/90, assinada em Londres (OMI), em 30 de novembro de 1990, promulgada no Brasil pelo Decreto nº 2.870, de 10 de dezembro de 1998 (BRASIL, 1998b), foi elaborada com o objetivo de prevenir e evitar a poluição por óleo nas diferentes áreas marítimas, assim como para implementar formas de cooperação, difusão e intercâmbio de informações sobre resultado de pesquisas ligadas ao óleo.

Havia um grande movimento no sentido de uma regulamentação em esfera global sobre o meio ambiente por parte dos Estados, desde 1960, na percepção de Guido Soares (2003, p. 50). Contudo, no período correspondente à realização da Conferência das Nações Unidas sobre o Meio Ambiente Humano, em Estocolmo, de 5 a 15 de junho de 1972, "[...] várias Convenções Internacionais afirmariam a pujança do direito que então emergia, o Direito Internacional do Meio Ambiente, o qual teria sua certidão de maturidade plena firmada naquele evento na Suécia" (SOARES, 2003, p. 50)

Considerada como a norma que deu início ao moderno Direito Internacional do Meio Ambiente, em 1972, a Organização das Nações Unidas promove uma Conferência, na cidade de Estocolmo, com o objetivo de promover profundas mudanças nas atividades dos seres humanos a fim de preservar e melhorar o seu meio ambiente.

Neste sentido, é o meio ambiente que proporciona o sustento material dos seres humanos, oferecendo oportunidades para que possam desenvolver-se intelectualmente, moral, social e espiritualmente. Porém, como resultante da rápida aceleração e avanço da ciência e da tecnologia, o homem, ao mesmo tempo que adquiriu a capacidade de transformar a natureza, acarretou-lhe sequelas que podem ser contrárias à preservação do meio ambiente e que, em última instância, violam os direitos humanos e o direito à vida dos seres humanos. A Declaração

---

[33] São considerados novos os navios petroleiros cujo contrato de construção foi celebrado depois de 01 de junho de 1979.

afirma que a proteção e o melhoramento do meio ambiente humano são questões fundamentais que afetam o bem-estar dos povos e o desenvolvimento econômico do mundo inteiro, sendo, portanto, um desejo urgente dos povos de todo o mundo e um dever de todos os governos. A contribuição da Declaração de Estocolmo no âmbito da poluição de áreas marinhas, seja na superfície ou no fundo dos oceanos, é a de meditar para a necessidade de preservação dos recursos vivos do mar, exigindo dos Estados a obrigação de prevenir a poluição dos mares por substâncias que possam pôr em perigo a saúde do homem, os recursos vivos e a vida marinha. Desse modo, Guido Soares (2003, p. 50) observa, ainda, que a delegação brasileira, de retorno ao país, conseguiu obter do governo federal o Decreto nº 73.030, de 30 de outubro de 1973 (BRASIL, 1973), criando a Secretaria Especial do Meio Ambiente, que iniciaria suas atividades em janeiro de 1974.

As necessidades do mundo contemporâneo demandam uma intensa exploração dos recursos naturais transformados em alimentos e em uma imensa gama de produtos que o mercado globalizado disponibiliza para uma sociedade consumista cada vez mais exigente e interessada em satisfazer o seu bem-estar, dando lugar a uma verdadeira crise ambiental. Do mesmo modo, os governos, preocupados com o desenvolvimento econômico de suas sociedades e, ao mesmo tempo, atentando para com a proteção do meio ambiente, criaram o conceito de desenvolvimento sustentável como uma forma de oferecer um ambiente ecológico equilibrado, elaborando formas de proteção ambiental que não prejudiquem o desenvolvimento econômico.

O pensamento em relação ao desenvolvimento sustentável requer uma compreensão multidisciplinar e interssetorial que demanda um esforço integrado de diversos especialistas de diferentes áreas como física, biologia, economia, políticas, entre outras, com governos, movimentos sociais e comunidades, para dar concretude às complexas relações socioambientais (BRASIL, 2010).

A despeito desta compreensão, sabemos que "[...] o capitalismo global destaca-se por sua evidente insustentabilidade em relação aos ambientes social e ecológico" (BRASIL, 2010) e, por esta razão, este assunto requer toda atenção e cuidado. Além disso, a "[...] difícil previsibilidade do comportamento dos sistemas socioambientais torna imperiosa a precaução no uso dos recursos naturais" (BRASIL, 2010), sob pena de se configurar ato de negligência.

Neste sentido, Zulauf pondera que o meio ambiente é, de fato, "[...] o endereço do futuro para o qual haverá a maior convergência de demandas entre todas" (ZULAUF, 2000, p. 86). Por outro lado, adverte Zulauf quanto ao perigo da biodiversidade reduzir-se ao ponto de provocar o "[...] empobrecendo o patrimônio genético, justamente quando a ciência demonstra a cada dia o monumental manancial de recursos para o desenvolvimento científico que a natureza alberga" (ZULAUF, 2000, p. 86).

A poluição ambiental marinha pode ser considerada como uma grave ameaça para a destruição do planeta através da contaminação incontrolável dos recursos naturais dos oceanos, afetando a segurança e a sobrevivência das gerações futuras, motivo pelo qual existe uma obrigação compartilhada entre os sujeitos de direito público e privado de preservar e proteger o mesmo, através do cumprimento dos deveres jurídicos previstos nas normas e regulamentos.

É o caso do uso do petróleo e seus derivados, que se transformou em produto altamente utilizado como uma das principais fontes de energia para o planeta, proporcionando o surgimento de grandes companhias petrolíferas com o objetivo de extrair, transportar e comercializar o mesmo.

A utilização de navios para o transporte de óleo e seus derivados pode ser considerada como uma das mais empregadas na atualidade, além de ser reputada como a que mais polui o meio ambiente marinho, acarretando sérios efeitos para o conjunto da sociedade internacional. Este fato obriga os Estados e organismos internacionais a elaborar normas que regulem as operações marítimas, identificando os danos causados por poluição por óleo, assim como a assumir a responsabilidade civil pelos prejuízos acarretados, como uma via de dever fundamental de todos os elementos que participam nessas operações marítimas a fim de proteger o meio ambiente marinho.

A poluição marinha torna-se, portanto, uma questão transnacional a ser encarada pelo Direito, nas reflexões de Scalassara (2008, p. 21), vez que a mesma não se encontra confinada aos diversificados espaços marítimos e respectivas soberanias e, muito menos, estatuída por preceitos tão somente nacionais.

Considerando a existência de determinados espaços marítimos que, por conta de suas especificidades, demandam abordagem diferenciada por parte do Direito e, também, o impasse da poluição que, por vezes, tem o seu evento originado em um local, mas os seus efeitos são percebidos em outro, a gerência do Direito Internacional com a integração das normas do Direito Interno torna-se mecanismo importante para a prevenção e preservação do meio ambiente marinho (SCALASSARA, 2008, p. 21). Passamos a analisar as normas internacionais mencionadas acima, relacionadas à poluição por derramamento de hidrocarbonetos.

2.2.2 Convenção Internacional sobre Responsabilidade Civil por Dano Causado por Poluição por Óleo (CLC/69) e o Protocolo de 1992

Em 29 de novembro de 1969, na cidade Bruxelas foi concluída a Convenção Internacional Sobre Responsabilidade Civil em Danos causados por Poluição por Óleo – CLC/69 (*Civil Liability Convention for Oil Pollution Damage*), aprovada no Brasil pelo Decreto Legislativo nº 74, de 30 de setembro de 1976 (BRASIL, 1976). Promulgada pelo Decreto nº 79.437, de 28 de março de 1977 (BRASIL, 1977). O Protocolo de 1992 (ONU, 1992) trouxe significativas modificações à CLC/69, sendo, portanto, o Protocolo de 1992 o instrumento que vai aperfeiçoar de maneira mais justa o processo de indenização às vítimas, através da constituição de um Fundo Internacional para Compensação pelos Prejuízos Devidos à Poluição por Derramamento de Óleo. Assim, a CLC/69 e o Protocolo de 1992 serão analisados conjuntamente por comporem um único instrumento, embora a maior parte dos Estados-membros da CLC/69 já tenham aderido ao Protocolo/92, com exceção de 40 países, entre eles, o Brasil.

No preâmbulo da CLC/69 (BRASIL, 1977) é ostentado que os Estados-partes estão conscientes e reconhecem os riscos de poluição criados através do transporte marítimo internacional de óleo a granel e, do mesmo modo, os Estados-partes estão compenetrados da necessidade de assegurar um ressarcimento compatível às pessoas que venham a sofrer danos causados por poluição decorrente de fugas ou descargas de óleo proveniente de navios.

Neste sentido, este reconhecimento da necessidade de assumir a responsabilidade civil pode ser considerado como um grande avanço nas relações entre os Estados, na luta contra os crimes por poluição marinha, identificando o responsável por qualquer dano por poluição causado por derramamento de óleo, evitando a impunidade, exigindo o cumprimento do dever jurídico e impondo regras claras e coercitivas para este tipo de delito, em perfeita harmonia entre normas internas e normas externas.

A presente Convenção acompanha, de maneira coerente, a preocupação das outras normas internacionais sobre o meio ambiente marinho dando ênfase à responsabilidade civil, ao cumprimento do dever fundamental, à aplicação de sanções rigorosas por dano causado por poluição por óleo.

A CLC/69 (BRASIL, 1977) define no artigo I, o significado dos diferentes objetos, pessoas, medidas, incidentes e danos, criando uma série de competências, tanto territoriais quanto materiais, a fim de ter uma melhor compreensão do conteúdo e das previsões do documento internacional.

Para tanto, observamos que a CLC/69 (BRASIL, 1977), ao estabelecer o acordo semântico da compreensão de navio[34] não diferencia navio de embarcação, como faz a norma interna brasileira, na Lei nº 9.537, de 11 de dezembro de 1997 (BRASIL, 1997), que estabelece em seu artigo 2º, inciso V, que embarcação é "[...] qualquer construção, inclusive as plataformas flutuantes e, quando rebocadas, as fixas, sujeita a inscrição na autoridade marítima e suscetível de se locomover na água, por meios próprios ou não, transportando pessoas ou cargas".

O Decreto nº 15.788, de 08 de novembro de 1922, que regulava a execução dos contratos de hipoteca de navios, no seu artigo 3º, definia navio como sendo toda "[...] construção náutica destinada à navegação de longo curso, de grande e pequena cabotagem, apropriada ao transporte marítimo e fluvial" (BRASIL, 1922). No entendimento de Gibertoni, a embarcação corresponde a "[...] um conjunto de elementos unidos que formam um todo orgânico capaz de se locomover, ou seja, indica natureza móvel" (GIBERTONI, 2014, p. 61).

No entanto, o inciso 1 do artigo I da CLC/69 (BRASIL, 1977) no que concerne à definição de navio, sofreu alteração em seu conteúdo, sendo substituído pelo Protocolo de 1992 (ONU, 1992), enfatizando a característica de navio que transporta hidrocarbonetos:

> Navio significa qualquer embarcação marítima ou engenho marítimo flutuante, de qualquer tipo, construído ou adaptado para o transporte de hidrocarbonetos a granel como carga, ficando estabelecido que um navio capaz de transportar óleo e outras cargas só será considerado como um navio quando estiver realmente transportando óleo a granel como carga, e durante qualquer viagem realizada após aquele transporte, a menos que seja comprovado que ele não possui a bordo resíduos de aquele transporte de óleo a granel.

Podemos observar que a modificação feita pelo Protocolo de 92 (ONU, 1992) amplia a definição de navio, além de prever a necessidade de um controle maior sobre os navios especializados em transporte de hidrocarbonetos ou óleo a granel.

---

[34] Artigo I da CLC/69 – "[...] 1. "Navio" significa toda embarcação marítima ou engenho marítimo flutuante, qualquer que seja o tipo, que transporte efetivamente óleo a granel como carga (BRASIL, 1977).

Para efeitos da CLC/69 (BRASIL, 1977), a "pessoa"[35] tem um significado muito amplo, pois, está relacionada tanto à pessoa física ou jurídica de direito público ou privado, incluindo o Estado e suas subdivisões políticas constitucionais, abrangendo todos aqueles que devem assumir responsabilidades nas operações de transporte marítimo de óleo e seus derivados. Do mesmo modo, a CLC/69 (BRASIL, 1977) diferencia o significado de "proprietário"[36] como a pessoa registrada perante a autoridade correspondente de um Estado como sendo o proprietário do navio, ou, o próprio Estado como proprietário ou uma companhia que, nesse Estado, é registrada como operadora do navio, o termo "proprietário" designa essa companhia.

Quanto ao Estado de registro,[37] para a CLC/69 (BRASIL, 1977), corresponde ao Estado no qual o navio tiver sido registrado e, na hipótese dos navios não registrados, entende-se como registrado no Estado cuja bandeira o navio hastear. Portanto, o registro de navios é um dos atos jurídicos mais importantes dentro do Direito Marítimo, no Brasil, sendo que as embarcações com arqueação bruta menor a 100 toneladas são inscritas e registradas na Capitania dos Portos, Delegacias ou Agências, e as embarcações com arqueação igual ou superior a 100 toneladas, no Tribunal Marítimo, conforme especificado no capítulo anterior.

Quanto à definição de "Óleo" contemplada no artigo I.5[38] da CLC/69 (BRASIL, 1977), foi modificada pelo Protocolo de 92 (ONU, 1992), nos seguintes termos:

> *Óleo* significa qualquer óleo mineral persistente, composto por hidrocarbonetos, como óleo cru, óleo combustível, óleo diesel pesado e óleo lubrificante, seja ele transportado a bordo de um navio como carga, ou nos tanques de combustível para consumo daquele navio.

---

[35] Artigo I da CLC/69 – "[...] 2. "Pessoa" significa toda pessoa física ou jurídica de direito público ou de direito privado incluindo um estado e suas subdivisões políticas constitucionais (BRASIL, 1977).

[36] Artigo I da CLC/69 – "[...] 3. "Proprietário" significa a pessoa ou pessoas registradas como proprietária do navio, ou em falta de matrícula, a pessoa ou pessoas que têm o navio por propriedade. Todavia, nos casos de um navio de propriedade de um Estado e operado por uma companhia que nesse Estado, é registrada como operadora do navio, o termo "proprietário" designa essa companhia (BRASIL, 1977).

[37] Artigo I da CLC/69 – "[...] 4. "Estado de registro de navio" significa, em relação aos navios registrados, o Estado no qual tiver sido registrado e, com relação aos navios não registrados, o Estado cuja bandeira o navio arvora (BRASIL, 1977).

[38] Artigo I da CLC/69 – "[...] 5. "Óleo" significa qualquer óleo persistente, tais como petróleo bruto, óleo combustível, óleo diesel pesado, óleo lubrificante e óleo de baleia, quer transportado a bordo de um navio como carga ou nos tanques de um navio, quer nos tanques de combustível desse navio (BRASIL, 1977).

A preocupação dos convencionais ao definir o óleo e seus derivados decorre do resultado dos efeitos nocivos desse recurso energético quando derramado em qualquer dos espaços marítimos, podendo destruir e exterminar animais e vegetais marinhos. Assevera Passos (2009, p. 24) que os efeitos do óleo e dos derivados do petróleo nos organismos se manifestam de várias maneiras, sendo uma delas a sua toxicidade, decorrente da estruturação do produto, provocando a maioria dos casos de mortes de animais e vegetais marinhos. Os mesmos efeitos são inferidos na fertilização dos organismos, que podem causar redução da prole e consequente desequilíbrio (PASSOS, 2009, p. 24).

Outro efeito do óleo e dos derivados do petróleo é a morte por asfixia, que sucede quando o óleo mais viscoso se prende aos animais e vegetais, "[...] impedindo-os de realizarem suas funções vitais, como a respiração, ou até mesmo dificultando sua locomoção e prejudicando a busca por alimentos, muitas vezes levando-os à morte" (PASSOS, 2009, p. 24).

Quanto ao entendimento de dano por poluição[39] pela CLC/69 (BRASIL, 1977), foi alterado pelo Protocolo de 92, passando a ter a seguinte compreensão:

> a) perda ou dano causado fora do navio por uma contaminação resultante de um derramamento ou de uma descarga de óleo do navio, onde quer que possa ocorrer esse derramamento ou essa descarga, ficando estabelecido que a compensação pelos prejuízos causados ao meio ambiente, que não a perda de lucros decorrentes daqueles prejuízos, será limitada aos custos decorrentes de medidas razoáveis de recuperação realmente realizadas ou a serem realizadas;
> b) os custos de medidas preventivas e de outras perdas ou danos causados por medidas preventivas.

Desse modo, o dano por poluição pode se dar como resultante de manipulação do produto, seja no carregamento ou descarregamento do mesmo, ou por derramamento por diferentes motivos e em qualquer dos espaços marítimos incluindo o mar territorial e as águas interiores. Portanto, podemos inferir que a compensação pelos prejuízos causados ao meio ambiente deverá ser feita através de medidas razoáveis para

---

[39] Artigo I da CLC/69 – "[...] 6. "Dano por Poluição" significa a perda ou dano, causados fora do navio transportador de óleo, por contaminação resultante de um derrame ou descarga de óleo do navio onde quer que possa ocorrer esse derrame ou descarga, e inclui o custo das despesas com medidas preventivas e outras perdas ou danos causados por essas medidas preventivas (BRASIL, 1977).

a recuperação do mesmo. Entendemos por medidas razoáveis aquilo que está estipulado nas normas internas dos Estados costeiros vítimas desse tipo de acidentes que, na maior parte dos casos, se transformaram em exorbitantes valores monetários; muitas vezes, os infratores não têm condições de pagar nem de recuperar o meio ambiente afetado, deixando um rasto de degradação ambiental irrecuperável.

São exemplos paradigmáticos dessa situação no Brasil o acidente ocorrido em 16 de março de 2000, com o navio Mafra, da Frota Nacional de petróleo, que derramou cerca de 7.250 litros de óleo, produto que transbordou do tanque de reserva de resíduos no Canal de São Sebastião, litoral norte de São Paulo (PASSOS, 2009, p. 26-27). Em novembro de 2000, as praias de São Sebastião e de Ilhabela foram poluídas pelo derramamento de 86 mil litros de óleo provenientes de um cargueiro da Petrobras (PASSOS, 2009, p. 26-27). Registrou-se, em 18 de outubro de 2001, o choque do navio petroleiro Norma, da frota da Transpetro, carregando nafta, em uma pedra na baía de Paranaguá, entornado 392 mil litros do produto e afetando uma área de 3 mil metros quadrados, que resultou na morte de um mergulhador, que avaliava as condições do casco furado (PASSOS, 2009, p. 26-27). Finalmente, em 15 de novembro de 2004, após a ocorrência de uma explosão, escoaram 291 mil litros de óleo do navio *Vicuña*, no Porto de Paranaguá (PASSOS, 2009, p. 26-27). Acidentes parecidos como os relatados acima acontecem também, diuturnamente, nas diferentes rotas marítimas do mundo.

Em relação às medidas preventivas,[40] a CLC/69 entende que representa todas e quaisquer medidas razoáveis, assumidas por qualquer pessoa, seja física ou jurídica, após ter ocorrido um incidente, com o objetivo de prevenir ou minimizar o dano causado pela poluição. Esta definição foi mantida pelo Protocolo de 1992.

Para a CLC/69 (BRASIL, 1977), a expressão "Incidente"[41] se refere a qualquer fato ou acidente provocado por navio ao descarregar ou derramar óleo, resultando em danos por poluição, e, em decorrência do Protocolo de 1992 (ONU, 1992), foi acrescida a observação de que este dano por poluição cria uma ameaça grave e iminente.

Por derradeiro, a CLC/69 (BRASIL, 1977) utilizava a designação anterior da Organização Marítima Internacional, em sua sigla em

---

[40] Artigo I da CLC/69 – "[...] 7. "Medidas Preventivas" significa quaisquer medidas razoáveis, tomadas por qualquer pessoa após ter ocorrido um incidente, visando prevenir ou minimizar o dano causado pela poluição (BRASIL, 1977).

[41] Artigo I da CLC/69 – "[...] 8. "Incidente" significa todo fato ou conjunto de fatos que têm a mesma origem e que resultem em danos por poluição (BRASIL, 1977).

inglês, IMO, nova denominação para a anterior, Organização Marítima Consultiva Intergovernamental (IMCO),[42] organismo internacional encarregado da segurança da navegação, mecanismos de cooperação, facilitação do tráfego marítimo e prevenção da poluição.

Guido Soares (2003, p. 123) enfatiza a importância da atuação desta Organização, sediada em Londres, que, sob sua orientação, diversas Convenções internacionais multilaterais foram adotadas, como aquelas sobre a segurança da navegação. Quanto aos aspectos da luta contra a poluição, cuja temática não estava originalmente na lista de suas atribuições, tornou-se sua principal área de atuação, de tal forma que veio a promover a mudança de sua própria denominação (SOARES, 2003, p. 123).

A IMO é um órgão especializada das Nações Unidas, criada em 1948, em Genebra, através de uma Convenção Internacional, ratificada pelo Brasil, em 17 de março, de 1957 e promulgada pelo Decreto nº 52.493, de 23 de setembro de 1963 (BRASIL, 1963).

O artigo II[43] da CLC/69 (BRASIL, 1976) se modifica no Protocolo/92 (ONU, 1972), especificando e ampliando, conforme o Direito Marítimo Internacional, quais são as áreas de aplicação da norma internacional, em casos de poluição por derramamento de óleo, áreas ou espaços marítimos que foram definidas pela Convenção das Nações Unidas Sobre Direito do Mar (BRASIL, 1990).

Na CLC/69, fazia-se referência unicamente ao território soberano do Estado costeiro, e consequentemente ao mar territorial, posto que, à época, ainda não tinha se definido a extensão dos outros espaços marítimos. Portanto, a nova norma internacional já menciona que o dano ambiental será considerado, inclusive na zona econômica exclusiva e, se um Estado Contratante não tiver estabelecido tal zona, numa área além e adjacente ao mar territorial daquele Estado que não se estenda a mais de 200 milhas marítimas, contadas a partir da linha de base das quais é medido seu mar territorial, as medidas preventivas, onde quer que tenham sido tomadas, para impedir ou minimizar tais danos.

Em relação à responsabilidade civil por qualquer dano por poluição causado pelo navio em decorrência de incidente, recairá sobre

---

[42] Artigo I da CLC/69 – "[...] 9. "Organização" significa a Organização Marítima Consultiva Intergovernamental (BRASIL, 1977).

[43] Artigo II da CLC/69 – "A presente Convenção será aplicada exclusivamente aos danos por poluição causados no território, incluindo o mar territorial de um Estado Contratante e as medidas preventivas tomadas para evitar ou minimizar tais danos" (BRASIL, 1976).

o proprietário do navio, de acordo com o artigo III,[44] parágrafo 1, da CLC/69 (BRASIL, 1976). Do mesmo modo, este dispositivo excepciona duas situações,[45] quais sejam: a primeira, provando o proprietário que o dano foi decorrente de ato de guerra, insurreição, fenômeno natural de natureza excepcional, omissão cometida por terceiros, com a intenção de causar dano. Além dessa situação, a outra exceção[46] corresponde à hipótese de o dano ter sido causado por ação ou omissão, por aquele que sofreu esses danos ou por negligência desse. Sendo assim, com a existência das diferentes cláusulas excludentes, podemos inferir que a responsabilidade do proprietário não é absoluta, deixando em aberto a grande preocupação pelas consequências desse tipo de dano ambiental.

Entretanto, André Rodrigues (2015, p. 466) observa que, a princípio, tem-se a impressão que a CLC/69 adota o regime da responsabilidade objetiva, afastando, de plano, qualquer possibilidade de se configurar uma responsabilidade subjetiva ambiental, na medida em que a CLC/69 não se refere a uma Convenção internacional de natureza ambiental e, sim, de natureza marítima que contempla alguns reflexos ambientais, principalmente após o Protocolo de 1992. Pela análise do artigo III, em seu parágrafo 1, da CLC/69, o proprietário do navio responderá pelos danos causados, independentemente de culpa, e isso reforça a percepção da responsabilidade objetiva.

Em relação à responsabilidade civil, a legislação brasileira adota a responsabilidade subjetiva, exigindo como requisito a existência de dolo ou culpa por parte do agente causador do dano (artigo 186[47]

---

[44] Artigo III da CLC/69 – "[...] 1. Salvo o disposto nos parágrafos 2 e 3 deste Artigo o proprietário do navio no momento do incidente, ou se o incidente consiste de uma sucessão de fatos, no momento do primeiro fato, será responsável por qualquer dano por poluição causado por óleo que tenha sido derramado ou descarregado de seu navio como resultado do incidente" (BRASIL, 1976).

[45] Artigo III da CLC/69 – "[...] 2. O proprietário não será o responsável por dano de poluição se provar que o dano: a) resultou de um ato de guerra, de hostilidade, de uma guerra civil, de uma insurreição ou de um fenômeno natural de caráter excepcional, inevitável e irresistível, ou, b) resultou totalmente de um ato ou omissão praticado por um terceiro com intenção de produzir danos; ou, c) resultou integralmente de negligência ou de ato prejudicial de um Governo ou de outra autoridade responsável pela manutenção de faróis ou de outros auxílios à navegação, no exercício dessa função" (BRASIL, 1976).

[46] Artigo III da CLC/69 – – "[...] 3. Se o proprietário provar que o dano por poluição resultou em sua totalidade ou em parte, seja de um ato ou omissão feito com intenção de causar danos, pela pessoa que sofreu esses danos ou de negligência dessa pessoa, o proprietário pode ser desabrigado em todo ou em parte de sua responsabilidade para com a citada pessoa" (BRASIL, 1976).

[47] Art. 186 do Código Civil – "Aquele que, por ação ou omissão voluntária, negligência ou imprudência, violar direito e causar dano a outrem, ainda que exclusivamente moral, comete ato ilícito" (BRASIL, 2002).

e 187[48] do Código Civil). Contudo, o ordenamento jurídico admite a imputação da responsabilidade objetiva "[...] nos casos especificados em lei, ou quando a atividade normalmente desenvolvida pelo autor do dano implicar, por sua natureza, risco para os direitos de outrem", nos exatos termos do parágrafo único do artigo 927,[49] do Código Civil. Além disso, o artigo 931[50] do Código Civil prevê a hipótese da aplicação da responsabilidade objetiva, com a ressalva de outros casos previstos em lei especial, "[...] os empresários individuais e as empresas respondem independentemente de culpa pelos danos causados pelos produtos postos em circulação" (BRASIL, 2002).

A Lei nº 8.078, de 11 de setembro de 1990 (BRASIL, 1990), o Código do Consumidor (CDC), em seus artigos 12[51] e 14[52], estabelece a responsabilidade civil objetiva como uma forma de defender os interesses do consumidor, isto é, o consumidor não precisa provar a culpa do fornecedor para poder ser ressarcido pelo dano, devendo existir unicamente o nexo causal.

Observamos que, na responsabilidade objetiva, não há necessidade de comprovação de dolo ou culpa por parte do agente causador do dano, porém, deverá existir o nexo causal, desta maneira podemos afirmar que a CLC/69 adota o regime de responsabilidade objetiva para o proprietário do navio.

---

[48] Art. 187 do Código Civil – "Também comete ato ilícito o titular de um direito que, ao exercê-lo, excede manifestamente os limites impostos pelo seu fim econômico ou social, pela boa-fé ou pelos bons costumes" (BRASIL, 2002).

[49] Art. 927 do Código Civil – "Art. 927. Aquele que, por ato ilícito (arts. 186 e 187), causar dano a outrem, fica obrigado a repará-lo. Parágrafo único. Haverá obrigação de reparar o dano, independentemente de culpa, nos casos especificados em lei, ou quando a atividade normalmente desenvolvida pelo autor do dano implicar, por sua natureza, risco para os direitos de outrem" (BRASIL, 2002).

[50] Art. 931 do Código Civil – "Art. 931. Ressalvados outros casos previstos em lei especial, os empresários individuais e as empresas respondem independentemente de culpa pelos danos causados pelos produtos postos em circulação" (BRASIL, 2002).

[51] Artigo 12 do CDC – "Art. 12. O fabricante, o produtor, o construtor, nacional ou estrangeiro, e o importador respondem, independentemente da existência de culpa, pela reparação dos danos causados aos consumidores por defeitos decorrentes de projeto, fabricação, construção, montagem, fórmulas, manipulação, apresentação ou acondicionamento de seus produtos, bem como por informações insuficientes ou inadequadas sobre sua utilização e riscos" (BRASIL, 1990).

[52] Artigo 14 do CDC – "Art. 14. O fornecedor de serviços responde, independentemente da existência de culpa, pela reparação dos danos causados aos consumidores por defeitos relativos à prestação dos serviços, bem como por informações insuficientes ou inadequadas sobre sua fruição e riscos" (BRASIL, 1990).

Com efeito, o Código Civil brasileiro, em seu parágrafo único do artigo 927,[53] ao admitir a responsabilidade civil objetiva independente de culpa, nas ponderações de Cavalieri Filho (2014, p. 7), corresponde a uma das mais relevantes inovações acolhidas pelo Código Civil, na seara da responsabilidade civil. Desse modo, todo aquele que, "[...] no exercício de qualquer direito subjetivo, exceder os limites impostos pelo seu fim econômico ou social, pela boa-fé ou pelos bons costumes, e causar dano a outrem, terá que indenizar independentemente de culpa" (CAVALIERI FILHO, 2014, p. 7).

Assim, para o legislador brasileiro, qualquer atividade perigosa, como é o caso do transporte marítimo, ou que represente um risco para terceiros, ou a sociedade no seu conjunto, que venha a poluir o meio ambiente marinho, deve responder por esses riscos, assumindo a responsabilidade civil objetiva e sofrer a sanção correspondente.

Rodrigues analisa a canalização da responsabilidade, ou seja, o princípio da responsabilidade exclusiva (*Principle of channelling liability to the nuclear operator*), que faz parte das Convenções Internacionais relacionadas com acidentes nucleares, adotado, inclusive, pelo Brasil, conforme a Lei nº 6.453, de 17 de outubro de 1977 (BRASIL, 1977), nos termos de seu artigo 4º.[54]

Portanto, por essa linha de raciocínio, entendemos que o princípio da responsabilidade civil, objetiva e exclusiva também se aplica na CLC/69, em seu artigo III, parágrafo 4, vez que é imputada ao proprietário do navio toda a responsabilidade civil, afastando a possibilidade de uma solidariedade com os outros personagens da operação.

Em relação à eficácia do princípio da responsabilidade exclusiva, André Rodrigues (2015, p. 469) pondera que a canalização de responsabilidade se apresenta como sendo positiva, vez que facilita a identificação do devedor da obrigação de indenizar. Contudo, como a responsabilidade recai somente sobre o proprietário do navio, afastando a possibilidade de outros possíveis responsáveis, a questão em pauta se refere à garantia desse crédito que mereceria uma maior reflexão para a admissibilidade de outras medidas garantidoras do crédito, em

---

[53] Artigo 927, do Código Civil – "[...] Parágrafo único. Haverá obrigação de reparar o dano, independentemente de culpa, nos casos especificados em lei, ou quando a atividade normalmente desenvolvida pelo autor do dano implicar, por sua natureza, risco para os direitos de outrem (BRASIL, 2002).

[54] Art. 4º da Lei nº 6.453, de 17 de outubro de 1977 – "Será exclusiva do operador da instalação nuclear, nos termos desta Lei, independentemente da existência de culpa, a responsabilidade civil pela reparação de dano nuclear causado por acidente nuclear" (BRASIL, 1977).

sintonia com a lógica da canalização de responsabilidade (RODRIGUES, 2015, p. 469).

Esta reflexão se torna relevante na medida em que os efeitos por acidentes por poluição por derramamento de óleo podem ser considerados catastróficos, com sequelas fatais, atingindo não somente o ecossistema do mar territorial de um Estado, mas também podendo afetar diferentes países da mesma região.

O artigo III,[55] em seu parágrafo 4, da CLC/69, assegura ao proprietário do navio que nenhuma reclamação de compensação por danos causados por poluição possa ser formulada contra ele, na condição de proprietário, a não ser baseado na CLC/69, mas, ao mesmo tempo confere a ele toda a responsabilidade do fato ou do dano (responsabilidade exclusiva), excluindo os empregados, agentes, membros da tripulação, prático, afretador, inclusive um afretador a casco nu etc., a menos que tenha existido dolo, imprudência ou negligência, conforme imputação de responsabilidade elencada no artigo III da CLC/69 (BRASIL, 1976).

Por outro lado, a CLC/69, no artigo IV,[56] estabelece a responsabilidade solidária por derramamento de óleo, na hipótese de ocorrência de um incidente envolvendo dois ou mais navios. Os proprietários de todos os navios envolvidos serão solidariamente responsáveis pela totalidade dos danos que não possam ser razoavelmente divisíveis, com as exonerações elencadas no artigo III da CLC/69.

A CLC/69 estabelece o direito do proprietário de um navio de limitar a sua responsabilidade, em relação a qualquer incidente, ao valor total calculado com base arqueação do navio, qual seja, 2.000 toneladas de óleo ou hidrocarbonetos, ou seja, a responsabilidade do proprietário por derramamento de óleo seria acima dessa tonelagem. Assim, para a CLC/69, o proprietário do navio, com carga de menos de 2.000 toneladas de óleo, não teria a obrigação de cumprir com as normas estipuladas pelo Direito Internacional, ficando isento da sua responsabilidade civil, permitindo que o dano ambiental deixe as vítimas sem garantia de ressarcimento.

---

[55] Artigo III da CLC/69 – "[...] 4. Nenhum pedido de indenização por danos por poluição poderá ser formalizado contra o proprietário de outro modo que não seja baseado na presente Convenção. Nenhum pedido de indenização, que não seja fundamentado na presente Convenção poderá ser feito contra Prepostos ou Agentes do proprietário" (BRASIL, 1976).

[56] Artigo IV da CLC/69 – "Quando os derrames ou descargas de óleo se dão em mais de um navio e daí resultam danos por poluição, os proprietários de todos os navios envolvidos, serão, a não ser que exonerados de acordo com o Artigo III, solidariamente, responsáveis pela totalidade dos danos que não possam ser razoavelmente divisíveis" (BRASIL, 1976).

Neste sentido, André Rodrigues (2015, p. 469-470) avalia que a limitação da responsabilidade, na perspectiva dos lesados, faz com que a obrigatoriedade somente será exercida em face de navios que transportem mais de 2.000 toneladas de hidrocarbonetos a granel como carga, não garantindo, portanto, o transporte de carga em menores quantidades de hidrocarbonetos a granel. À vista disso, o regime de canalização, apesar de apontar pela responsabilidade exclusiva, de certo modo afeta aqueles que estiverem envolvidos em acidentes cujos navios transportem carga de menos de 2.000 toneladas de hidrocarbonetos a granel que, estariam, em tese, fora da cobertura do seguro (RODRIGUES, 2015, p. 469-470).

Quanto ao proprietário de um navio registrado num Estado Contratante que transporte mais de 2.000 toneladas de óleo a granel, ele tem a obrigação de constituir um seguro, conforme previsão do artigo VII,[57] em seu parágrafo 1, da CLC/69 (BRASIL, 1976), ou outra garantia financeira como uma caução bancária, ou um certificado emitido por um fundo internacional de compensação, nas somas fixadas, através da aplicação dos limites de responsabilidades estabelecidos no artigo V, parágrafo 1, para cobrir a sua responsabilidade por danos causados por poluição e de proteção através de seguro às vítimas.

O direito de limitação da responsabilidade do proprietário não é absoluto, posto que a própria CLC/69, no seu artigo V, parágrafo 2, prevê que o proprietário não terá direito de limitar a sua responsabilidade, se for provado que o dano por poluição resultou de um ato pessoal seu, ou de uma omissão pessoal sua, cometida com a intenção de causar aquele dano, ou por agir imprudentemente e com o conhecimento de que provavelmente aquele dano poderia ocorrer.

O dano ambiental ocorrido por causa de derramamento de óleo pode ter sequelas imprevisíveis e superar valores incalculáveis. Na maior parte das vezes, o causador ou responsável não consegue ressarcir as vítimas, ingressando em batalhas judiciais intermináveis, com resultados negativos para as mesmas, frustrando todas as expectativas para uma solução ou compensação do dano causado. Essa motivação

---

[57] Artigo VII da CLC/69 – "[...] 1. O proprietário de um navio registrado em um Estado Contratante e que transporte mais de 2.000 toneladas de óleo a granel como carga deverá fazer um seguro ou outra garantia financeira tal como caução bancária ou certificado emitido por um fundo internacional de indenização, num montante fixado por um fundo internacional de indenização, num montante fixado pela legislação dos limites de responsabilidade por danos por poluição, conforme as disposições da presente Convenção" (BRASIL, 1976).

engendrou a previsão na CLC/69, em seu artigo V, parágrafo 3, a constituição de um Fundo (Fundo Internacional de Compensação de Danos por Poluição de Óleo) com a soma total que represente o limite de sua responsabilidade, junto ao Tribunal ou outra autoridade competente de qualquer Estado Contratante, garantindo ao proprietário a possibilidade de ressarcir aos lesados sem destruir o seu patrimônio.

Para este propósito, prevê a CLC/69 que o fundo pode ser estabelecido através do depósito da soma, ou da apresentação de uma garantia bancária ou de uma garantia que seja aceitável, de acordo com a legislação do Estado Contratante em que o fundo for constituído, e que seja adequada pelo Tribunal ou por outra autoridade competente.

Por sua vez, a CLC/69, no artigo V, parágrafo 11, dispõe que o segurador ou outra pessoa que forneça a garantia financeira terá o direito de constituir um fundo de acordo com este artigo, nas condições e com o mesmo efeito que teria se fosse constituído pelo proprietário. Por essa razão, as seguradoras marítimas conhecidas com clubes P&I (*Protection and Indemnity Clubs*), também podem constituir fundos para garantir o ressarcimento às vítimas.

Observa Martins (2008, p. 489) que, usualmente, o seguro de responsabilidade civil por perdas e danos ocorridos à mercadoria é efetuado perante os Clubes P&I. O objetivo precípuo dos P&I, como clubes de proteção de indenização, é de "[...] completar o seguro normal protegendo navios de longo curso e respectiva carga contra sinistros envolvendo responsabilidade civil, entre outras funções" (MARTINS, 2008, p. 489). Entretanto, há o oferecimento pelas seguradoras do seguro de responsabilidade civil complementar para cobertura acessória do seguro de cascos marítimos, como também para coberturas adicionais relativas à poluição marítima (MARTINS, 2008, p. 489). Então, a maioria dos armadores e proprietários de navios fazem parte dos Clubes de P&I, os mesmos que disponibilizam uma série de coberturas, inclusive as coberturas de prejuízos e penalidades em caso de poluição ambiental.

Cabral (2010, p. 15-16), por seu turno, demonstra que, na eventualidade de ocorrer um acidente de poluição, com o derramamento de óleo para o meio ambiente, demandando a aplicação de refinados aparatos de enfrentamento à poluição, utilização de mão-de-obra técnica especializada, produção de perícias e testes químicos, afora o pagamento de considerável montante indenizatório e custas judiciais, nada disso incidirá sobre o armador, pois toda despesa decorrente desse evento estará coberta e será indenizada pelo seu Clube de P&I, vez que o valor da franquia é igual a zero, para este tipo de ocorrência. O valor atual da cobertura de poluição por óleo dos clubes de P&I que fazem parte deste grupo é de US$1 bilhão de dólares norte-americanos (CABRAL, 2010, p. 15-16).

Desta maneira, o proprietário ou armador tem a possibilidade de acionar o seu clube P&I ou seguradora no valor acima mencionado, além da participação do Fundo Internacional previsto pela legislação internacional.

Uma vez que o proprietário constitui um fundo, automaticamente está habilitado a limitar a sua responsabilidade civil, conforme o artigo VI,[58] em seu parágrafo 1, da CLC/69 (BRASIL, 1976), colocando a salvo o patrimônio do proprietário do navio, bem "[...] como a liberação de qualquer caução ou outra garantia depositada para evitar a penhora, permitindo ao proprietário continuar com a sua atividade e com a totalidade de seus bens disponíveis" (BRASIL, 1976).

A obrigatoriedade da manutenção de um seguro, prevista pelo artigo VII, parágrafo 1 da CLC/69, além da caução bancária e a garantia financeira, pode ser considerada como uma iniciativa muito eficaz prevista pela CLC/69 a fim de que os proprietários sejam cada vez mais fiscalizados pelas próprias seguradoras, melhorando as condições técnicas dos navios, assim como adotando medidas de precaução através do uso de tecnologia implementada na construção de navios.

Em relação à eficácia da obrigatoriedade do seguro, André Rodrigues (2015, p. 491) ressalta a situação de refém dos proprietários de navios em relação às seguradoras, vez que não podem transportar hidrocarbonetos como carga sem o seguro. No entanto, aponta essa medida como sendo eficiente porque obriga aos proprietários dos navios a se empenharem por atingir melhores patamares de precaução para a diminuição dos custos com seguros.

A CLC/69, em seu artigo VII,[59] parágrafo 2, dispõe sobre a obrigatoriedade da emissão de um certificado para cada navio, atestando que o seguro, ou outra garantia financeira, é válido, de acordo com o disposto na Convenção.

---

[58] Artigo VI da CLC/69 – "[...] 1. Quando, após o incidentem o proprietário, de acordo com o Artigo V constituiu um fundo e está habilitado a limitar sua responsabilidade. a) nenhum direito à indenização por danos por poluição resultante do incidente poderá ser exercido sobre outros bens do proprietário, b) o Tribunal ou outra autoridade competente de qualquer Estado Contratante deverá ordenar a liberação do navio ou qualquer outro bem pertencente ao proprietário que tenha sido arrestado em seguida à ação de reparação por danos por poluição causados pelo mesmo incidente e, do mesmo modo, deverá liberar qualquer caução ou outra garantia depositada para evitar tal penhora" (BRASIL, 1976).

[59] Artigo VII da CLC/69 – "[...] 2. Deverá ser emitido para cada navio um certificado que ateste que um seguro ou garantia é válido de acordo com as disposições da presente Convenção" (BRASIL, 1976).

A autoridade competente para emitir o certificado deverá ser o Estado de registro do navio, de acordo com o artigo VII,[60] parágrafo 2, segunda parte, da CLC/69, cujo certificado deverá obedecer à forma prescrita no artigo VII,[61] parágrafo 2, terceira parte, da CLC/69. Na eventualidade de navio não registrado num Estado Contratante, ele pode ser emitido ou referendado pela autoridade competente de qualquer Estado Contratante.

Todavia, ponderamos que os convencionais trataram apenas da situação dos navios especializados em transporte de óleo e seus derivados com mais de 2.000 toneladas desse tipo de carga, ficando, a descoberto, a questão da responsabilidade dos navios que transportem quantidades menores a 2.000 toneladas de óleo que, em caso de acidentes ambientais por derramamento de óleo, não estão obrigados a constituir seguros, nem garantias financeiras, podendo ficar impunes por acidentes ambientais por derramamento de óleo.

Rodrigues reforça que, para a CLC/69, a obrigatoriedade de seguro ou garantia financeira para os navios que transportem mais de 2.000 toneladas de hidrocarboneto parte do pressuposto de que os navios que transportem volume inferior de hidrocarbonetos não podem causar danos relevantes.

Porém, a magnitude do dano está relacionada a outros elementos, a exemplo do local de sua ocorrência, a direção das correntes marítimas, o bem atingido pela contaminação, entre outros, e não simplesmente o volume transportado de hidrocarbonetos (RODRIGUES, 2015, p. 491).

A Convenção destaca a importância e a responsabilidade que o Estado Contratante deve ter para com o navio comercial que arvore sua bandeira, através de normas fiscalizadoras e do cumprimento da sua legislação interna a bordo do navio, assegurando que sejam cumpridas as exigências da CLC/69 em relação, entre outras coisas, à apresentação do seguro e das garantias financeiras até o valor especificado no artigo VII, em seu parágrafo 1, da CLC/69. Em relação à competência

---

[60] Artigo VII da CLC/69 – "[...] 2. [...] Será emitido ou visado pela autoridade competente do Estado de registro o qual deve se assegurar de que o navio satisfaz as disposições do parágrafo 1 do presente artigo" (BRASIL, 1976).

[61] Artigo VII da CLC/69 – "[...] 2. [...] O certificado deverá ser feito de acordo com o modelo anexo e conter as seguintes informações: a) nome do navio e porto de registro; b) nome e local do principal estabelecimento do proprietário; c) tipo de garantia; d) nome e local do principal estabelecimento do Segurador ou de outra pessoa que dê a garantia e, se a ocasião se apresentar, o local do estabelecimento em que foi subscrito o Segurado ou a Garantia; e) o período de validade do certificado, o qual não poderá exceder o do Seguro ou da Garantia" (BRASIL, 1976).

dos Tribunais, o artigo IX,[62] em seu parágrafo 2, da CLC/69, estabelece que todo Estado Contratante deverá assegurar que seus Tribunais são competentes para conhecer as diferentes ações de compensação.

Por sua vez, o artigo X[63] da CLC/69 acentua que qualquer julgamento proferido por um Tribunal com competência prevista na Convenção deverá ser reconhecido em qualquer Estado Contratante, exceto quando o julgamento tiver sido obtido através de fraude e quando o demandado não tiver sido informado com uma antecedência razoável e não tiver tido plena oportunidade de apresentar a sua defesa.

Fortalece-se, desta maneira, os objetivos e fundamentos do Direito Internacional através das decisões dos membros da sociedade internacional em benefício do indivíduo na sua condição de sujeito de Direito Internacional Público na defesa dos seus direitos humanos.

A CLC/69, em seu artigo XI, parágrafo 1, estabelece que seus dispositivos não serão aplicados a navios de guerra ou outros navios de propriedade do Estado e por ele operados e utilizados, na época considerada, somente em serviço não comercial do governo.

A CLC/69, no artigo XI,[64] parágrafo 2, afirma que os navios públicos utilizados com fins comerciais se submetem às suas disposições, com a renúncia de todas as suas prerrogativas que poderiam ser utilizadas na sua condição de Estado soberano, isto é, sujeitos ao cumprimento das normas estabelecidas na Convenção.

A CLC/69 (BRASIL, 1976) e o Protocolo de 1992 (ONU, 1992) representam um único instrumento elaborado com o objetivo de impor um regime de responsabilidade civil objetiva ao proprietário do navio ou armador, através do Princípio da Responsabilidade Exclusiva, o que significa um grande avanço na normatização e na elaboração de regras a fim de prevenir e punir, de alguma maneira, os atos de poluição ambiental por derramamento de óleo e derivados, facilitando a identificação do devedor ou responsável pelo dano, tendo a obrigação de indenizar.

---

[62] Artigo IX da CLC/69 – "[...] 2. Cada Estado Contratante deverá se assegurar de que seus tribunais são competentes para conhecer tais ações de indenização" (BRASIL, 1976).

[63] Artigo X da CLC/69 – "Todo julgamento de um tribunal competente em virtude do Artigo IX, que é executável no Estado de origem onde não possa mais ser objeto de um recurso ordinário, será reconhecido em qualquer outro Estado Contratante, exceto: a) Se o julgamento tiver sido obtido fraudulentamente; b) se o demandado não tiver sido advertido em tempo razoável e não tiver plena oportunidade de apresentar sua defesa" (BRASIL, 1976).

[64] Artigo XI da CLC/69 – "[...] 2. No que concerne aos navios pertencentes a um Estado Contratante e utilizados para fins comerciais, cada Estado será possível de sofrer demandas face ás jurisdições apontadas no Artigo IX e deverá renunciar a qualquer defesa de que poderia se prevalecer em sua qualidade de Estado soberano" (BRASIL, 1976).

Sopesamos que, sobre os dispositivos contemplados na CLC/69 e no Protocolo de 1992, merece ser evidenciada a questão da responsabilidade exclusiva ou da limitação da responsabilidade que poderia ser mais eficaz se fosse compartilhada ou solidária com os outros participantes da aventura marítima, tais como o proprietário da mercadoria. Neste sentido, o proprietário da mercadoria poderia participar solidariamente na obrigação de indenizar, posto que, na maior parte dos casos de acidente ambiental por derramamento de óleo, os danos são consideravelmente grandiosos e exorbitantes, e as vítimas, quase sempre, não são ressarcidas devidamente, envolvendo-se em infindáveis litígios judiciais.

Outra observação importante é a limitação da responsabilidade em relação à tonelagem de carga do navio, ou seja, a Convenção estabelece esta responsabilidade a partir das 2.000 toneladas de óleo. Abaixo desta quantidade não existe responsabilidade estabelecida, o que pode ser interpretado como uma forma de impunidade para incidentes realizados por navios que transportam hidrocarbonetos abaixo das especificações previstas pela CLC/69.

A poluição por óleo e derivados, em qualquer proporção, atinge de maneira violenta o meio ambiente, degradando qualquer forma de vida do ecossistema essencial para a sobrevivência dos seres humanos. Portanto, é necessário que, tanto o Direito Interno quanto o Direito Externo, se aperfeiçoem de forma permanente as regras e normas que regulam e previnam toda forma de incidente que afete o meio ambiente marítimo.

2.2.3 Convenção Internacional para a Prevenção da Poluição Causada por Navios (MARPOL 73/78)

Os séculos XX e XXI se caracterizam pela intensidade e aprofundamento do intercâmbio comercial e o aumento do consumo de uma infinidade de produtos, através da construção de uma cadeia produtiva que, necessariamente, obrigará à produção e exploração de uma série de fontes de energia, surgindo, neste contexto, a poderosa indústria do petróleo, detentora de uma logística sofisticada a partir de sua extração, exploração e posterior distribuição, seja em terra, conhecida tecnicamente como *onshore*, ou no mar *offshore*, dentro da zona econômica exclusiva, adjacente ao litoral dos Estados costeiros.

Este procedimento logístico utilizado para a exploração de petróleo e a sua posterior transformação em uma série de produtos derivados passou a ser uma preocupação para as autoridades dos Estados nacionais, assim como para os organismos internacionais e para toda a sociedade internacional, como efeito das diferentes catástrofes ambientais ocorridas por causa da poluição ambiental por derramamento de óleo nas diferentes áreas marítimas, e que, arrastadas por poderosas correntes, afetam à comunidade internacional em seu conjunto trazendo sérias consequências para os seres humanos.

Estes fatos alarmantes e acidentes ocorridos, como os do petroleiro Torrey Canyon em 1967 e outros citados acima, motivaram aos organismos internacionais a elaborar normas voltadas à preservação, controle e fiscalização das diferentes formas de poluição por hidrocarbonetos.

> O acidente do "Torrey Canyon", em 1967, sensibilizou de maneira extraordinária à opinião mundial, e a Organização Marítima Internacional convocou a uma Conferência Internacional, que teve lugar em Londres, em 1973, na qual se logrou o consenso necessário para adotar uma nova Convenção o 2 de novembro de 1973. Nasce assim a Convenção conhecida como MARPOL 73 inicialmente, e, após sua modificação pelo protocolo de17 de fevereiro de 1978, como MARPOL 73/78. Este protocolo foi emendado em 1984, em 1985 e em 1990. (GONZÁLEZ-LEBRERO, 2000, p. 612, tradução nossa)[65]

A Convenção Internacional para a Prevenção da Poluição Causada por Navios – MARPOL 73/78 (*International Convention for the Prevention of Pollution from Ships)*, visa introduzir regras específicas para regular e prevenir a poluição do mar, evitando o derramamento de óleo e outras substâncias nocivas provenientes de navios, concluída em Londres em 02 de novembro de 1973, e entrou em vigor em 02 de outubro de 1983. No Brasil em 1996, foi promulgada pelo Decreto nº 2.508, de 04 de março de 1998 (BRASIL, 1998a).

A MARPOL 73/78 produz normas para impedir a destruição do meio ambiente marinho "[...] por meio de permanentes vistorias e inspeções de embarcações, estrutura, equipamento, instalações, de modo que este equipamento esteja nas condições adequadas previstas

---

[65] "El accidente del 'Torrey Canyon', sensibilizó de manera extraordinária a la opinion mundial, y la Organización Marítima Inrternacional, convocó a una Conferencia Internacional, que tuvo lugar en Londres, en 1973, y en la que se logró el consenso necesario para adoptar un nuevo Convenio el 2 de noviembre de 1973. Nació así el Covenio conocido como MARPOL 73 primero, y, luego de su modificación por el protocolo de 17 de febrero de 1978, como MARPOL 73/78. Este protocolo fue enmendado en 1984, en 1985 y en 1990".

e exigidas na Convenção" (FABRIZ; OBREGÓN, 2014, p. 182). Desse modo, possibilita ao inspetor designado para averiguar as condições do navio de tal forma que possa, inclusive, comunicar "[...] às autoridades portuárias do Estado costeiro, que o navio não está apto para zarpar, porque representa uma ameaça inaceitável para o meio ambiente marinho" (FABRIZ; OBREGÓN, 2014, p. 182).

A MARPOL 73/78 (BRASIL, 1998a) é constituída por vinte artigos, dois protocolos, o primeiro, relativo às disposições relacionadas a informações sobre incidentes envolvendo substâncias danosas, as mesmas que devem ser enviadas pelo Comandante ou outra pessoa encarregada de qualquer navio envolvido num incidente, previsto no artigo II da MARPOL. Quanto ao segundo, trata sobre arbitragem para a solução de controvérsias entre duas ou mais partes da Convenção, com relação à interpretação ou à aplicação da MARPOL, através da criação de um Tribunal de Arbitragem, mediante solicitação de uma das partes. Faz parte também da MARPOL 73 o Protocolo de 1978 para a Prevenção da Poluição por Navios de 1973, que entrou em vigor em 02 de outubro de 1983, transformando-se num único instrumento internacional, denominado MARPOL 73/78.

Fazem parte também da norma internacional MARPOL 73/78 (BRASIL, 1998a) cinco anexos que complementam as normas e regras do documento internacional. Assim, o Anexo I, que entrou em vigor em 2 de outubro de 1983, trata das Regras para a Prevenção da Poluição por óleo, realizando modificações, alterando as dimensões e capacidade dos navios, diferenças entre transporte de petróleo bruto e petróleo refinado, assim como os diferentes procedimentos de vistorias e inspeções.

Por sua vez, o Anexo II, que entrou em vigor em 6 de abril de 1987, se refere às Regras para o Controle da Poluição por Substâncias Líquidas Nocivas Transportadas a Granel, definindo o que é um navio-tanque, as diferenças entre lastro limpo e lastro segregado, assim como a definição de substância líquida nociva.

Quanto ao Anexo III, que entrou em vigor em 1º de julho de 1992, cuida das Regras para a Prevenção da Poluição por Substâncias Prejudiciais Transportadas por Via Marítima em Embalagens, Contenedores, Tanques Portáteis, Caminhões-Tanques e Vagões, normatizando o uso deste tipo de transporte, unicamente, conforme as disposições do anexo, exigindo dos governos dos Estados-partes uma fiscalização rigorosa sobre o uso deste tipo de embalagens.

O Anexo IV, por outro lado, que entrou em vigor em 27 de setembro de 2003, versa sobre as Regras para a Prevenção da Poluição por Esgotos Sanitários dos Navios, definindo o significado de esgoto sanitário provenientes de resíduos das diferentes instalações do navio, tais como urinóis, retretes, instalações médicas, compartimento de animais e outros.

Por derradeiro, o Anexo V, que entrou em vigor em 31 de dezembro de 1988, abordará Regras para Prevenção da Poluição por Lixo do Navio, abrangendo todas as espécies de resíduos de alimentos domésticos e operacionais.

Os Anexos I e II obrigam a todos os Estados contratantes da Convenção e para os novos que desejem aderir ao Tratado, enquanto os Anexos III, IV e V são considerados de adesão voluntária.

González-Lebrero (2000, p. 614, tradução nossa) aponta que:

> Os Estados contratantes concordaram em cumprir todas as disposições da MARPOL 73/78(salvo os anexos não aceitos) afim de prevenir a contaminação do meio marinho provocada pelo derramamento de substâncias prejudiciais, ou de emanações que contenham tais substâncias. Isto se refere a qualquer derramamento procedente de um navio por qualquer causa e qualquer que seja o procedimento (fuga, evacuação, diminuição, emissão ou esvaziamento), de qualquer substância cuja introdução no mar possa acarretar riscos para a saúde humana, danificar a flora, a fauna e os recursos vivos do meio marinho, menosprezar seus usos para atividades recreativas ou paralisar os usos legítimos das águas do mar e, em particular, toda substância submetida ao controle de conformidade com a Convenção MARPOL 73/78.[66]

Mais de 90% da frota mundial de navios pertencentes aos diferentes Estados de registro aderiram à MARPOL 73/78, demonstrando a sua preocupação pela preservação do meio ambiente marinho, sendo, portanto, considerada como uma das normas mais importantes no que se refere à análise da questão ambiental marítima aceita pela sociedade internacional.

Por esta razão, a percepção da exigência da preservação do meio ambiente humano, de maneira geral e, em especial, do meio ambiente

---

[66] "Los Estados contratatantes han acordado a cumplir todas las diposiciones de la MARPOL 73/78 (salvo los anexos que no acepten), a fin de prevenir la contaminación del medio marino provocada por la descarga de sustancias perjudiciales, o de efluentes que contengan tales sustancias. Esto se refiere a cualquier derrame procedente de un buque por cualquier causa y cualquiera que sea el procedimiento (escape, evacuación,rebase, fuga,achique, emisión o vaciamiento), de cualquier sustancia cuya introducción en el mar pueda ocasionar riesgos para la salud humana, dañar la flora, la fauna y los recursos vivos del medio marino, menoscabar sus alicientes recreativos o entorpecer los usos legítimos de las aguas del mar y,en particular,toda sustancia sometida a control. De conformidad con el Convenio MARPOL 73/78".

marinho, bem como a admissão de que o derramamento ou a liberação deliberada, negligente ou acidental de óleo e de outras substâncias danosas, de navios, especialmente navios petroleiros, representa uma séria ameaça de poluição, estão pontificados no preâmbulo da MARPOL 73/78 (BRASIL, 1998a).

Neste sentido, a Convenção reconhece, também, a relevância da norma internacional para a Preservação da Poluição do Mar por Óleo, de 1954, entendida como sendo o primeiro instrumento multilateral a ser concluído com o propósito primordial de proteger o meio ambiente, a MARPOL 73/78 e as outras Convenções sobre a preservação do meio ambiente marinho, também são reconhecidas pela Convenção das Nações Unidas Sobre Direito do Mar.

Portanto, estabelece, a MARPOL 73/78 (BRASIL, 1998a), em seu artigo primeiro, duas obrigações gerais para os Estados-membros, a primeira, o compromisso de cumprir com o disposto na Convenção, no Protocolo e seus anexos, no sentido de impedir a poluição do meio ambiente marinho, através de descargas de substâncias danosas ou de efluentes; a segunda, o compromisso de reconhecer o instrumento principal, a MARPOL e seus anexos, como um único instrumento, com referência a seus Protocolos e anexos. Este último compromisso está de acordo com a definição de tratado internacional previsto na Convenção de Viena Sobre Tratados, de 1969, e internalização pelo Decreto nº 7.030, de 14 de dezembro de 2009 (BRASIL, 2009).

A MARPOL 73/78 estabelece o acordo semântico quanto às regras sobre derramamento ou descarga de substância danosa, considerando, no artigo 2º, §2º, como "Substância danosa":

> [...] qualquer substância que, se for lançada ao mar, é capaz de criar riscos à saúde humana, causar danos aos recursos e à vida marinha, prejudicar as atividades de lazer ou interferir com outras utilizações legítimas do mar, e abrange qualquer substância sujeita a controle através da presente Convenção. (BRASIL, 1998a)

Em vista disso, além dos hidrocarbonetos, óleo e seus derivados, qualquer outra substância com capacidade de contaminação, tais como óleos minerais, gasolina, éter, glicerina, cânfora, detritos, lixo doméstico etc., são consideradas como substâncias danosas e estão sujeitas ao controle da norma internacional.

Para tanto, é preciso que ocorra a sua descarga que, para os efeitos da MARPOL 73/78, conforme o artigo 2º, §3º, letra a:

"Descarga", com relação a substâncias danosas ou a efluentes contendo tais substâncias, significa qualquer liberação, qualquer que seja a sua forma, causada por um navio e abrange qualquer escapamento, lançamento, derramamento, vazamento, bombeamento, emissão ou esgoto. (BRASIL, 1998a)

Entretanto, a Convenção equivoca-se ao afastar do enquadramento como descarga, as hipóteses contempladas no artigo II, §3º, letra "b", quais sejam:

(i) o alijamento ao mar, dentro do significado da Convenção sobre Prevenção da Poluição Marinha por Alijamento de Resíduos e Outras Matérias, realizada em Londres em 13 de novembro de 1972; ou (ii) a liberação de substâncias danosas resultantes diretamente da exploração, prospecção e do processamento ao largo ("offshore") dos recursos minerais do fundo do mar; ou (iii) a liberação de substâncias danosas com a finalidade de realizar pesquisas científicas legítimas sobre a redução ou o controle da poluição. (BRASIL, 1998a)

Em qualquer destes incisos ou hipóteses, o dano ambiental terá as mesmas sequelas de qualquer derramamento ou descarga, pelo fato de serem substâncias danosas, com capacidade de degradação do meio ambiente marinho, abarcando amplamente todas as formas de substâncias, consideradas danosas ao meio ambiente.

Entre as substâncias nocivas previstas pela MARPOL 73/78 (BRASIL, 1998a), o Anexo II, Regra 3, estabelece uma classificação das substâncias nocivas líquidas, enfatizando que os navios para transporte dessas substâncias, devem ser projetados, construídos, equipados e operados de forma a minimizar as descargas incontroladas dessas substâncias para o mar, demonstrando claramente que as descargas nocivas são fatos permanentes no transporte marítimo de petróleo e seus derivados.

A classificação acima mencionada encontra-se dividida em quatro categorias, diferenciando o grau de risco que representam cada uma delas para o meio ambiente em geral. Assim, estão enquadradas como categoria A:

Substâncias líquidas nocivas provenientes das operações de limpeza ou deslastragem de tanques que, se descarregadas para o mar, representam um *risco grave* para os recursos marinhos ou para a saúde humana ou prejudicam gravemente os locais de recreio ou outras utilizações legítimas do mar e justificam, por tanto, a aplicação de medidas rigorosas contra a poluição. (BRASIL, 1998a)

Por sua vez, são classificadas como pertencentes à categoria B:

Substâncias líquidas nocivas provenientes das operações de limpeza ou deslastragem de tanques que, se descarregadas para o mar, representam *um risco* para os recursos marinhos ou para a saúde humana ou prejudicam os lugares de recreio ou outras utilizações legítimas do mar e justificam, portanto, a aplicação de medidas especiais contra a poluição. (BRASIL, 1998a)

Quanto às substâncias líquidas nocivas agrupadas na categoria C:

Substâncias líquidas nocivas provenientes das operações de limpeza ou deslastragem de tanques que, se descarregadas para o mar, representam *fraco risco* para os recursos marinhos ou para a saúde humana ou prejudicam levemente os locais de recreio ou outras utilizações legítimas do mar e requerem, portanto, condições especiais de operação. (BRASIL, 1998a)

Finalmente, são catalogadas como categoria D:

Substâncias líquidas nocivas provenientes das operações de limpeza ou deslastragem de tanques que, se descarregadas para o mar, representam um *reconhecido risco* para os recursos marinhos ou para a saúde humana ou prejudicam minimamente os locais de recreio ou outras utilizações legitimas do mar e requerem por tanto, alguma atenção nas suas condições de operação. (BRASIL, 1998a)

Embora o Anexo II especifique claramente o tipo de substâncias líquidas nocivas através da classificação acima indicada, os Estados--partes podem incluir classificações provisórias, caso não estejam incluídas na classificação prevista pela Convenção. Os Apêndices II e III do presente anexo apresentam uma lista detalhada das substâncias líquidas nocivas a granel, assim como no Apêndice IV está prevista a utilização obrigatória de um Livro de Registro de Carga para todos os navios que realizem este tipo de operação.

Em relação à definição de "navio", a norma é muito abrangente considerando qualquer tipo de embarcação operando no meio ambiente marinho, desde um hidrofólio até plataformas fixas e flutuantes. A Regra I do Anexo II acrescenta uma diferenciação ao conceito navio, definindo "navio-tanque" como sendo uma embarcação para transporte de produtos químicos, ou seja, "[...] construído ou adaptado funda-mentalmente para transporte de substâncias líquidas nocivas a granel, incluindo qualquer navio petroleiro" (BRASIL, 1998a). A Convenção esclarece e se posiciona de maneira enfática enquanto à definição de navio, posto que as doutrinas, tanto interna quanto internacional, assumem posições divergentes em relação ao tema, a própria legislação brasileira é imprecisa, já que o Código Comercial não define o conceito de navio.

Para Martins (2014, p. 123), não houve integração da definição de navio no Código Comercial (BRASIL, 1950), além de amargar imprecisão terminológica considerando que o mesmo trata, indistintamente, ao se referir a navio, barco e embarcação em seus diversos dispositivos.

Desse modo, em variados preceitos a terminologia navio é mencionada, a exemplo dos artigos 484, 494, 607 a 612, 771, entre outros do Código Comercial (BRASIL, 1850) sem uma precisa definição no mesmo diploma legal. Assim, também, nos artigos 99 e 118 do Código Comercial que foram revogados pela Lei nº 10.406/2002 (BRASIL, 2002), Código Civil, que se referem a barcos, enquanto que os artigos 457 a 468, 488, 489, 497, 605, 606, entre outros, aludem a embarcação. Portanto, adverte Martins que a "[...] imprecisão terminológica advinda do [Código Comercial] engendra extrema confusão entre navio e embarcação, além de incitar à análise da utilização de ambos os conceitos a título de sinonímia" (MARTINS, 2014, p. 123).

A MARPOL 73/78 prevê que a norma deve ser aplicada a todos os navios comerciais que arvorem a bandeira do Estado-parte ou que estejam operando comercialmente sob a autoridade do governo de um Estado-parte. Todavia, a Convenção não deverá ser aplicada a qualquer navio de guerra, navio auxiliar da marinha ou navio público que esteja sendo utilizado sem fins comerciais, mas, garantindo que os mesmos adotem medidas adequadas a fim de não prejudicar as normas previstas na Convenção.

Em relação às violações das suas prescrições previstas na norma internacional, a MARPOL 73/78 estabelece que devem ser aplicadas as sanções respectivas por parte do Estado contratante ou Administração,[67] de acordo com a sua legislação interna, instaurando processos pelas supostas violações, com a maior rapidez possível, estabelecendo sanções

---

[67] Artigo 2, §5º da MARPOL 73/78 – "[...] 5. "Administração" significa o Governo do Estado sob cuja autoridade o navio estiver operando. Com relação a um navio autorizado a arvorar a bandeira de qualquer Estado, a Administração é o Governo daquele Estado. Com relação a plataformas fixas ou flutuantes empregadas na exploração e na prospecção do fundo do mar e do seu subsolo, próximo à costa sobre a qual o Estado costeiro exerce os seus direitos soberanos para fins de exploração e prospecção dos seus recursos naturais, a Administração é o Governo do Estado costeiro envolvido" (BRASIL, 1998a).

rigorosas como precedente a fim de evitar novas ocorrências. O Estado-parte deve informar à Organização[68] de forma imediata a respeito das medidas adotadas na instauração do processo.

Certificados internacionais de prevenção da poluição para o transporte de substâncias líquidas e nocivas a granel devem ser emitidos após as vistorias, conforme previsto na Convenção, no artigo 5º, §2º (BRASIL, 1998a).

A vistoria deve ser realizada por parte das autoridades do Estado de bandeira ou por inspetores nomeados para esse fim ou a pedido das seguradoras ou clube P&I, antes do navio entrar em serviço, compreendendo a mesma uma inspeção completa da sua estrutura, equipamento, instalações, disposições e materiais. Este procedimento deve ser realizado de cinco em cinco anos, outorgando posteriormente o respectivo certificado. O Anexo II, Regra 11 (BRASIL, 1998a), reforça que, após a execução de qualquer das vistorias, não poderão ser efetuadas modificações significativas na estrutura do navio ou demais instalações sem autorização da administração. Cabe aos fretadores desses navios especializados em transporte de óleo verificar a validade dos certificados internacionais antes da assinatura dos respectivos contratos de fretamento do navio.

González-Lebrero (2000, p. 616, tradução nossa) evidencia, por sua vez, que:

> Os navios destinados ao transporte de petróleo, produtos químicos ou gases, são inspecionados por seus fretadores antes de assinar um contrato de transporte para verificar as suas condições de segurança, e, quando devem operar com mercadorias perigosas em terminais especiais, são comprovados em estas, todos os pontos que figuram nas listas de verificação, antes de começar qualquer operação de carga ou descarga de tais mercadorias.[69]

A certificação internacional é um requisito importante para a navegação e o transporte de substâncias danosas, por este motivo, a Regra 12 do Anexo II da MARPOL 73/78 estabelece uma sucessão de

---

[68] Artigo 2, §7º da MARPOL 73/78 – "[...] 7. "Organização" significa a Organização Marítima Internacional" (BRASIL, 1998a).

[69] "Los buques destinados al transporte de petróleo, productos químicos o gases, son inspeccionados por sus fletadores antes de pactar un contrato de transporte para verificar sus condiciones de seguridad, y, cuando deben operar con mercaderías peligrosas en terminales especiales, son comprobados en éstas, la serie de puntos que figuran en las listas de verificación, antes de comenzar cualquier operación de carga de tales mercaderías".

preceitos em relação à validade do mesmo, que, regra geral, é de cinco anos. Excepcionalmente, ocorrendo o vencimento do certificado nas águas interiores de outro Estado que não seja o da bandeira do navio, o mesmo pode ser prorrogado pelas autoridades desse Estado costeiro, somente para o propósito do navio completar a sua viagem até o Estado cuja bandeira arvora, onde deverá ser vistoriado conforme as normas da Convenção, não podendo zarpar do porto sem uma nova certificação.

Os certificados serão invalidados nos casos de modificações significativas realizadas no navio e nas suas instalações, sem aprovação da autoridade competente ou, quando o navio mudar de bandeira, neste caso, o certificado permanecerá vigente por um período de cinco meses, até ser emitido um novo certificado.

Cumprindo com o seu objetivo, a prevenção da poluição por navios, a MARPOL 73/78, no seu Anexo III, estabelece regras para a prevenção da poluição por substâncias prejudiciais transportadas por via marítima em embalagens, contendores, tanques portáteis, caminhões-tanques e vagões-cisternas, os mesmos que não poderão ser reutilizados por serem considerados como substâncias prejudiciais, estas embalagens devem ser adequadas para este tipo de transporte a fim de minimizar os riscos para o meio ambiente marinho, ao mesmo tempo que serão marcados de modo indelével com a designação técnica correta e com um rótulo indicando que o conteúdo é prejudicial.

Estas medidas adotadas pelo Anexo III têm o objetivo de prevenir incidentes marítimos, como nos casos de alijamento ao mar ou avarias grossa ou simples, que podem acontecer durante a navegação, por motivos intencionais, por negligência ou por falhas na arrumação durante a operação portuária ou de estiva.

A descarga de substâncias danosas compreende qualquer substância que for lançada ao mar que provoque sério dano ao meio ambiente marinho. Nesse sentido, o Anexo IV estabelece normas para e criar regras para a prevenção da poluição por esgotos sanitários dos navios, a Regra 1, §3º, considera esgotos sanitários como sendo as águas de drenagem e outros resíduos provenientes de qualquer tipo de casas de banho, urinóis e embornais de retretes, águas de drenagem provenientes de instalações médicas, lavatórios, banheiras, águas de drenagem de compartimentos contendo animais vivos.

A norma internacional exige a instalação de tanques de retenção e instalações para tratamento de esgotos sanitários, conforme as normas da IMO e aprovados pela mesma Organização.

Estão previstas também, e de forma obrigatória, vistorias periódicas por parte das autoridades do Estado-parte, o mesmo que deverá outorgar um Certificado Internacional de Prevenção da Poluição por Esgotos Sanitários, com validade determinada pelo Estado emissor que não exceda os cinco anos. Ao emitir o mencionado certificado, o Estado emissor assume plena responsabilidade sobre o certificado.

As exceções previstas na Regra 8 demonstram, mais uma vez, a ocorrência de brechas legais que propiciam a poluição do meio ambiente, ao permitir a descarga de esgotos sanitários a uma distância de quatro milhas marítimas da terra mais próxima ou, o que é pior, a mais de 12 milhas marítimas da terra mais próxima, se o esgoto sanitário não for desintegrado ou desinfetado, desde que não seja descarregado instantaneamente, mas sim, de maneira moderada, ou seja a determinada velocidade, que não seja inferior a 4 nós. Esta autorização permite que muitos navios de Bandeiras de Conveniência se aproveitem para descarregar substâncias danosas fora do permitido na Convenção, posto que os países de bandeira não exercem nenhuma forma de fiscalização com o navio registrado no seu território.

As exceções previstas na Regra 9, ao permitirem a descarga de esgotos sanitários em casos de salvaguarda de vidas humanas no mar, segurança das pessoas a bordo do navio, ou resultantes de avaria no casco ou no equipamento da embarcação, estão de acordo com as normas e costumes do Direito Marítimo, já que os infortúnios do mar fogem ao controle do ser humano.

O Anexo V estipula regras para a prevenção da poluição por lixo[70] dos navios, recordando que a mesma se aplica a todos os navios sem exceção.

Pesquisadores e autores concordam que uma das maiores formas de poluição marinha é aquela realizada através do lixo proveniente de terra, acrescentada pelo lançado ao mar por navios durante suas operações. A MARPOL 73/78 considera como lixo, além dos resíduos de alimentos, os diferentes tipos de plásticos, cabos e redes de pesca, material sintético, sacos de plástico para lixo etc.

A norma estabelece que o lançamento deste tipo de lixo poderá ser feito longe quanto possível da terra, determinando distâncias de 25 milhas marítimas para um determinado tipo de lixo, e 12 milhas marítimas para outro, desde que os mesmos tenham passado por um

---

[70] Anexo V - Regra 1 MARPOL 73/78 – "Lixo" como sendo todas as espécies de resíduos de alimentos domésticos e operacionais, excluindo peixe fresco ou partes de peixe, produzidos durante o funcionamento normal do navio e suscetíveis de serem eliminados contínua ou periodicamente [...] (BRASIL, 1998a).

desintegrador ou triturador e for lançado tão longe quanto possível da terra mais próxima.

Neste caso, novamente, reafirmamos que são brechas que permitem o não cumprimento da norma, porque, na prática, já foi verificado que, por razões eminentemente econômicas, no sentido de baratear os custos do transporte marítimo, dificilmente os armadores ou fretadores de navios realizarão ou instalarão qualquer tipo de tecnologia a bordo do navio, já que elevaria os custos do transporte e dificultando as suas operações comerciais de transporte num mercado tão concorrido.

A solução de conflitos relativos à interpretação da presente Convenção deverá ser feita através de negociações entre as Partes envolvidas, tentando encontrar uma solução ou acordo. Caso não se chegue a um acordo, a MARPOL 73/78, no Protocolo II, estabelece o procedimento de arbitragem, através da criação de um Tribunal de Arbitragem, mediante a solicitação de uma Parte da Convenção, dirigida a outra, informando ao Secretário Geral da Organização o fato ou fatos pelos quais foi solicitada a criação de um Tribunal.

A arbitragem, como explicado anteriormente, é um dos instrumentos mais utilizados nas relações comerciais do transporte marítimo nacional e internacional, desde épocas remotas, e também se transformou em ferramenta importante na solução de conflitos relativos à interpretação do conteúdo das Convenções sobre temas ambientais marítimos e portuários, posto que bens indisponíveis, como o meio ambiente, não estão sujeitos à arbitragem.

João Roberto Parizatto (1996, p. 135) aponta que:

> Na hipótese de ocorrer durante da arbitragem, controvérsia, ou seja, dúvida acerca de direitos indisponíveis e, verificando-se que de sua existência, ou não, dependerá o julgamento da arbitragem, o árbitro ou o Tribunal arbitral remeterá as partes à autoridade competente do Poder Judiciário, suspendendo o procedimento arbitral até que seja resolvida tal questão prejudicial. A autoridade competente será, *in caso*, aquela a quem competiria o julgamento da ação, caso não fosse instituída a arbitragem.

Parizatto faz a análise em referência ao art. 25 da Lei nº 9.307/96, que dispõe sobre arbitragem; o mesmo ratifica a impossibilidade de uso da arbitragem como forma de solução em caso de violações ambientais.

O Tribunal será constituído por três membros: um Árbitro nomeado por cada Parte da controvérsia e um terceiro Árbitro, que deverá ser nomeado mediante acordo entre os dois nomeados em primeiro lugar e deverá atuar como seu Presidente, devendo seguir o procedimento conforme estabelecido pelo Protocolo II, artigos IV a X.

A MARPOL 73/78, e seus instrumentos anexos, é considerada como uma das normas internacionais mais eficazes quanto à fiscalização de derramamento de óleo e demais substâncias danosas através de procedimentos previstos nos seus diferentes anexos e protocolos, embora existam alguns critérios e exceções que permitem uma falta de rigorosidade em relação à descarga. Assim, esses critérios e exceções podem contribuir, de maneira negativa, na sua interpretação, permitindo que proprietários, armadores, afretadores e outros interessados, a fim de defender os seus interesses econômicos, atuem de maneira dolosa, poluindo o meio ambiente marinho, com a certeza de que não serão penalizados.

Independente das observações, este acordo internacional pode ser considerado como uma iniciativa de grande valor, que fortalece as normativas do Direito Internacional e que conseguiu a adesão de uma grande maioria dos Estados que participam de maneira efetiva do transporte marítimo, em especial do transporte do óleo e seus derivados.

2.2.4 Convenção Internacional sobre Preparo, Resposta e Cooperação em Caso de Poluição por Óleo, de 1990 (OPRC/90)

Uma das maiores preocupações dos organismos internacionais e dos Estados costeiros responsáveis pela preservação do meio ambiente marinho são as medidas de prevenção e precaução que devem ser tomadas imediatamente após um incidente com derramamento de óleo ou qualquer tipo de substâncias danosas derramadas, descarregadas ou lançadas nos mares e nos oceanos, ou em qualquer dos espaços marítimos previstos e estipulados pela Convenção das Nações Unidas Sobre Direito do Mar, incluindo as águas interiores ou instalações portuárias.

Podemos considerar que a prevenção e precaução por parte dos protagonistas do transporte marítimo, sejam os indivíduos, pessoas jurídicas ou pessoas jurídicas de Direito Internacional, é uma forma de dever fundamental, que, no Brasil, está previsto pela CRFB/88, no seu artigo 225:

> Todos têm direito ao meio ambiente ecologicamente equilibrado, bem de uso comum do povo e essencial à sadia qualidade de vida, impondo-se ao Poder Público e à coletividade o *dever* de defendê-lo e preservá-lo para as presentes e futuras gerações. (BRASIL, 1988, grifo nosso)

A prevenção e precaução, em caso de ocorrência de incidentes por derramamento de óleo, pode ser uma das formas mais eficazes de evitar verdadeiras catástrofes ambientais, posto que podem ser adotadas medidas emergenciais em coordenação com os Estados-membros e a Organização Internacional competente (IMO).

Neste sentido, em 30 de novembro de 1990, na cidade de Londres, foi adotada a Convenção Internacional sobre Preparo, Resposta e Cooperação em Caso de Poluição por Óleo (*International Convention on Oil Pollution Preparedness, Response and Cooperation*) – OPCR/90, promulgada no Brasil pelo Decreto nº 2.870, de 10 de dezembro de 1998 (BRASIL, 1998b), composta por dezenove artigos e um anexo relativo a Reembolso dos Gastos pela Assistência para atender incidentes de poluição por óleo, os mesmos que deverão ser assumidos pelas Partes, conforme estipula o anexo e que será analisado neste capítulo.

A OPCR/90 tem como meta principal a cooperação internacional para prevenir incidentes ocorridos com poluição por óleo, enfatizando Guido Soares (2003, p. 239) que a Convenção foi engendrada para a prevenção da poluição do meio marinho, principalmente na eventualidade de sua ocorrência, vocacionada pelos princípios de cooperação e assistência entre os Estados.

Tanto assim que, no preâmbulo da OPCR/90, há o reconhecimento do princípio do "poluidor-pagador" como sendo um princípio geral do Direito Ambiental Internacional, exigindo dos Estados-partes a adoção de medidas tanto por parte dos navios que arvorem suas bandeiras como das instalações portuárias marítimas e instalações petroleiras sob as respectivas jurisdições que tenham planos de emergência contra a poluição, em sintonia com as provisões adotadas pela Organização e com os planos nacionais (SOARES, 2003, p. 239).

Os objetivos da OPCR/90 encontram-se alinhados no preâmbulo da mesma, que reafirma a necessidade de preservar o meio ambiente humano em geral e o meio ambiente marinho em particular, afirmando a grave ameaça que configura para o meio ambiente marinho os incidentes de poluição por óleo que abrangem navios, plataformas oceânicas, portos marítimos e instalações de operação com petróleo. De certa forma, todas as embarcações e instalações envolvidas com a logística do transporte de petróleo, enfatizando a necessidade de realizar ações rápidas e efetivas a fim de diminuir as consequências que possam advir desse tipo de incidente.

A Convenção considera que as indústrias petrolíferas e de transporte marítimo desempenham um papel importante na elaboração decisiva de ações para combater incidentes de poluição por óleo, chamando a atenção não somente para o cumprimento de obrigações, mas também para o dever fundamental de participar na prevenção deste tipo de acidentes, evitando a contaminação ambiental marinha e, por conseguinte, os danos que podem atingir os seres humanos.

Para tal desiderato, é relevante a cooperação internacional e a assistência mútua entre os Estados, indústrias petrolíferas, transportadores, armadores e afretadores de navios, por meio do intercâmbio de informações, relatórios sobre incidentes, bem como a permuta de conhecimento ou de pesquisas científicas sobre temas conectados ao combate à poluição do meio ambiente marinho.

O Direito Ambiental Internacional, assim como o Direito Ambiental interno, está sustentado através de quatro princípios: precaução e prevenção; cooperação e participação; desenvolvimento sustentável e poluidor-pagador. O princípio do poluidor-pagador é considerado pela Convenção como imprescindível para o cumprimento e a eficácia do documento internacional, posto que o fundamento do mesmo está baseado na prevenção, a fim de evitar uma série de riscos que podem transformar-se em catástrofes ambientais, acarretando danos irreversíveis para o meio ambiente em geral.

O princípio do poluidor-pagador se caracteriza principalmente pela proteção e preservação do meio ambiente através da prevenção, mas se o dano ambiental for inevitável por uma infinidade de motivos, os responsáveis devem ser sancionados, conforme a lei, assumindo a sua responsabilidade civil objetiva e, inclusive, de assumir as responsabilidades penais e administrativas.

Colombo (2017) assinala que o objetivo central do princípio do poluidor-pagador não é de apenas obrigar os agentes causadores da poluição de assumir os custos das medidas de proteção do meio ambiente, ou seja, as externalidades ambientais, mas, principalmente, de corrigir e/ou de eliminar as fontes potencialmente poluidoras. Em breve síntese, "[...] o princípio do poluidor-pagador tem três funções primordiais: a de prevenção, reparação e a de internalização e redistribuição dos custos ambientais" (COLOMBO, 2017).

A Declaração de Estocolmo de 1972 (Conferência das Nações Unidas Sobre Meio Ambiente Humano – 1972) (UNEP, 1972) realça o dever de todos os governos de proteger e melhorar o meio ambiente e prevê uma série de princípios entre os quais se encontra o princípio do poluidor-pagador[71] ao afirmar que todos devemos assumir as

---

[71] Convenção de Estocolmo – "Princípio 22. Os Estados devem cooperar para continuar desenvolvendo o Direito Internacional no que se refere à responsabilidade e à indenização

responsabilidades de preservação e proteção do meio ambiente e os Estados devem tomar todas as medidas possíveis para impedir a poluição dos mares.

A Declaração do Rio sobre Meio Ambiente e Desenvolvimento (Conferência das Nações Unidas Sobre Meio Ambiente e Desenvolvimento – Rio 92) (ONU, 1992) destaca a aplicação do princípio da precaução,[72] por parte dos Estados, conforme as suas capacidades, afim de proteger o meio ambiente, combinado com o princípio 16,[73] que tem o propósito de impulsionar a internacionalização dos custos ambientais e o uso de instrumentos econômicos, assumindo a escolha pelo princípio do poluidor-pagador.

Internamente, a legislação brasileira, no artigo 225 §3º da CRFB/88 (BRASIL, 1998) dispõe que as "[...] condutas e atividades consideradas lesivas ao meio ambiente sujeitarão os infratores, pessoas físicas ou jurídicas, a sanções penais e administrativas, independentemente da obrigação de reparar os danos causados" (BRASIL, 1988), realçando e enfatizando a necessidade de coerção e punição neste tipo de crimes, fortalecendo o princípio motivo de análise.

A Lei nº 6.938, de 31 de agosto de 1981 (BRASIL, 1981), que dispõe sobre Política Nacional do Meio Ambiente, valoriza e assume o princípio do poluidor-pagador, nos incisos VI[74] e VII[75] do artigo 4º, que versam sobre os objetivos da Política Nacional do Meio Ambiente.

às vítimas da poluição e de outros danos ambientais que as atividades realizadas dentro da jurisdição ou sob o controle de tais Estados causem a zonas fora de sua jurisdição" (UNEP, 1972).

[72] Convenção RIO 92 – "[...] Princípio 15. Com o fim de proteger o meio ambiente, o princípio da precaução deverá ser amplamente observado pelos Estados, de acordo com suas capacidades. Quando houver ameaça de danos graves ou irreversíveis, a ausência de certeza científica absoluta não será utilizada como razão para o adiamento de medidas economicamente viáveis para prevenir a degradação ambiental (ONU, 1992).

[73] Convenção RIO 92 – "[...] Princípio 16. As autoridades nacionais devem procurar promover a internacionalização dos custos ambientais e o uso de instrumentos econômicos, tendo em vista a abordagem segundo a qual o poluidor deve, em princípio, arcar com o custo da poluição, com a devida atenção ao interesse público e sem provocar distorções no comércio e nos investimentos internacionais" (ONU, 1992).

[74] Artigo 4º da Lei nº 6.938, de 31 de agosto de 1981 – "Art. 4º - A Política Nacional do Meio Ambiente visará: [...] VI - à preservação e restauração dos recursos ambientais com vistas à sua utilização racional e disponibilidade permanente, concorrendo para a manutenção do equilíbrio ecológico propício à vida" (BRASIL, 1981).

[75] Artigo 4º da Lei nº 6.938, de 31 de agosto de 1981 – "Art. 4º - A Política Nacional do Meio Ambiente visará: [...] VII - à imposição, ao poluidor e ao predador, da obrigação de recuperar e/ou indenizar os danos causados e, ao usuário, da contribuição pela utilização de recursos ambientais com fins econômicos" (BRASIL, 1981).

Colombo (2017) considera que não há um conceito uniforme sobre o princípio do poluidor-pagador entre os doutrinadores, exatamente por ser este um princípio orientador, ostentando uma certa flexibilidade em sua aplicação sem, contudo, representar desoneração sobre a responsabilidade, civil, administrativa e penal dos poluidores.

A magnitude como princípio orientador das políticas públicas ambientais, o princípio do poluidor-pagador se manifesta como um instrumento econômico e ambiental essencial à preservação do meio ambiente. De fato, o princípio do poluidor-pagador se desvela em sua "[...] vocação preventiva, à medida que procura inibir a conduta lesiva a ser praticada pelo "potencial" poluidor, como também atua no campo da repressão, por meio do instituto da responsabilização" (COLOMBO, 2017).

Desse modo, percebemos que a OPCR/90 assume seu caráter de prevenção, a partir da cooperação internacional, na medida em que otimiza a capacidade nacional, notadamente em relação aos países em desenvolvimento e, singularmente, aos pequenos Estados insulares. No mesmo propósito, o seu caráter punitivo, na eventualidade de ocorrência do incidente de poluição marinha, a partir da aplicação das normas internas dos Estados, com vistas a frustrar a impunidade do predador ou poluidor.

A OPCR/90, contudo, não se aplica aos navios de guerra,[76] nem unidades auxiliares, nem unidades navais auxiliares, nem navios públicos ou governamentais. No entanto, cada Estado-parte garantirá medidas adequadas em consonância com as disposições contempladas na OPCR/90.

As definições adotadas pela OPCR/90 são muito parecidas com as adotadas por outros instrumentos internacionais relativas ao tema da poluição do ambiente marinho por derramamento de óleo ou substâncias danosas, com algumas diferenças adequadas à prevenção e ao conteúdo da presente norma analisada, como é o caso da definição de "navio", contida no artigo 2º, inciso 3, que "[...] abrange qualquer embarcação que opere no meio ambiente marinho, incluindo veículos de colchão de ar ou qualquer meio flutuante de qualquer tipo" (BRASIL, 1998).

---

[76] Artigo 1, §3º da OPCR/90 – "[...] 3) Esta Convenção não se aplicará a navios de guerra, nem a unidades navais auxiliares, nem aos navios que, sendo propriedade de um Estado ou estando a seu serviço, presentemente só prestem serviços governamentais de caráter não-comercial. Entretanto, cada Parte garantirá, mediante a adoção das medidas apropriadas, que tais navios que ela possua ou opere se comportem em consonância com esta Convenção para suas operações ou de sua capacidade operativa" (BRASIL, 1998).

Para a OPCR/90, "plataforma oceânica" é compreendida, no artigo 2º, §4º, como sendo "[...] toda instalação ou estrutura fixa ou flutuante dedicada a atividades de exploração, explotação ou produção de gás ou petróleo ou de carga ou descarga de petróleo" (BRASIL, 1998), conhecidas no Brasil como plataformas de petróleo, que se encontram no litoral do Rio de Janeiro e do Espírito Santo.

Portos marítimos e instalações para operação com óleo, para os efeitos da OPCR/90, conforme o artigo 2º, em seu §5º, representam as "[...] instalações que apresentem o risco de incidente de poluição por óleo, e inclui, *inter alia*, portos marítimos, terminais de petróleo, oleodutos e outras instalações para operação com petróleo" (BRASIL, 1998). Desta maneira, percebemos que a Convenção é mais abrangente do que a Convenção de Montego Bay, pois, para esta, no que se refere à prevenção de poluição marinha na área das águas internas, incluindo os terminais portuários e suas instalações, são considerados como sendo parte das águas interiores.

Finalmente, a "organização"[77], para os fins da OPCR/90, é a Organização Marítima Internacional (IMO), com sede em Londres, cujo Secretário-Geral cumprirá as mesmas funções na OPCR/90.

Com o objeto de prevenir qualquer incidente que acarrete poluição marinha por derramamento de óleo, tanto a bordo dos navios quanto nas instalações portuárias, a Convenção, em seu artigo 3º (BRASIL, 1998), exige que os navios de todas as nacionalidades, assim como as autoridades portuárias, possuam um "plano de emergência", que deve estar de acordo às normas internacionais e às normas internas, tanto da bandeira do navio, quanto da legislação nacional do território onde se encontram as instalações portuárias. Por sua vez, esta exigência é extensiva também para as plataformas de petróleo em geral, definidas pela Convenção como plataformas oceânicas, cujos operadores deverão estar coordenados com o sistema nacional e regional de preparo e resposta.

O sistema nacional e regional de preparo e resposta estabelecido, conforme previsto no artigo 6º da OPCR/90 (BRASIL, 1998), corresponde à obrigação das Partes de estabelecer este sistema para atender e responder o mais rápido possível a incidentes ou acidentes ambientais por poluição por óleo, a fim de evitar e prevenir uma contaminação maior ou uma catástrofe com sequelas irreversíveis.

O sistema nacional deve possuir uma autoridade nacional competente, responsável pelo preparo e resposta em caso de poluição por

---

[77] Artigo 2, §6º – "[...] 6) "Organização" significa a Organização Marítima Internacional" (BRASIL, 1998).

óleo, mantendo um encadeamento de pontos de contato operacionais no seu território para poder intercambiar informação, assim como para enviar e receber relatórios sobre o incidente ou o possível acidente ambiental por poluição por óleo. Como a prevenção é um dos objetivos da OPCR/90, há a exigência para que essas autoridades nacionais adotem um plano nacional de contingência, envolvendo órgãos públicos e privados, que devem possuir o equipamento necessário de combate à poluição por óleo, distribuídos nos locais previsíveis de risco, sistema de comunicação modernos e eficazes, devendo ser compartilhados e colocados à disposição de outros Estados.

A OPCR/90 estipula uma sequência de obrigações para as Partes a fim de dar maior eficácia aos objetivos da norma internacional, como a cooperação internacional, prevista no Direito Internacional, no particular, por meio do provisionamento de tecnologia, assessoramento técnico, envolvendo treinamento de pessoal, fornecimento de equipamentos ou ajuda financeira, pesquisas e desenvolvimento, através da IMO ou outras organizações de caráter público e privado, e podem ser consideradas como obrigações necessárias que comprometem as Partes a cooperar ativamente na prevenção da poluição marinha por óleo.

A OPCR/90 simboliza um grande subsídio do Direito Internacional para a proteção do meio ambiente marinho por intermédio da constituição de regras de prevenção para os casos de poluição por óleo, pois, na ocorrência desses incidentes, as consequências para o meio ambiente são, na maior parte das vezes, devastadoras, irreversíveis, preponderando a impunidade dos poluidores ou depredadores.

Assim, entendemos que a OPCR/90 adota de maneira correta o princípio do poluidor-pagador como uma forma de identificar o poluidor e, ao mesmo tempo, de imputar a responsabilidade civil, penal e administrativa, garantindo o ressarcimento dos danos decorrentes dos incidentes provocados ao meio ambiente marinho e à população no seu conjunto.

O princípio do poluidor-pagador reconhece, do mesmo modo, que os protagonistas desse processo logístico, eminentemente econômico, devem assumir o dever fundamental de uma responsabilidade compartilhada, prevista na norma constitucional brasileira, no ordenamento jurídico interno, assim como nas normas internacionais, reafirmando que preparo, prevenção, resposta e cooperação, em caso de poluição por óleo, podem ser formas mais eficazes de proteção ambiental marinha.

2.2.5 Convenção Internacional para Controle e Gerenciamento de Água de Lastro e Sedimentos de Navios

Para a análise da Convenção Internacional para Controle e Gerenciamento de Água de Lastro e Sedimentos de Navios iremos, inicialmente, abordar em que consiste a Água de Lastro, bem como refletir sobre a sua importância na navegação e no transporte marítimo[78] e suas repercussões para o meio ambiente marinho.

2.2.5.1 Água de lastro:[79] repercussões e importância na navegação e no transporte marítimo

Desde a Antiguidade a água tem sido utilizada como meio de transporte de pessoas e de mercadorias, através de pedaços de troncos, pequenas embarcações feitas de madeira, chegando-se ao uso de sofisticadas embarcações produzidas em aço.

A evolução no transporte marítimo trouxe em seu bojo, porém, um enorme inconveniente para a operabilidade do navio, na medida em que o mesmo é projetado para transportar o seu próprio peso estrutural, bem como uma determinada quantidade de carga classificada como "víveres", que são consumidos durante a viagem, como é o caso da água potável, combustível, entre outros (ONG ÁGUA DE LASTRO BRASIL, 2009, p. 10).

Assim, verifica-se a condição de equilíbrio "estável" do navio quando o mesmo está viajando completamente carregado, vez que, apesar das forças externas agindo contra ele, como os ventos e as ondas, sua segurança não fica comprometida.

Entretanto, na eventualidade de o navio, vocacionado para o transporte de carga, retornar sem carga, provocará a instabilidade do mesmo sob o risco de virar ou mesmo afundar (ONG ÁGUA DE LASTRO BRASIL, 2009, p. 10), razão pela qual o uso de lastro se mostrou extremamente importante no transporte marítimo para a garantia da segurança da navegação, preservando a estabilidade do navio para a prevenção de uma série de incidentes marítimos.

---

[78] De acordo com o Diretor Geral da Organização Internacional do Trabalho – OIT, o transporte marítimo movimenta 90% das mercadorias do planeta, e no Brasil esse percentual chega a 95% das nossas exportações (BARELLA, FERREIRO, 2018, p. 2).

[79] Adota-se o conceito de água de lastro como sendo a "[...] água colocada em tanques de uma embarcação com o objetivo de alterar o seu calado, mudar suas condições de flutuação, regular a sua estabilidade e melhorar sua manobrabilidade [...]" (BRASIL, 2001).

CAPÍTULO 2
POLUIÇÃO AMBIENTAL MARINHA À LUZ DA LEGISLAÇÃO INTERNACIONAL | 115

Durante muito tempo, os porões dos navios estiveram abarrotados por pedras[80] [81] e areias, contudo, no começo do século XX, em decorrência das vantagens econômicas e operacionais, a indústria naval adotou a utilização da água do mar como lastro para os navios (LIMA, 2003, p. 54).

Portanto, no transporte marítimo, a água do mar é o lastro utilizado pelas diferentes embarcações durante o transporte de cabotagem e de longo curso. A água é sugada para o interior dos tanques de lastro dos navios no porto onde se encontra atracada.

Este procedimento[82] corresponde a uma verdadeira operação técnica, através da utilização de bombas e válvulas distribuindo a água no interior dos tanques; nos procedimentos de lastreamento e deslastreamento, esta operação é conhecida como troca de água de lastro.

Todavia, Wellington Nogueira Camacho (2007, p. 114) adverte sobre a possibilidade de poluição quando da inserção das águas de lastro nos tanques dos navios que acabam por se misturar aos resíduos oleosos, às substâncias nocivas ou perigosas existentes nesses tanques, ou seja, nas operações de troca de água de lastro podem ocorrer dois tipos de poluição, os decorrentes dos organismos exóticos e patogênicos das águas de lastro e/ou substâncias nocivas ou perigosas, incluindo-se os resíduos oleosos existentes nos tanques dos navios.

Neste mesmo enfoque, Damacena e Silva (2015, p. 177) advertem que, apesar do lastro ser considerado como um procedimento relevante para a segurança da navegação, ao mesmo tempo carrega em si uma significativa potencialidade de provocar degradação ambiental na medida em que "[...] o tanque do navio pode transportar substâncias e

---

[80] De acordo com Collyer (2007, p. 145) "[...] Pedras e areia foram utilizadas até o século XIX; a partir daí, generalizou-se o uso da água, que é colhida, usada como lastro e devolvida ao mar, quase sempre em locais diferentes".

[81] São Luís do Maranhão, ex-colônia portuguesa, teve seu conjunto urbano de arquitetura colonial classificado pela Organização das Nações Unidas para a Educação, Ciência Cultura (UNESCO) em 1999 como Patrimônio da Humanidade, cujos elementos em pedra de lioz, rocha calcária de diversas colorações de denominações, utilizada em revestimentos, estruturas, pavimentação e como pedra de cantaria (pedras lavradas de maneira precisa, ajustadas perfeitamente umas sobre as outras, sem o auxílio de argamassa aglutinante), importado da região de Sintra, serviram como lastro para os navios portugueses (MARTINS, 2013, p. 102).

[82] Entende Xavier (2008, p. 54) que se deve compreender "[...] desta incursão que a Água de Lastro exerce a função de "equilibrador" da estrutura da embarcação e, por consequência do navio. Em outras palavras, significa dizer que, nos procedimentos para lastrar (colocar Água de Lastro dentro do navio) e deslastrar (tirar Água de Lastro do navio, no todo ou em parte); que sucede simultaneamente no momento de descarregar contêineres, e carregar novamente; é a Água de Lastro que mantêm o equilíbrio da embarcação".

micro-organismos causadores de desequilíbrio ecológico e prejudiciais à saúde", cuja realidade atinge tanto outros países como o Brasil.

Desta maneira, a troca de água de lastro[83] passa a ser uma preocupação permanente para os governos e para os organismos internacionais devido às consequências ambientais quando o transporte marítimo atua com irresponsabilidade, visando unicamente ao lucro desmedido, sem tomar as precauções devidas na atracação e desatracação de navios nos diferentes portos do mundo.

A ONG Água de Lastro Brasil (2009, p. 15) pondera que a melhor solução para o lastreamento e deslastreamento dos navios através da água de lastro acabou se mostrando como uma ameaça ao meio ambiente na medida em que os navios realizam diversas viagens por ano, passando por inúmeros portos carregando e descarregando cargas e pessoas, onde o ecossistema marinho é singular em cada região que demanda a adoção de competentes cuidados considerando que a fauna marinha (biota) do mundo não é homogênea.

Desse modo, como a biota de cada região ou continente é muito diferente, pode-se transformar em predadores potenciais, provocando danos ambientais irrecuperáveis e irreversíveis de um porto para outro, posto que, junto com a água de lastro também são carregadas uma infinidade de bactérias, vírus, algas, cistos e mexilhões, além da proliferação de micro-organismos patogênicos, com efeitos nocivos para o meio ambiente, perda da biodiversidade, não somente nas áreas aquáticas das instalações portuárias como também nas comunidades urbanas que se encontram junto ao porto, transmitindo doenças, tais como a cólera e outros.

A poluição ambiental por troca de água de lastro tem se espalhado ao longo de todos os ecossistemas do planeta, trazendo consequências ambientais irreversíveis por causa dos organismos nocivos como bactérias, micróbios, mexilhões e outros tipos de moluscos que são transportados nos tanques dos navios e trocados nos diferentes portos de destino ou de partida onde se proliferam com muita facilidade.

---

[83] "A água de lastro utilizada nos tanques dos navios representa perigo ao ambiente, na medida em que coloca em risco a fauna aquática nativa onde a água é despejada, ou seja, interfere no desenvolvimento das espécies marinhas, isso inclui o transporte de doenças endêmicas, produtos tóxicos, bactérias, micróbios, pequenos invertebrados e ovos, cistos e larvas de diversas espécies. Consequentemente, oferece uma séria ameaça no contexto ecológico, econômico e sanitário, tendo em vista que em muitos países o deslastre da água acontece nas proximidades dos portos ou de áreas destinadas ao cultivo de alimentos marinhos, consumo, pesca resultando na introdução de organismos aquáticos indesejáveis e patogênicos" (GALVÃO; FEITOSA, 2018).

No Brasil, Camacho (2007, p. 116) enfatiza a poluição marinha causada por água de lastro, ou seja, o caso do mexilhão dourado,[84] molusco originário da Ásia que se estabeleceu na Argentina em 1991, provavelmente trazido por meio de água de lastro de navios cargueiros, cuja presença foi detectada em 1998, na foz do Rio Jacuí, em Porto Alegre, no Rio Grande do Sul.

A ONG Água de Lastro Brasil (2009, p. 40-41) elaborou uma tabela apresentando algumas das principais espécies já catalogadas por pesquisadores americanos, as mesmas que se encontram espalhadas pelo mundo afora assim compreendidos:

a) Medusa *(Hidromedusa)*: *Maeotias inexspectata,* Medusa Marinha Negra; *Blackfordia virginica;*

b) Pulgas d'água *(Cladocera)*: *Bythotrephes cederstroemi,* Pulga d'água espinhosa;

c) Copépodas *(Copepoda)*: *Limnoithona sinensis, Oithona davisae, Sinocalanus doerrii, Pseudodiaptomus marinus, Pseudodiaptomus inopinus, Pseudodiaptomus forbesi;*

d) Caranguejos *(Decapoda)*: *Hemigrapsus sanguineus,* Caranguejo Costeiro Japonês;

e) Mexilhões, Moluscos e Caracóis *(Mollusca)*: *Dreissena polymorpha,* Mexilhão-Zebra; *Dreissena bugensis,* Mexilhão Quagga, Perna perna, Mexilhão sul-americano, *Potamocorbula amurensis,* Molusco Asiático, *Philine auriformis,* Caracol Marinho da Nova Zelândia;

f) Musgos *(Bryozoa)*: *Membranipora membranácea, Kelp bryozoan;*

g) Peixes *(Osteichtyes)*: *Neogobius melanostamus,* Góbio redondo, *Preteorhinis marmoratus, Tubenose goby, Gumnocephalus cernuus Ruffe, Mugiligobius parvus,* Góbio Filipino.

Ressalte-se que, nessa tabela, não foram completadas as pesquisas que estão sendo realizadas por diversas universidades brasileiras que objetivam detectar as espécies invasoras.

Em decorrência de outras espécies que, pelo poder de degradação do meio ambiente e as suas consequências nos diferentes países, começam a ser elaboradas normas internas e internacionais com objetivo de

---

[84] Camacho (2007, p. 116) aponta os danos ambientais provocados pelo mexilhão dourado, como a destruição da vegetação aquática, a ocupação do espaço e disputa por alimento com os moluscos nativos, prejuízos à pesca, já que a diminuição dos moluscos nativos diminui o alimento dos peixes, entupimento de canos e dutos de água, esgoto e irrigação, entupimento de sistemas de tomada de água para geração de energia elétrica, causando interrupções frequentes para limpeza e encarecendo a produção, prejuízos à navegação, com o comprometimento de boias e trapiches e de motores e estruturas das embarcações.

regular, de prevenir e proteger o meio ambiente marinho em casos de poluição por troca de água de lastro.

A MARPOL 73/78 (BRASIL, 1998a), analisada em seções anteriores, norma internacional elaborada para a prevenção da poluição por navios em 1973, assim como seus respectivos anexos, alerta que a liberação deliberada, negligente ou acidental de óleo e de outras substâncias danosas, de navios, constitui uma grave fonte de poluição.

Neste sentido, o Anexo I da MARPOL 73/78 (BRASIL, 1998a), que se ocupa das regras para a prevenção da poluição por óleo, traz o conceito de lastro limpo e de lastro segregado, ou seja:

> 17 "Lastro limpo" significa o lastro existente num tanque que, desde a última vez em que foi transportado o óleo no seu interior, foi limpo de tal modo que os efluentes dele provenientes, se fossem descarregados de um navio que estivesse parado numa água limpa e calma, num dia claro, não produziria vestígios visíveis de óleo na superfície da água ou no litoral adjacente, nem causaria o depósito de borra ou de emulsão de óleo abaixo da superfície da água ou no litoral vizinho. Se o lastro for descarregado através um sistema de monitoramento e controle da descarga de óleo aprovado pela Administração, os indícios obtidos com base nesse sistema, no sentido de que o teor de óleo do efluente não ultrapassou 15 partes por milhão, deverão ser suficientes para determinar que o lastro estava limpo, apesar da presença de vestígios visíveis.
>
> 18 "Lastro segregado" significa a água de lastro introduzida num tanque totalmente separado do óleo da carga e do sistema de óleo combustível, e que seja destinado permanentemente ao transporte de lastro ou ao transporte de lastro ou outras cargas que não óleo ou substâncias líquidas nocivas, como definidas de maneiras diversas nos Anexos da presente Convenção. (BRASIL, 1998a)

Por sua vez, o Anexo II da MARPOL 73/78 (BRASIL, 1998a), que trata das regras para o controle da poluição por substâncias líquidas nocivas a granel, conceitua lastro limpo e lastro segregado, considerando:

> 3 "Água de lastro" "Lastro limpo" significa a água de lastro transportada num tanque que, desde a última vez em que foi utilizado para transportar uma carga contendo uma substância pertencente à categoria X,[85]

---

[85] Anexo II da MARPOL 73/78 – "Capítulo 2 Classificação de Substâncias Líquidas Nocivas: Regra 6: Classificação e listagem de substâncias líquidas nocivas e outras substâncias. Categoria X: Substâncias líquidas nocivas que, se forem descarregadas no mar em decorrência da limpeza de tanques ou de operações de deslastro, são consideradas como representando um alto risco aos recursos marinhos ou à saúde humana e que justificam, portanto, a proibição da sua descarga no meio ambiente marinho" (BRASIL, 1998a).

Y,[86] ou Z,[87] foi rigorosamente limpo e os resíduos resultantes da sua lavagem foram descarregados e o tanque foi esvaziado de acordo com as prescrições adequadas deste Anexo.

"Lastro segregado" significa a água de lastro introduzida num tanque destinado permanentemente ao transporte de lastro ou de cargas que não sejam óleo ou Substâncias Líquidas Nocivas, como definidas de várias maneiras nos Anexos da presente Convenção, e que esteja totalmente separado do sistema de carga e de óleo combustível. (BRASIL, 1998a)

Assim, lastro limpo significa o lastro de um tanque que, desde a última vez que transportou uma carga contendo uma substância da categoria X, Y, ou Z, tenha sido meticulosamente limpo, os resíduos resultantes da limpeza descarregados e o tanque esgotado em conformidade com os requisitos apropriados do presente anexo.

Do mesmo modo, lastro segregado significa a água de lastro contida num tanque permanentemente destinado ao transporte de lastro ou o transporte de lastro ou cargas que não sejam hidrocarbonetos ou substâncias líquidas nocivas, de acordo com as diversas definições dadas nos anexos à presente Convenção, e que está completamente separado dos sistemas de carga e de combustível líquido.

A Organização Marítima Internacional (IMO) adotou em 1997, por meio da Resolução A.868(20) (BRASIL, 1997), as Diretrizes para o Controle e Gerenciamento da Água de Lastro dos Navios, para Minimizar a Transferência de Organismos Aquáticos Nocivos e Agentes Patogênicos, destinadas a todos os Estados-Membros da IMO para que possam ser aplicadas a todos os navios, permitindo à autoridade do Estado do Porto, determinar até que ponto elas são aplicáveis.

O objetivo das Diretrizes é muito claro no sentido de auxiliar aos governos e a outras entidades interessadas a minimizar os riscos

---

[86] Anexo II da MARPOL 73/78 – "Capítulo 2 Classificação de Substâncias Líquidas Nocivas: Regra 6: Classificação e listagem de substâncias líquidas nocivas e outras substâncias. Categoria Y: Substâncias líquidas nocivas que, se forem descarregadas no mar em decorrência da limpeza de tanques ou de operações de deslastro, são consideradas como representando um risco aos recursos marinhos ou à saúde humana, ou de causar danos às amenidades ou a outros usos legítimos do mar e que justificam, portanto, uma limitação da qualidade e da quantidade da sua descarga no meio ambiente marinho" (BRASIL, 1998a).

[87] Anexo II da MARPOL 73/78 – "Capítulo 2 Classificação de Substâncias Líquidas Nocivas: Regra 6: Classificação e listagem de substâncias líquidas nocivas e outras substâncias. Categoria Z: Substâncias líquidas nocivas que, se forem descarregadas no mar em decorrência da limpeza de tanques ou de operações de deslastro, são consideradas como representando um pequeno risco aos recursos marinhos ou à saúde humana e que exigem, portanto, restrições menos rigorosas quanto à qualidade e a quantidade da sua descarga no meio ambiente marinho" (BRASIL, 1998a).

da introdução de organismos aquáticos nocivos e outros agentes patogênicos, provenientes da água utilizada como lastro pelos navios e dos sedimentos nela contidos.

Portanto, há o estabelecimento e incentivo para a troca de informações pertinentes através da IMO, assim como demonstrar a necessidade da capacitação para o Comandante e tripulação sobre os procedimentos para o manuseio da água utilizada como lastro.

O item 9.2.1 (BRASIL, 1997) considera que os organismos que vivem próximos à costa, inclusive nos portos e nos estuários, normalmente não sobrevivem quando são descarregados no meio do oceano, assim como os organismos oceânicos não sobrevivem quando descarregados em águas próximas da costa; desta maneira, a Organização estabelece qual o procedimento recomendado para realizar a troca de água de lastro.

Quando possível, os navios devem realizar a troca de água de lastro em águas profundas, em mar aberto, o mais longe possível da costa. Quando isto não for possível, podem existir prescrições elaboradas em função de acordos regionais, principalmente em áreas localizadas a menos de 200 milhas náuticas da costa. De acordo com o disposto no item 9.1.2 (BRASIL, 1997), toda a água utilizada como lastro deve ser descarregada até que seja perdida a aspiração nos tanques. Se possível, devem ser utilizadas bombas de esgoto ou edutores.

As Diretrizes são regras de suma importância na prevenção e proteção do meio marinho, oferecendo formas de solução para o controle da troca da água de lastro, que não são definitivas, incentivando a procura e o desenvolvimento de novas tecnologias viáveis que poderão substituir as atualmente existentes.

No Brasil, por sua vez, a Lei nº 9.966, de 28 de abril de 2000 (BRASIL, 2000) e a Norma da Autoridade Marítima Para o Gerenciamento da Água de Lastro de Navios – NORMAM-20/DPC (BRASIL, 2014) tratam da regulação sobre a troca da água de lastro.

2.2.5.2 Gerenciamento da troca de água de lastro no Brasil pela Lei nº 9.966, de 28 de abril de 2000, e pela Norma da Autoridade Marítima para o Gerenciamento da Água de Lastro de Navios (NORMAM-20/DPC)

A Lei nº 9.966, de 28 de abril de 2000 (BRASIL, 2000), estabelece princípios básicos a serem obedecidos na prevenção, no controle e na fiscalização causada por lançamento de óleo e outras substâncias perigosas ou nocivas em águas sob jurisdição nacional, acompanhando as definições da MARPOL73/78, sobre lastro limpo e tanque de resíduos. Da mesma forma, regulamenta as formas de lastreamento de tanques de carga e as transferências de águas de lastro sujo para o meio marinho, exigindo que todo navio que transportar substância nociva ou perigosa a granel deverá ter um livro de registro de carga, nos termos da MARPOL 73/78, podendo ser requisitado pela autoridade marítima, pelo órgão ambiental competente e pelo órgão regulador do petróleo.

A Lei nº 9.966, de 28 de abril de 2000 (BRASIL, 2000), impõe responsabilidades ao proprietário do navio e a todas as pessoas físicas e jurídicas (proprietário do navio, armador ou operador do navio, concessionário ou a empresa autorizada a exercer atividades pertinentes à indústria do petróleo, comandante ou tripulante do navio, pessoa física ou jurídica, de direito público ou privado, que legalmente represente o porto organizado ou o terminal de uso privado, proprietário da carga) envolvidas nas infrações previstas na Lei e a respectiva aplicação de sanções a partir de multas diárias, retenção do navio e outra providências até que a situação seja regularizada.

Por outro lado, a Norma da Autoridade Marítima para o Gerenciamento da Água de Lastro de Navios – NORMAM-20/DPC (BRASIL, 2014) estabelece regras referentes ao controle da poluição ambiental marinha em águas jurisdicionais brasileiras relacionadas ao gerenciamento da troca de água de lastro.

Tanto a NORMAM-20/DPC (BRASIL, 2014) como outras normas internas adotam como base fundamental a Resolução da Assembleia da Organização Marítima Internacional (IMO) e as Diretrizes A.868(20) de 1997, as mesmas que devem ser aplicadas em todas as embarcações que possam descarregar água de lastro nas águas sobre jurisdição brasileira.

A NORMAM-20/DPC (BRASIL, 2014) dispõe sobre a aplicação da norma, abrangendo todas as embarcações nacionais e estrangeiras que utilizam portos e terminais brasileiros no que concerne ao descarregamento de água de lastro.

Contudo, situações emergenciais são excepcionadas pela NORMAM-20/DPC (BRASIL, 2014), devendo as mesmas serem devidamente comunicadas ao Agente da Autoridade Marítima da jurisdição do porto de destino, quais sejam:

a) casos de força maior ou de emergência, para resguardar a segurança da vida humana e/ou da embarcação;

b) quando for necessária a captação ou descarga da Água de Lastro e sedimentos nela contidos para garantir a segurança de uma embarcação e de pessoas a bordo em situações de emergência ou salvamento de vida humana no mar;

c) quando ocorrer descarga acidental da Água de Lastro e sedimentos nela contidos resultante de dano à embarcação e seus equipamentos, desde que todas as precauções razoáveis tenham sido tomadas, antes e depois da ocorrência ou descoberta do dano ou descarga, visando prevenir ou minimizar a descarga, e a menos que o armador, companhia, operador da embarcação ou oficial responsável negligentemente tenha causado o dano;

d) quando a captação e descarga da Água de Lastro e sedimentos nela contidos for realizada for realizada com a finalidade de evitar ou minimizar incidentes de poluição causados pela embarcação; e

e) quando a descarga da Água de Lastro e sedimentos nela contidos realizar-se no mesmo local onde a totalidade daquela Água de Lastro e seus sedimentos se originaram e contanto que nenhuma mistura com água de Lastro e sedimentos de outras áreas tenha ocorrido. (BRASIL, 2014)

Por sua vez, a NORMAM-20/DPC (BRASIL, 2014), em seu item 1.3, estabelece situações onde ocorrem isenções no que se refere ao cumprimento de suas normas, devendo, portanto, operar evitando ao máximo a contaminação do meio ambiente marinho pelo deslastro da água de lastro, quais sejam:

a) qualquer navio de guerra, navio auxiliar da Marinha ou qualquer outra embarcação de propriedade de um Estado ou operado por ele e utilizado, temporariamente, apenas em serviço governamental não comercial;

b) embarcações com tanques selados contendo Água de Lastro permanente não sujeita à descarga para o meio ambiente aquático, desde que possuam Certificado de Isenção válido emitido pela Diretoria de Portos e Costas (DPC);

c) embarcações de apoio marítimo e portuário;

d) embarcações cujas características do projeto não permitam a troca de lastro, desde que possuam o Certificado de Isenção válido emitido pela DPC; e

e) as embarcações de esporte e recreio usadas somente para recreação/ competição ou aquelas usadas com fins de busca e salvamento, cujo comprimento total não exceda 50 metros e com capacidade máxima de Água de Lastro de oito metros cúbicos. (BRASIL, 2014)

As exceções e isenções previstas na NORMAM-20/DPC (BRASIL, 2014) são permitidas desde que as operações realizadas sejam feitas evitando a contaminação e mantendo um alto grau de responsabilidade e segurança.

A NORMAM-20/DPC (BRASIL, 2014) estabelece planos de gerenciamento da água de lastro, inspeções permanentes nas embarcações que façam escala nos portos nacionais, preenchimento e envio de formulários sobre água de lastro, assim como diretrizes para troca de água de lastro e diretrizes específicas para o caso das plataformas. As regras também incluem os portos e terminais fluviais, estabelecendo penalidades e sanções de acordo com as leis nacionais em caso de descumprimento.

2.2.5.3 Análise da Convenção Internacional para o Controle e Gerenciamento da Água de Lastro e Sedimentos de Navios de 2004

A Convenção Internacional para o Controle e Gerenciamento da Água de Lastro e Sedimentos de Navios (BRASIL, 2010) teve a sua adoção internacionalmente em 13 de fevereiro de 2004, com o objetivo de "[...] prevenir, minimizar e, por fim, eliminar os riscos da introdução de organismos aquáticos nocivos e agentes patogênicos existentes na água de lastro dos navios que entram nos portos" (BRASIL, 2016).

De acordo com o artigo 18[88] da Convenção (Convenção BWM) (BRASIL, 2010), a sua entrada em vigor ocorreria "[...] doze meses após a data em que não menos de trinta Estados, cujas frotas mercantes combinadas constituam não menos que trinta e cinco por cento da arqueação bruta da frota mercante mundial", sem reservas ou em conformidade com o artigo 17 da Convenção (Convenção BWM) (BRASIL, 2010).

Assim, com a adesão da Finlândia em 8 de setembro de 2016, a Convenção Internacional para o Controle e Gerenciamento da Água de Lastro e Sedimentos de Navios de 2004, entrou em vigor em 8 de setembro de 2017 (BRASIL, 2016).

Desta maneira, 52 países ratificaram a Convenção (Convenção BWM) (BRASIL, 2010); isto representa 35,14% da arqueação bruta da frota mercante mundial, transformando-a em norma internacional para

---

[88] Artigo 18 – A presente Convenção entrará em vigor doze meses após a data em que não menos de trinta Estados, cujas frotas mercantes combinadas constituam não menos que trinta e cinco por cento da arqueação bruta da frota mercante mundial, tenham assinado a mesma sem reservas no que tange a ratificação, aceitação ou aprovação, ou tenham entregue o instrumento de ratificação, aceitação, aprovação ou adesão requerido em conformidade com o Artigo 17 (BRASIL, 2010).

regular a gestão e o controle da água de lastro, exigindo dos Estados-membros, conforme previsto no seu preâmbulo, o cumprimento das suas obrigações/deveres internacionais no sentido de tomar todas as medidas necessárias para prevenir, reduzir e controlar a poluição do meio ambiente marinho resultante do uso de tecnologias sob a sua jurisdição ou controle, ou a introdução intencional ou acidental de espécies, sejam elas exóticas ou novas, em uma determinada parte do ambiente marinho, que possa causar mudanças significativas e prejudiciais ao mesmo.

Neste sentido, a Convenção (Convenção BWM) (BRASIL, 2010) estabelece em seu artigo 1º, definições importantes para a melhor compreensão do conteúdo, entre elas, como água de lastro que "[...] significa água com suas partículas suspensas levada a bordo de um navio para controlar trim,[89] adernamento,[90] calado,[91] estabilidade[92] ou tensões do navio", bem como o de gerenciamento de água de lastro,[93] arqueação bruta,[94] organismos aquáticos nocivos e agentes patogênicos[95] e sedimentos.[96]

---

[89] "Trim é a inclinação para uma das extremidades; o navio está de proa, abicado, ou em trim pela proa, quando estiver inclinado para vante. Estará apopado, derrabado, ou terá trim pela popa, quando estiver inclinada para ré. Trim é também a medida da inclinação, isto é, a diferença entre os calados AV e AR; é expresso em metros ou em pés ingleses, dependendo da medida empregada no calado do navio" (FONSECA, 2002, p. 76).

[90] "[...] Banda ou adernamento é a inclinação para um dos bordos; o navio pode estar adernado, ou ter banda para boreste ou para bombordo; a banda é medida em graus [...]" (FONSECA, 2002, p. 76).

[91] "Calado d'água, calado na quilha, ou simplesmente calado, em qualquer ponto que se tome, é a distância vertical entre a superfície da água e a parte mais baixa do navio naquele ponto" (FONSECA, 2002, p. 67).

[92] "[...] estabilidade estática é a tendência que deve ter o navio para voltar à sua posição direita ao cessar a força externa que o afastou dessa posição (vento, mar, guinada etc.)" (FONSECA, 2002, p. 204).

[93] Artigo 1º "[...] 3 'Gerenciamento de Água de Lastro' significa processos mecânicos, físicos, químicos e biológicos, sejam individualmente ou em combinação, para remover, tomar inofensiva ou evitar a captação ou descarga de Organismos Aquáticos Nocivos e Agentes Patogênicos encontrados na Água de Lastro e Sedimentos nela contidos" (BRASIL, 2010).

[94] Artigo 1º "[...] 7 'Arqueação Bruta' significa a arqueação bruta calculada em conformidade com as regras de medida de tonelagem contidas no Anexo I da Convenção Internacional para Medida de Tonelagem de Navios de 1969 ou qualquer Convenção que a tenha sucedido" (BRASIL, 2010).

[95] Artigo 1º "[...] 8 'Organismos Aquáticos Nocivos e Agentes Patogênicos' significa organismos aquáticos ou patogênicos que, se introduzidos no mar, incluindo estuários, ou em cursos de água doce, podem prejudicar o meio ambiente, a saúde pública, as propriedades ou recursos, prejudicar a diversidade biológica ou interferir em outros usos legítimos de tais áreas" (BRASIL, 2010).

[96] Artigo 1º "[...] 11 'Sedimentos' significa matéria decantada da Água de Lastro dentro de um navio" (BRASIL, 2010).

As obrigações gerais estão contempladas no artigo segundo da Convenção (Convenção BWM) (BRASIL, 2010), estabelecendo-se uma série de obrigações para os Estados-partes, os mesmos que se comprometem a cumpri-las plenamente. Entre as obrigações previstas e exigidas pela Convenção estão as de cooperação para o cumprimento efetivo do Documento, estimular o desenvolvimento contínuo do gerenciamento da água de lastro e a de elaborar normas internas para prevenir, minimizar e, por fim, eliminar a transferência de organismos aquáticos nocivos e agentes patogênicos através do controle e gerenciamento da água de lastro dos navios e dos sedimentos nela contidos.

CAPÍTULO 3

ANÁLISE DA LEGISLAÇÃO NACIONAL: POLÍTICA NACIONAL DO MEIO AMBIENTE (PNMA)

A preservação do meio ambiente marinho encontra assento constitucional no artigo 225, *caput* e em seus parágrafos 1º e 4º (BRASIL, 1988), prescrevendo o dever de defendê-lo e de preservá-lo, tanto por parte do Poder Público quanto pela coletividade, pessoas físicas e jurídicas, em prol das presentes e futuras gerações (FABRIZ; OBREGÓN, 2014, p. 192).

Desse modo, ao Poder Público compete a promoção da educação ambiental, em todos os níveis de ensino, além da conscientização pública para a preservação do meio ambiente (FABRIZ; OBREGÓN, 2014, p. 192).

Para tanto, foram implementadas normas de cunho ecológico, a partir da criação de uma Política Nacional do Meio Ambiente (PNMA), com a elaboração de normas específicas para a prevenção, o controle e a fiscalização da poluição causada por lançamento de óleo e outras substâncias nocivas em águas sob jurisdição nacional, ou seja, no mar territorial brasileiro, e também normas que dispõem sobre sanções aplicáveis às infrações às regras sobre poluição por derramamento de óleo.

Criada pela Lei nº 6.938, de 31 de agosto de 1981 (BRASIL, 1981), a PNMA, considerada como um ato do governo em sintonia com a norma internacional, visa à proteção do meio ambiente, assim como a sua preservação, em conformidade com o artigo 23,[97] incisos VI e VII da CRFB/88 (BRASIL, 1988) e artigo 225,[98] CRFB/88 (BRASIL, 1988). Assim sendo, de acordo com o artigo 2º da Lei nº 6.938/1981 (BRASIL, 1981), são objetivos da PNMA a preservação, a melhoria e recuperação da qualidade ambiental, visando assegurar, no país, condições ao desenvolvimento econômico, aos interesses da segurança nacional e da proteção e dignidade da vida humana.

Ponderamos que estes objetivos são fundamentais, posto que o desenvolvimento econômico não pode ser utilizado como argumento para a depredação de áreas terrestres e marítimas, devendo ser adotadas políticas de sustentabilidade que ofereçam condições de recuperação ambiental.

Para o cumprimento destes objetivos que assegurem e garantam a segurança nacional e a proteção da dignidade humana, a Lei nº 6.938/1981 (BRASIL, 1981) estabelece que devem ser atendidos os seguintes princípios: a manutenção do equilíbrio ecológico, por ser o meio ambiente de uso coletivo; a racionalização do uso do solo, do subsolo, da água e do ar, posto que os recursos naturais não são eternos e, como consequência do uso abusivo, podem atingir o esgotamento de maneira definitiva ou ficar permanentemente contaminados.

No mesmo propósito, são reconhecidos como princípios o planejamento e a fiscalização do uso dos recursos ambientais, cujo princípio deve estar atrelado às diferentes normas estaduais e municipais que disponham sobre a necessidade de prevenir danos ambientais através da devida regulamentação; a proteção de ecossistemas, em decorrência da importância de proteção do ecossistema marinho de incidentes em águas sob jurisdição nacional.

Além disso, são princípios escolhidos para o mesmo intento, o controle e o zoneamento das atividades potencial ou efetivamente poluidoras; os incentivos ao estudo e à pesquisa de tecnologias orientadas para o uso racional e a proteção dos recursos naturais; a recuperação das áreas degradadas; a proteção de áreas ameaçadas de degradação e, finalmente, a educação ambiental em todos os níveis

---

[97] Art. 23, CRFB/88 – "É competência comum da União, dos Estados, do Distrito Federal e dos Municípios: [...] VI - proteger o meio ambiente e combater a poluição em qualquer de suas formas; VII - preservar as florestas, a fauna e a flora; [...]" (BRASIL, 1988).

[98] Art. 225, CRFB/88 – "Todos têm direito ao meio ambiente ecologicamente equilibrado, bem de uso comum do povo e essencial à sadia qualidade de vida, impondo-se ao Poder Público e à coletividade o dever de defendê-lo e preserva-lo para as presentes e futuras gerações" (BRASIL, 1988).

de ensino, incluindo a comunidade, criando uma consciência de responsabilidade compartilhada.

Em relação aos princípios estabelecidos pela Lei nº 6.938/1981 (BRASIL, 1981), ou aos princípios de maneira geral, doutrinariamente, não podemos equipará-los ou confundi-los com o direito, posto que os mesmos, os princípios, são elementos fundamentais ou basilares para a efetivação de um direito, sendo reconhecidos no ordenamento jurídico nacional como decorrentes de sua previsão constitucional.

Concordamos com Antunes sobre a percepção de que há, de fato, uma compreensão equivocada entre princípio jurídico e o direito, de sorte a assumir a posição de que o princípio jurídico não pode ser confundido com o direito, pois o princípio jurídico é que "[...] servirá de base para o reconhecimento ou declaração de um direito, jamais como o próprio direito" (ANTUNES, 2011, p. 24).

Assim, os princípios jurídicos, sendo da esfera constitucional ou não, é que dão sustentação para os direitos reconhecidos e, mesmo naquelas circunstâncias de inexistência de uma lei, não haverá óbice para que o direito não possa ser exercido, se amparado por princípio jurídico.

Portanto, o direito estabelecido no artigo 225[99] da CRFB/88 está ancorado no princípio da dignidade da pessoa humana, seu fundamento último e, como princípio essencial, dele decorrem os princípios considerados setoriais, como os princípios do Direito Ambiental (ANTUNES, 2011, p. 24-15).

Neste sentido, o princípio do desenvolvimento econômico, ao enfrentar o tensionamento com o princípio do desenvolvimento sustentável, as regras do Direito Ambiental procuram alcançar o equilíbrio e a harmonia de suas normas dentro de um sistema que garanta, ao mesmo tempo, a segurança da sociedade e a preservação do meio ambiente, motivo pelo qual as práticas de sustentabilidade devem ser encaradas como um dever fundamental baseado na moral e nas necessidades das sociedades.

Para melhor compreensão da política ambiental estabelecida pela legislação nacional através da Lei nº 6.938/81, o artigo 3º, incisos I a VI (BRASIL, 1981), estabelece uma série de definições, em concordância com a doutrina tanto nacional quanto estrangeira, relativos ao meio

---

[99] Art. 225. CRFB/88 – "Todos têm direito ao meio ambiente ecologicamente equilibrado, bem de uso comum do povo e essencial à sadia qualidade de vida, impondo-se ao poder público e à coletividade o dever de defendê-lo e preservá-lo para as presentes e futuras gerações" (BRASIL, 1988).

ambiente e ao fato da poluição propriamente dita. Nesta sequência, para os efeitos da lei, meio ambiente é entendido como sendo o conjunto de condições, leis, influências e interações de ordem física, química e biológica, que permite, abriga e rege a vida em todas as suas formas.

Todavia, cabe a advertência de Antunes de que, como a acepção tradicional de natureza restringe-se aos bens naturais, o meio ambiente deve ser entendido em sua totalidade, como sendo "[...] um conjunto de ações, circunstâncias, de origem culturais, sociais, físicas, naturais e econômicas que envolve o homem e todas as formas de vida" (ANTUNES, 2011, p. 310-311).

Portanto, o reconhecimento dessa totalidade permite a ampliação do conceito de meio ambiente, contemplando o conjunto de seres vivos e não vivos, que preservam direitos, reconhecidos tanto pelo ordenamento jurídico interno quanto pelas normas internacionais e, ao mesmo tempo, o cumprimento dos deveres fundamentais por parte da sociedade. Além disso, é imputada a responsabilidade de proteção ao meio ambiente para garantir a existência e a segurança das presentes e futuras gerações, de acordo com a previsão constitucional brasileira.

Quanto à degradação da qualidade ambiental, a Lei n.º 6.938/81 (BRASIL, 1981) define como sendo a alteração adversa das características do meio ambiente, ou seja, a alteração adversa decorrente da atividade humana ao utilizar os recursos naturais para sua sobrevivência de maneira controlada ou, nos casos de depredação do meio ambiente, atendendo à demanda de uma sociedade altamente consumista, acarretando efeitos nocivos que afetam o bem-estar da população, através da poluição ambiental, nas mais variadas formas, sejam elas terrestres, marítimas ou provenientes do ar.

O poluidor, para a Lei n.º 6.938/81 (BRASIL, 1981), é a pessoa física ou jurídica, de direito público ou privado, responsável, direta ou indiretamente, por atividade causadora de degradação ambiental. Considerado poluidor, estará sujeito às sanções administrativas previstas no Decreto n.º 6.514, de 22 de julho de 2008 (BRASIL, 2008), que dispõe sobre as condutas infracionais ao meio ambiente e suas respectivas sanções administrativas, não excluindo a previsão de outras infrações previstas na legislação, bem como a Lei n.º 9.605, de 12 de fevereiro de 1998 (BRASIL, 1998c), Lei de Crimes Ambientais, que determina as sanções penais e administrativas por práticas que atentam contra o meio ambiente.

Por sua vez, os recursos ambientais, para a Lei n.º 6.938/81 (BRASIL, 1981), são concebidos como sendo a atmosfera, as águas interiores,[100] superficiais e subterrâneas, os estuários, o mar territorial, o solo, o subsolo e os elementos da biosfera.

A Política Nacional do Meio Ambiente definida pela Lei nº 6.938/1981 (BRASIL, 1981) estabelece, no seu artigo 4º, os objetivos necessários à preservação da qualidade do meio ambiente e ao equilíbrio ecológico, baseado no princípio da sustentabilidade que proclama e permite o desenvolvimento econômico com mecanismos tecnológicos e jurídicos que protejam e preservem o meio ambiente, assumindo uma responsabilidade conjunta através dos deveres fundamentais compartilhados pela sociedade.

Entre os objetivos apontados pela Lei nº 6.938/1981 (BRASIL, 1981), há a definição de áreas prioritárias de ação governamental relativa à qualidade e ao equilíbrio ecológico, atendendo aos interesses da Nação no seu conjunto, bem como o desenvolvimento de pesquisas para o uso racional dos recursos ambientais.

Constitui também como objetivo, a imposição, ao poluidor e ao predador, da obrigação de recuperar e/ou indenizar os danos causados, embora na maioria das vezes os danos ambientais serem irreversíveis e irrecuperáveis, motivo pelo qual a própria norma estabelece penas pecuniárias, a fim de evitar a impunidade dos predadores. Razão pela qual, para dar concretude a esses pressupostos, é criado o Sistema nacional do Meio Ambiente (SISNAMA) e os diferentes órgãos responsáveis pela política ambiental (FABRIZ; OBREGÓN, 2014, p. 171).

O SISNAMA é composto por uma estrutura orgânica, tendo como órgão superior o Conselho Nacional do Meio Ambiente (CONAMA), cuja função principal é a de assistir o Presidente da República na formulação de diretrizes da Política Nacional do Meio Ambiente, nos termos do inciso II do artigo 6º da Lei nº 6.938/1981 (BRASIL, 1981), criando-se um órgão central, a Secretaria Especial do Meio Ambiente (SEMA), do Ministério do Interior, à qual cabia promover, disciplinar e avaliar a implantação da Política Nacional do meio Ambiente, que foi extinta pela Lei nº 7.735, de 22 de fevereiro de 1989 (BRASIL, 1989).

Em seu lugar, a Lei nº 7.736/1989 (BRASIL, 1989) cria o Instituto Brasileiro do Meio Ambiente e dos Recursos Naturais Renováveis (IBAMA), autarquia federal dotada de personalidade jurídica de direito público, vinculada ao Ministério de Meio Ambiente, com a finalidade de exercer o poder de polícia ambiental, assim como o de executar ações

---

[100] Para o Direito Marítimo, águas interiores são aquelas que se encontram dentro do território terrestre, incluindo as instalações portuárias.

das políticas nacionais do meio ambiente, referentes às atribuições federais, relativas ao licenciamento ambiental, controle da qualidade ambiental, autorização do uso dos recursos naturais e à fiscalização e controle ambiental.

Destacamos a importância das atribuições de poder de polícia e de licenciamento ambiental outorgadas ao IBAMA na incidência do dever fundamental de preservação do meio ambiente em geral, notadamente quanto ao meio ambiente marinho.

Assim, independentemente da previsão constitucional dos direitos fundamentais, são exigidos, também, o cumprimento de deveres fundamentais em benefício da própria sociedade, instrumentalizando o Estado, através do uso do Poder de Polícia, na prevenção, no caso concreto, de possíveis incidentes que atentem contra o meio ambiente marinho, ou de reprimir quando o dano for realizado.

Entretanto, para a compreensão do conceito de licenciamento ambiental, Antunes (2011, p. 170) distingue este conceito do conceito de controle ambiental, socorrendo-se da definição dada pelo Decreto Estadual nº 1777-R, de 08 de janeiro de 2007, do estado do Espírito Santo que, no inciso I do seu artigo 2º, define controle ambiental como sendo a atividade estatal "[...] consistente na exigência da observância da legislação de proteção ao meio ambiente, por parte de toda e qualquer pessoa, natural ou jurídica, utilizadora de recursos ambientais" (ESPÍRITO SANTO, 2007).

Desse modo, o controle ambiental "[...] é um poder-dever estatal de exigir que as diferentes atividades humanas sejam exercidas com observância da legislação de proteção ao meio ambiente, independente[mente] de estarem licenciadas ou não" (ANTUNES, 2011, p. 170).

Por outro lado, o licenciamento ambiental corresponde a uma modalidade de controle ambiental incidente especificamente sobre as atividades potencialmente capazes de ocasionar degradação ambiental em decorrência de suas dimensões (ANTUNES, 2011, p. 170).

Observamos o papel dúplice do licenciamento ambiental, pois ao mesmo tempo que representa uma forma de controle ambiental, cumpre com seu dever de defender o meio ambiente, na prevenção de possíveis incidentes de poluição decorrente, por exemplo, da construção de terminais portuários, quer sejam públicos ou privados, capazes de afetar o meio ambiente marinho.

A Lei nº 6.938, de 31 de agosto de 1981 (BRASIL, 1981), em seu artigo 6º, define a estrutura orgânica do SISNAMA, qual seja, órgão superior: Conselho de Governo; órgão consultivo e deliberativo: CONAMA;

órgão central: Ministério do Meio Ambiente; órgãos executores: IBAMA; Instituto de Conservação da Biodiversidade, Instituto Chico Mendes; órgãos setoriais da administração federal; órgãos seccionais das entidades estaduais; órgãos locais das entidades municipais.

Para D'Isep (2004, p. 77), os princípios do Direito Ambiental brasileiro encontram-se consagrados tanto na Constituição da República Federativa do Brasil de 1988 quanto na Lei de Política Nacional do Meio Ambiente, a teor do princípio da prevenção, quanto à responsabilidade da pessoa física e jurídica, do poluidor-pagador, do princípio do desenvolvimento sustentável, da obrigatoriedade da intervenção estatal, da educação ambiental; da soberania dos Estados para estabelecer política ambiental e desenvolvimento com cooperação internacional, princípio da participação, da informação e da notificação.

O ordenamento jurídico brasileiro, bem como a norma internacional, estabelece uma série de princípios já analisados no capítulo anterior, que permite que as normas jurídicas sejam aplicadas, concomitantemente, de forma preventiva e de forma repressiva, em relação aos responsáveis pelos danos ambientais. No mesmo propósito, a adoção da responsabilidade objetiva, também enfrentada no capítulo anterior, em sintonia com as Convenções Internacionais, são empreendidas como mecanismo de concretude contra a impunidade.

Por outro viés, para o entendimento quanto ao princípio do desenvolvimento sustentável é necessário compreender a dicotomia que se estabelece entre o sentido de desenvolvimento econômico e a proteção do meio ambiente e o esforço para compatibilizar com os pedidos feitos pelos países do Terceiro Mundo que se mobilizaram contra as exigências e imposições de severas medidas de controle ambiental feitas pelos países ricos em detrimento do crescimento dos países terceiro-mundistas.

Assim, D'Isep (2004, p. 35) explicita quanto ao movimento ambiental ocorrido na década de 1970, de antagonismo entre a preservação do meio ambiente e a ideia de desenvolvimento econômico, avocado pelos países do Terceiro Mundo, liderados pelo Brasil, perante a Conferência de Estocolmo, em 1972, na Suécia, de questionamento quanto à legitimidade das recomendações imposta pelos países ricos.

Portanto, a partir da Conferência de Estocolmo, de 1972 (UNEP, 1972), o conceito da sustentabilidade é reafirmado nas sucessivas Convenções internacionais como um princípio importante na defesa e preservação do meio ambiente a fim de evitar a depredação da natureza decorrente do modelo de desenvolvimento econômico adotado hodiernamente.

Este modelo de desenvolvimento econômico está calcado na apropriação de recursos naturais para satisfazer as necessidades de uma sociedade global cada vez mais exigente e consumista, compelindo a uma exploração predadora de recursos naturais que se transformam em matéria-prima para o consumo, tais como o petróleo, mineração, agricultura em geral.

Ponderamos que muitos governos de países subdesenvolvidos ou de países emergentes que detêm expressivas extensões de território, que são produtores de matéria-prima, *commodities,* conduzem a uma exploração descontrolada e predatória dos mesmos sob o pretexto de fortalecer as políticas de exploração, aproveitando-se da elevação dos preços no mercado internacional.

Todavia, esse posicionamento acaba por negligenciar, ou mesmo abandonar, as normas internas e internacionais de proteção ambiental em nome do desenvolvimento econômico e criação de novos postos de trabalho, como parte essencial de sua política de governo.

Por seu turno, o Relatório elaborado pela Comissão Mundial sobre Meio Ambiente e Desenvolvimento, *Nosso futuro comum* (1991), assinado em 1987, por Gro Harlem Bundtland, Primeira Ministra da Noruega, consagra o conceito de sustentabilidade.

Desse modo, o Relatório *Nosso futuro comum,* conhecido como Relatório Bundtland, contempla dois aspectos conceituais, quais sejam, o conceito da necessidade, notadamente no que se refere às necessidades essenciais do mundo pobre que devem ser priorizadas, e a noção de imposição de limitação, considerando o atual estado tecnológico e de organização social, para promoção das presentes e futuras necessidades (D'ISEP, 2004, p. 36).

Todavia, percebemos que o conceito de sustentabilidade continua gerando uma série de discussões sobre a sua efetividade na preservação do meio ambiente. Portanto, observamos que, para a viabilidade da sustentabilidade, é preciso que haja a conciliação entre o desenvolvimento econômico e a preservação ambiental.

Essa conciliação é necessária no sentido de visar à qualidade de vida do ser humano e a sua preservação para presentes e futuras gerações, a partir do dever fundamental dos Estados de proteger os recursos naturais, que se concretiza através da aplicação de normas e de fiscalização para o cumprimento das mesmas, assim como o dever da sociedade em seu conjunto de colaborar com o Poder Público no cumprimento da norma estabelecida.

3.1 Análise da Lei n° 9.966, de 28 de abril de 2000 – Lei do Óleo

A exploração dos recursos naturais de maneira predatória, com o intuito de satisfazer, egoisticamente, as necessidades de uma sociedade de consumo pode provocar, a médio e a longo prazo, a degradação ambiental em decorrência dos processos de esgotamento desses recursos que são limitados.

A degradação ambiental pode revelar contornos irreversíveis e irrecuperáveis ao ponto de colocar em risco a qualidade de vida dos seres humanos e, do mesmo modo, os desastres provenientes da poluição ambiental decorrentes da industrialização dos produtos e da exploração de matérias-primas, tais como o petróleo e outros produtos, que podem se transformar em substâncias tóxicas.

Nos capítulos anteriores apontamos que a sociedade internacional tem se preocupado com a proteção do meio ambiente, elaborando, através de Convenções internacionais, normas preventivas e ações de responsabilidade civil, penal e administrativa para os poluidores e predadores ambientais, como forma de prevenção do meio ambiente. Muitas destas normas internacionais são internalizadas nos diferentes Estados através dos seus processos constitucionais, transformando-se em normas internas com o objeto de prevenir, fiscalizar e punir atos que coloquem em risco o equilíbrio ambiental.

A postura declarada pelos Estados em relação à aplicação das normas elaboradas internamente visa ao cumprimento de uma série de princípios analisados anteriormente, com ênfase no Princípio da Sustentabilidade, ou seja, a busca por um equilíbrio harmonioso entre desenvolvimento econômico e proteção ambiental, concretizando o dever fundamental por parte do Poder Público e das pessoas físicas e jurídicas de preservação do meio ambiente.

Assentimos com a posição de Ana Paula Machado dos Anjos, que destaca que a adoção da Política Nacional do Meio Ambiente, consubstanciada na Lei n° 6.938/81(BRASIL, 1981) edifica a ponte entre o desenvolvimento econômico social, a preservação dos recursos naturais, a qualidade do meio ambiente e equilíbrio ecológico, "[...] estabelecendo diretrizes que permitem ao Estado movimentar o sistema produtivo sem perder de vista a utilização dos recursos naturais" (ANJOS, 2014, p. 9).

Os efeitos dos possíveis acidentes ambientais resultantes da exploração de petróleo no território nacional, bem como o transporte do mesmo utilizando modais aquaviários na navegação de cabotagem, navegação de longo curso ou na exploração de petróleo através de plataformas marítimas instaladas ao longo da costa brasileira, como no caso do Rio de Janeiro e do Espírito Santo, impeliram o Brasil a ter uma participação ativa nas diversas Conferências internacionais relacionadas à prevenção e à proteção do meio ambiente, provenientes ou causadas por derramamento de óleo por parte de navios, dentro do mar territorial ou em águas internacionais, acarretando sequelas desastrosas ao meio ambiente marinho, com a contaminação de grandes extensões devido às fortes correntes marítimas.

Por este ângulo, os fatos acima relacionados, somados aos desastres ambientais resultantes de acidentes marítimos que despejaram milhares de toneladas de óleo ao mar, causando verdadeiras marés negras, abrangendo centenas de quilômetros, que afetaram a biodiversidade e os ecossistemas de vários países, impulsionaram para a conclusão de acordos internacionais, a exemplo da MARPOL 73/78, que ingressou em nosso ordenamento jurídico, já analisada no capítulo anterior.

Assim, acidentes ambientais resultantes de derramamento de óleo e outras substâncias nocivas que lançadas ao mar provocam riscos à saúde humana e trazem danos aos recursos e à vida marinha dentro do mar territorial sob jurisdição nacional afetaram justamente os países com extensas áreas litorâneas e produtores de petróleo como o Brasil.

Em março de 1974 ocorreu o primeiro grande vazamento de óleo com o petroleiro Takumiya Maru, ao se chocar com uma rocha no Canal de São Sebastião, litoral norte de São Paulo, ocasionando o derramamento de cerca de 6.000 toneladas, no período da celebração da MARPOL 73/78 (D'ALMEIDA, 2005, p. 32). Um ano após essa ocorrência, novo acidente acontece com o navio Tarik Ibn Zyiad, derramando 6.000 toneladas de óleo na Baía de Guanabara, no Rio de Janeiro (D'ALMEIDA, 2005, p. 32).

Estes fatos aceleraram o processo de internalização de tratados de natureza ambiental, como a MARPOL 73/78, com a elaboração de normas internas objetivando a manutenção, a preservação do meio ambiente marinho. Nesse seguimento, normas de fiscalização e aplicação de sanções aos poluidores e depredadores, imputam responsabilidades penais, administrativas e civis, prevenindo danos ambientais que, na maioria das vezes, trazem consequências irreversíveis e de expressivos prejuízos econômicos.

Nessa conjuntura é que ocorre a promulgação da Lei nº 9.966, de 28 de abril de 2000 (BRASIL, 2000), conhecida como a Lei do Óleo, que dispõe sobre a prevenção, o controle e a fiscalização da poluição causada por lançamento de óleo e outras substâncias nocivas ou perigosas em águas sob jurisdição nacional.

As sanções aplicáveis às infrações às regras de prevenção, controle e fiscalização da poluição causada por lançamento de óleo e outras substâncias nocivas ou perigosas em águas sob jurisdição nacional foram regulamentadas através do Decreto nº 4.136, de 20 de fevereiro de 2002 (BRASIL, 2002).

A Lei nº 9.966/00 (BRASIL, 2000), ou Lei do Óleo, está composta por 35 artigos, contemplando seis capítulos que tratam das normas baseadas nos diferentes princípios aplicados nas questões ambientais, tais como o princípio poluidor-pagador, princípio da sustentabilidade, princípio da precaução e, principalmente, o princípio da prevenção.

Nessa lógica, a Lei nº 9.966/00 (BRASIL, 2000) contém normas coercitivas com a finalidade de tornar a norma mais eficaz no que concerne à proteção ambiental marinha em águas sob jurisdição nacional, isto é, no mar territorial, dentro das 12 milhas marítimas contadas a partir da linha de base reta, a partir de onde se mede o mar territorial, o que inclui, terminais portuários, instalações portuárias, instalações portuárias especializadas em outras cargas que não óleo e substâncias nocivas ou perigosas, estaleiros, marinas, clubes náuticos, plataformas e navios em águas sob jurisdição nacional, além daqueles que se encontram em passagem inocente, conforme previsto pela Convenção das Nações Unidas Sobre Direito do Mar (BRASIL, 1995).

O artigo terceiro da Lei nº 9.966/00 (BRASIL, 2000) estabelece quais são consideradas águas sob jurisdição nacional, classificando as mesmas em águas interiores, como já explicado, compreendidas entre a costa e a linha de base reta, a partir de onde se mede o mar territorial, ou seja, portos, baias, rios e desembocaduras, lagos, lagoas, canais, arquipélagos, baixos a descoberta e a costa; e as águas marítimas, todas aquelas sob jurisdição nacional que não sejam interiores, ou seja, o mar territorial e, para efeitos de controle e prevenção ambiental, a zona contígua e a zona econômica exclusiva, conforme previsto na Convenção de Montego Bay (BRASIL, 1995).

O parágrafo único do artigo 1º da Lei nº 9.966/2000 (BRASIL, 2000) estabelece a sua aplicação em relação à MARPOL 73/78, posto que a norma nacional será aplicada quando ausentes os pressupostos para a aplicação da norma internacional mencionada, especialmente quando se tratar de violações ambientais ocorridas em áreas nacionais e que não estavam previstas na MARPOL 73/78, assim com a aplicação de medidas coercitivas definidas no ordenamento nacional.

A Lei nº 9.966/00 (BRASIL, 2000) estipula uma série de definições e classificações importantes para a sua correta e efetiva aplicação, reconhecendo as normas internacionais ratificadas pelo Brasil, tais como a CLC/69, a OPRC/90, todas elas analisadas no capítulo anterior e que complementam e fortalecem a eficácia das normas internas.

Neste contexto, podemos observar que, tanto na órbita internacional quanto nacional, os princípios adotados de modo idêntico, reafirmam o argumento de que prevalece o dever fundamental para a prevenção e proteção e controle do meio ambiente marinho, assim como a responsabilidade compartilhada dos membros da sociedade, sejam estas pessoas físicas ou jurídicas.

Por outro lado, o artigo segundo da Lei nº 9.966/2000 (BRASIL, 2000) define navio como sendo embarcação de qualquer tipo que opere no ambiente aquático, considerado como um capítulo importante para o Direito Marítimo.

Desse modo, esta classificação de navio está plenamente contextualizada nos diferentes trabalhos doutrinários, que permite o estabelecimento de normas que facilitem e regulem o transporte marítimo.

Assim, Gibertoni (2014, p. 102-104) aponta a classificação dos navios mercantes como sendo: Navios de carga geral, Navios Porta-Contêineres, Navios *Roll-on/Roll-off*, Navios Frigoríficos, Navios Graneleiros (sólidos), *Ore Carriers* (transporte de minérios), *Bulk Carriers* (transporte de cereais), Navios-Tanques (petróleo e derivados), Petroleiro (óleo cru), Derivados Claros (subprodutos claros derivados do petróleo), Navios Mineiro-Petroleiro (minério de ferro e óleo cru), Navio Transportador de Gás (transporte de gases liquefeitos de gás: GLP: butano, propano, propileno, GNL: gás natural liquefeito), Navios Químicos. A partir desta classificação, a norma poderá regulamentar e fiscalizar o transporte de produtos ou substâncias nocivas ou perigosas que também estão previstas na lei.

A classificação de navios determina o tipo de produto que está sendo transportado e as medidas preventivas que devem ser tomadas pelo armador, operadores portuários e demais pessoas que participem no trabalho logístico de embarque, desembarque e transporte de mercadorias, observando que as mesmas têm o dever de cumprir com as determinações das normas.

O artigo 11º da Lei nº 9.966/2000 (BRASIL, 2000) estabelece a obrigatoriedade do navio que transportar substância nociva ou perigosa, de ter a bordo um livro de registro de carga, nos termos da MARPOL 73/78. Este livro de registro de carga poderá ser requisitado pela autoridade marítima,[101] representada pela Capitania dos Portos; pelo órgão ambiental competente[102] e pelo órgão regulador da indústria do petróleo,[103] atualmente exercida pela Agência Nacional do Petróleo (ANP).

A autoridade portuária através da administração do porto também deve assumir a sua responsabilidade nas operações de embarque e desembarque de mercadorias dentro das instalações do porto organizado,[104] bem como nas instalações portuárias.[105]

A Lei nº 12.815, de 5 de junho de 2013 (BRASIL, 2013), a lei dos portos, prevê no inciso VI do artigo 17º, a competência da administração do porto organizado de fiscalizar a operação portuária, zelando pela realização das atividades com regularidade, eficiência, segurança e respeito ao meio ambiente. Por esta razão, os portos públicos ou organizados devem ser fiscalizados através da sua administração, assim como os terminais de uso privado, explorados mediante autorização, os mesmos que se encontram fora da poligonal do porto organizado, e que estão sob a responsabilidade da iniciativa privada através dos seus gestores ou gerencias responsáveis.

Por este ângulo, a contaminação ambiental marinha é produto de uma série de operações realizadas por navios, tais como na descarga,[106]

---

[101] Artigo 2º, inciso XXII da Lei nº 9.966, de 28 de abril de 2000 – "[...] XXII - autoridade exercida diretamente pelo Comandante da Marinha, responsável pela salvaguarda da vida humana e segurança da navegação no mar aberto e hidrovias interiores, bem como pela prevenção da poluição ambiental causada por navios, plataformas e suas instalações de apoio, além de outros cometimentos a ela conferida por esta lei" (BRASIL, 2000).

[102] Artigo 2º, inciso XXI da Lei nº 9.966, de 28 de abril de 2000 – " [...] XXI - órgão do poder executivo federal, estadual ou municipal, integrante do Sistema Nacional do Meio Ambiente – SISNAMA, responsável pela fiscalização, controle e proteção ao meio ambiente no âmbito de suas competências" (BRASIL, 2000).

[103] Artigo 2º, inciso XXIV da Lei nº 9.966, de 28 de abril de 2000 – "[...] XXIV - órgão do poder executivo federal, responsável pela regulação, contratação e fiscalização das atividades econômicas da indústria do petróleo" (BRASIL, 2000).

[104] Artigo 2º, inciso I da Lei nº 12.815, de 5 de junho de 2013 – "[...] I - porto organizado: bem público construído e aparelhado para atender a necessidades de navegação, de movimentação de passageiros ou de movimentação e armazenagem de mercadorias, e cujo tráfego e operações portuárias estejam sob jurisdição de autoridade portuária" (BRASIL, 2013).

[105] Artigo 2º, inciso III da Lei nº 12.815, de 5 de junho de 2013 – "[...] III - instalação portuária: instalação localizada dentro ou fora da área do porto organizado e utilizada em movimentação de passageiros, em movimentação ou armazenagem de mercadorias, destinadas ou provenientes de transporte aquaviário" (BRASIL, 2013).

[106] Artigo 2º, inciso XI da Lei nº 9.966, de 28 de abril de 2000 – "[...] XI - descarga: qualquer despejo, escape, derrame, vazamento, esvaziamento, lançamento para fora ou bombeamento de substâncias nocivas ou perigosas, em qualquer quantidade, a partir de um navio, porto organizado, instalação portuária, duto, plataforma ou suas instalações de apoio" (BRASIL, 2000).

nas transferências de carga, resíduos ou misturas para tanques de resíduos que podem ser lançadas ao mar; na limpeza de tanques de carga dentro da jurisdição territorial do Estado ou em instalações portuárias cujos resíduos podem ter efeitos nocivos para o meio ambiente marinho; no lastramento de tanques de carga e transferência de águas de lastro sujo para o meio aquático.

Destacamos a compreensão de lastro como sendo "[...] o material utilizado para aumentar o peso ou balancear um objeto [que, na] navegação moderna, a água é utilizada como lastro, garantindo às embarcações uma navegação segura e uma proteção para a conservação do casco" (OBREGÓN; FABRIZ, 2015, p. 3).

Ocorre que o lançamento de água de lastro sujo dos tanques de um navio ao mar em instalações portuárias ou dentro do mar territorial é considerado como uma forma de destruição do meio ambiente marinho e do ecossistema do Estado costeiro. De fato, há o desrespeito às normas internas e externas que tratam do gerenciamento da mesma através de acordos internacionais que regulam e fiscalizam a troca de água de lastro.

A água de lastro é carregada a bordo de um navio no momento do embarque da mercadoria no porto de origem, cuja água transportada contém organismos próprios do ecossistema desse porto. Posteriormente, essa água de lastro deverá ser trocada no porto de destino, conforme estipulado nas normas e procedimentos previstos, para evitar a contaminação e dano ambiental ao ecossistema do porto de descarga.

Com efeito, o processo de contaminação por água de lastro ocorre por diversas maneiras, tanto pela infiltração como pela conservação de água de um ecossistema dessemelhante, cuja fauna marinha é distinta de outros ecossistemas. Assim, a água de lastro, após uma prolongada viagem será lançada em área portuária, ou mesmo no mar territorial, juntamente com incontáveis "[...] espécies aquáticas, como bactérias, vírus, algas, cistos, mexilhões e peixes, muitos deles nocivos e predadores, totalmente desconhecidos no ecossistema do porto de chegada" (OBREGÓN; FABRIZ, 2015, p. 8), sem o gerenciamento da água de lastro transportada.

Outra via de contaminação ao meio ambiente das áreas portuárias e no mar territorial dos Estados ribeirinhos sucede quando os tanques de lastro do navio contêm resíduos de óleo e outros tipos de substâncias químicas (OBREGÓN; FABRIZ, 2015, p. 8).

Nessa perspectiva, a Lei nº 9.966/2000 (BRASIL, 2000) regula, em seu artigo 11, a exigência de anotação no livro de registro de carga, quanto às operações referentes ao carregamento, o descarregamento, as

ANÁLISE DA LEGISLAÇÃO NACIONAL: POLÍTICA NACIONAL DO MEIO AMBIENTE (PNMA)

transferências de carga, resíduos ou misturas para tanques de resíduos. Do mesmo modo, determina o registro da operação de limpeza dos tanques de carga, das transferências provenientes de tanques de resíduos, do lastreamento de tanques de carga, das transferências de águas de lastro sujo para o meio aquático e das descargas nas águas, em geral.

Por sua vez, o lastro limpo[107]corresponde ao lastro devidamente gerenciado e trocado, conforme as disposições e normas dos Estados costeiros, posto que o mesmo é uma garantia para uma navegação segura.

A Lei nº 9.966/2000 (BRASIL, 2000), além de regular o óleo e a água de lastro, controla outras substâncias consideradas nocivas[108], exigindo que todas as mercadorias que transportem substâncias nocivas em embalagens, identificadas e marcadas com os símbolos previstos em lei e devidamente estivadas e amarradas a bordo do navio, a fim de não contaminar outras cargas transportadas nem se transformar em um risco para a tripulação. Por sua vez, os esgotos sanitários e as águas servidas de navios, plataformas e instalações de apoio são classificadas na categoria "C", definidas pelo artigo 4º da Lei nº 9.966/2000 (BRASIL, 2000) como sendo de risco moderado, tanto para a saúde humana como para o ecossistema aquático, porque a contaminação das águas e praias ocorre através do derramamento de matérias orgânicas em estado de decomposição coloca em risco a saúde das pessoas e o meio ambiente marinho, flora e fauna.

O alijamento, no Direito Ambiental Marítimo, significa o lançamento intencional de produtos nocivos e outros tipos de substâncias que podem ter efeitos catastróficos para o meio ambiente marinho. Esta forma de poluição está prevista e regulada pela própria Convenção das Nações Unidas Sobre o Direito do Mar (BRASIL, 1987) no seu artigo

---

[107] Artigo 2º, inciso XVII da Lei nº 9.966/2000 "[...] XVII - lastro limpo: água de lastro contida em um tanque que, desde que transportou óleo pela última vez, foi submetido a limpeza em nível tal que, se esse lastro fosse descarregado pelo navio parado em águas limpas e tranquilas (sic), em dia claro, não produziria traços visíveis de óleo na superfície da água ou no litoral adjacente, nem produziria borra ou emulsão sob a superfície da água ou sobre o litoral adjacente" (BRASIL, 2000).

[108] Art. 12 da Lei nº 9.966, de 28 de abril de 2000 – "[...] §1º. As embalagens das substâncias nocivas ou perigosas devem conter a respectiva identificação e advertência quanto aos riscos, utilizando a simbologia prevista na legislação e normas nacionais e internacionais em vigor. §2º As embalagens contendo substâncias nocivas ou perigosas devem ser devidamente estivadas e amarradas, além de posicionadas de acordo com critérios de compatibilidade com outras cargas existentes a bordo, atendidos os requisitos de segurança do navio e de seus tripulantes, de forma a evitar acidentes" (BRASIL, 2000).

210,[109] exigindo dos Estados o dever de adotar leis e regulamentos para prevenir, reduzir e controlar a poluição do meio marinho por alijamento. Em consonância com a CNUSDM, a Lei nº 9.966/2000 (BRASIL, 2000), a Lei do Óleo, reconhece, em seu artigo 2º, inciso XVI, que alijamento é "[...] todo despejo deliberado de resíduos e outras substâncias efetuado por embarcações, plataformas, aeronaves e outras instalações, inclusive seu afundamento intencional em águas sob jurisdição nacional".

Sob este enfoque, a norma nacional prevê disposições rigorosas que devem ser aplicadas nos portos organizados e, por analogia, nos terminais de uso privado, assim como nas suas instalações, pátios e armazéns, delegando a responsabilidade às entidades exploradoras do por0nsequências da degradação ambiental são irreparáveis por diversos motivos que podem ser desde a extinção de uma espécie que, por conta de sua irreversibilidade causa prejuízos diretamente sobre nós na probabilidade quanto ao desconhecimento da espécie em si, ou seja, a biodiversidade, quanto às suas propriedades e, principalmente, dos efeitos do seu desaparecimento na cadeia animal. Ainda, no mesmo sentido, a degradação ambiental traz, em seu bojo, a impossibilidade de delimitar e reparar os efeitos de um dano, ora devido à sua abrangência difusa, ora em fase da ausência de conhecimento científico para tanto (D'ISEP, 2004, p. 47). Portanto, ponderamos que somente por meio do princípio da prevenção é que iremos encontrar a forma mais eficaz de proteger o meio ambiente.

Sendo assim, entendemos, na mesma perspectiva de D'Isep (2004, p. 47), que a regra deveria ser a prevenção e a sua reparação como uma

---

[109] Convenção das Nações Unidas sobre o Direito do Mar, artigo 210 – "Poluição por alijamento [...] 1. Os Estados devem adotar leis e regulamentos para prevenir, reduzir e controlar a poluição do meio marinho por alijamento. 2. Os Estados devem tomar outras medidas que possam ser necessárias para prevenir, reduzir e controlar tal poluição. 3. Tais leis, regulamentos e medidas devem assegurar que o alijamento não se realize sem autorização das autoridades competentes dos Estados. 4. Os Estados, atuando em especial por intermédio das organizações internacionais competentes ou de uma conferência diplomática, devem procurar estabelecer regras e normas, bem como práticas e procedimentos recomendados de caráter mundial e regional para prevenir, reduzir e controlar tal poluição. Tais regras e normas, bem como práticas e procedimentos recomendados devem ser reexaminados com a periodicidade necessária. 5. O alijamento no mar territorial e na zona econômica exclusiva ou na plataforma continental não pode realizar-se sem o consentimento prévio expresso do Estado costeiro que tem o direito de autorizar, regular e controlar esse alijamento, depois de ter examinado devidamente a questão com outros Estados que, devido à sua situação geográfica, possam vir a ser desfavoravelmente afetados por tal alijamento. 6. As leis, regulamentos e medidas nacionais não devem ser menos eficazes que regras e normas de caráter mundial para prevenir, reduzir e controlar tal poluição" (BRASIL, 1987).

excepcionalidade, pois, mesmo que tenha ocorrido um processo de reparação, houve, no mínimo, o prejuízo da espera.

Por este ângulo, a Lei nº 9.966, de 28 de abril de 2000 (BRASIL, 2000), prevê planos de emergência[110] e planos de contingência[111] para a preservação, controle e combate da poluição em águas.

Assim, os planos de emergência e de contingência são indispensáveis para a reparação do dano causado, uma vez acontecido o incidente ambiental em águas sob jurisdição do Estado ribeirinho, considerando que a norma entende como uma forma de dever fundamental do Poder Público e de todos os atores responsáveis a obrigação de utilizar todos os recursos necessários a fim de tentar reparar o incidente provocado para, posteriormente, imputar as responsabilidades cabíveis a fim de ressarcir o dano ambiental que, na perspectiva de D'Isep, é irreparável e irreversível.

Neste contexto, importa considerar que a prevenção é extremamente relevante para a norma interna analisada, especialmente em se tratando das operações portuárias realizadas em portos organizados, terminais portuários de uso privado, instalações portuárias e plataformas marítimas, dispondo a obrigatoriedade de contar com a infraestrutura e meios adequados para o recebimento e tratamento dos diversos tipos de resíduos e para o combate à poluição. Inferimos que todo terminal portuário deve adequar ou implementar dentro das suas áreas os equipamentos necessários para a prevenção e combate da poluição ou, em última instância, para reparar os incidentes ocorridos na operação portuária ou na operação das plataformas.

Estas instalações previstas na Lei nº 9.966/2000 (BRASIL, 2000) devem responder a parâmetros e metodologia de controle operacional, assim como a estudos técnicos sobre as características do porto organizado, vale dizer, ao tipo de mercadoria operada no mesmo, já que cada porto tem uma especialidade de carga movimentada em suas instalações. Estas exigências são extensivas aos terminais de uso privado e operadores de plataformas, devendo elaborar manuais de

---

[110] Artigo 2º da Lei nº 9.966, de 28 de abril de 2000 – "[...] XIX – plano de emergência: conjunto de medidas que determinam e estabelecem as responsabilidades setoriais e as ações a serem desencadeadas imediatamente após um incidente, bem como definem os recursos humanos, materiais e equipamentos adequados à prevenção, controle e combate à poluição das águas" (BRASIL, 2000).

[111] Artigo 2º da Lei nº 9.966, de 28 de abril de 2000 – "[...] XX – plano de contingência: conjunto de procedimentos e ações que visam à integração dos diversos planos de emergência setoriais, bem como a definição dos recursos humanos, materiais e equipamentos complementares para a prevenção, controle e combate da poluição das águas" (BRASIL, 2000).

procedimento interno para gerenciar os riscos de poluição dentro das suas instalações, assim como dispor de planos de emergência para o combate à poluição.

Por seu turno, a Lei nº 12.815/2013 (BRASIL, 2013) estabelece no inciso VI de seu artigo 17 que, entre as competências da administração do porto organizado, encontram-se as de "[...] fiscalizar a operação portuária, zelando pela realização das atividades com regularidade, eficiência, segurança e respeito ao meio ambiente".

Como a Lei nº 12.815/2013 (BRASIL, 2013), em seu artigo 31, preceitua que tudo o que estiver disposto neste diploma legal "[...] não prejudica a aplicação das demais normas referentes ao transporte marítimo, inclusive as decorrentes de Convenções internacionais ratificadas, enquanto vincularem internacionalmente o país", dentro das políticas adotadas pelo Poder Público sobre a necessidade da modernização das instalações portuária. Devem ser levadas em consideração as disposições da Lei nº 9.966/2000 (BRASIL, 2000), analisada neste capítulo.

No capítulo que se refere às infrações[112] e sanções previstas pela Lei nº 9.966, de 28 de abril de 2000 (BRASIL, 2000), que acompanham os pressupostos destacados no ordenamento internacional, prevê sanções que devem ser aplicadas por infrações cometidas ao violar ou desrespeitar disposições enunciadas na presente lei, desde multas diárias, retenção de navio até regularizar a situação ou dano cometido, multa e suspensão imediata das atividades da empresa transportadora em situação irregular.

Para tanto, o inciso I do parágrafo primeiro do artigo 25 da Lei nº 9.966/2000 (BRASIL, 2000) prevê a responsabilidade pelas infrações previstas neste artigo, na medida em de sua ação ou omissão, de forma compartilhada, pelo proprietário do navio, pessoa física ou jurídica, ou quem legalmente o represente.

Este aspecto da responsabilidade do proprietário está plenamente assentado na CLC/69, que adota, em seu inciso 3º de seu artigo I,[113] o conceito de proprietário do navio como sendo a pessoa ou pessoas que têm o navio por propriedade.

---

[112] Art. 25 da Lei nº 9.966, de 28 de abril de 2000 – "São infrações, punidas na forma desta Lei:
I - descumprir o disposto nos arts. 5º, 6º e 7º: Pena – multa diária;
II - descumprir o disposto nos arts. 9º e 22: Pena – multa;
III - descumprir o disposto nos arts. 10, 11 e 12: Pena – multa e retenção do navio até que a situação seja regularizada;
IV - descumprir o disposto no art. 24: Pena – multa e suspensão imediata das atividades da empresa transportadora em situação irregular" (BRASIL, 2000).

[113] Artigo 1 da CLC/69 –"[...] 3 "Armador" significa o proprietário, inclusive o proprietário registrado, o afretador a casco nu, o administrador e o operador do navio" (BRASIL, 1977).

Na hipótese de um navio de propriedade do Estado operado por uma empresa que esteja registrada naquele Estado, como a operadora do navio, será, esta empresa, reconhecida como "proprietário registrado".[114]

Além disso, é imputada a responsabilidade ao proprietário do navio, ao armador, no momento do incidente, pelo dano por poluição causado por qualquer óleo do próprio navio, a bordo ou que se origine no navio, nos termos do inciso 1 do artigo III, da Lei nº 9.966/2000 (BRASIL, 2000).[115]

Na eventualidade de um incidente ocasionar uma série de ocorrências com a mesma origem, a responsabilidade será do proprietário do navio no momento em que se produza a primeira de tais ocorrências, conforme o inciso 1 do artigo III, da Lei nº 9.966/2000 (BRASIL, 2000).[116]

A Lei nº 9.966/2000 (BRASIL, 2000) prevê a responsabilidade compartilhada, tanto do armador quanto do operador do navio, caso este não esteja sendo armado ou operado pelo proprietário, nos termos do inciso 2 do artigo III.[117]

Para a contextualização sobre a responsabilidade pela exploração do navio, devemos levar em conta a distinção feita doutrinariamente quanto à sua forma de gestão, qual seja, a gestão náutica e a gestão comercial, além da compreensão das formas de fretamento, classificadas como fretamento por viagem, por tempo e a casco nu.

Neste propósito, Martins aponta a tradicional divisão entre a gestão náutica e a gestão comercial, entendendo que a gestão náutica, GN, corresponde ao equipamento e armação do navio, os salários da tripulação, a manutenção do navio, os custos de reparo e seguros. Por sua vez, a gestão comercial, GC, se refere ao aprovisionamento da máquina, às operações relativas ao carregamento e descarga, às despesas de escalas e de portos (MARTINS, 2008, p. 148).

---

[114] Artigo I da CLC/69 – "[...] 4 "Proprietário registrado" significa a pessoa ou pessoas registradas como proprietárias do navio ou, na ausência de um registro, a pessoa ou pessoas às quais o navio pertence. Não obstante, no caso de um navio de propriedade do Estado e operado por uma empresa que esteja registrada naquele Estado, como a operadora do navio, entende-se por "proprietário registrado" tal empresa" (BRASIL, 1977).

[115] Artigo 3 da CLC/69 – "[...] 1 [...] o armador, no momento do incidente, será responsável pelo dano por poluição causado por qualquer óleo do próprio navio, a bordo ou que se origine no navio, [...]" (BRASIL, 1977).

[116] Artigo 3 da CLC/69 – "[...] 1 [...] considerando-se que, se um incidente consiste em uma série de ocorrências com a mesma origem, a responsabilidade caberá ao proprietário do navio no momento em que se produza a primeira de tais ocorrências" (BRASIL, 1977).

[117] Artigo 3 da CLC/69 – "[...] 2 Quando mais de uma pessoa for responsável, conforme o disposto no parágrafo 1, suas responsabilidades serão conjuntas e solidárias" (BRASIL, 1977).

Em decorrência desta distinção, depreendemos que a exploração do navio pode ser feita pelo proprietário armador do mesmo, pessoa física ou jurídica, tanto na gestão náutica quanto na gestão comercial, assumindo as responsabilidades previstas na Lei nº 9.966/2000 (BRASIL, 2000). Do mesmo modo, a exploração do navio poderá ser feita pelo afretador armador do navio que, através de um contrato de fretamento, exercerá atividade comercial da navegação, realizando a armação do navio ou preparando o navio para uma determinada viagem marítima.

A armação deve ser entendida como sendo "[...] o ato de armar o navio, provendo todos os meios para empreender uma expedição marítima" (MARTINS, 2008, p. 149-150). Portanto, a armação contempla tanto a atividade economicamente organizada pelo armado para o aprovisionamento de uma embarcação, quanto à sua exploração comercial, vez que armar um navio significa "[...] aprestá-lo, colocando-o no estado de navegabilidade (*seaworthiness*)" (MARTINS, 2008, p. 149-150).

Os contratos de fretamento, por seu turno, se apresentam sobre três modalidades que, também, estão previstos no título VI do Código Comercial Brasileiro (BRASIL, 1850): contrato de fretamento a casco nu, contrato de afretamento por viagem e contrato de fretamento por tempo.

Na primeira modalidade de contrato de fretamento a casco nu, o afretador assume a responsabilidade da gestão náutica e da gestão comercial, posto que ele é o responsável pela armação do navio, não sendo o caso do proprietário do navio. Nesta situação, a responsabilidade por qualquer incidente que afete o meio ambiente marinho previsto na Lei nº 9.966/2000 (BRASIL), a Lei do Óleo, no artigo 25 §1º, inc. II, será do afretador na sua condição de armador e operador da embarcação.

Na segunda modalidade, qual seja, do contrato de afretamento por viagem, o fretador assume as responsabilidades da gestão náutica e da gestão comercial e, consequentemente, as responsabilidades por danos ambientais.

Por derradeiro, o contrato de fretamento por tempo, cuja responsabilidade pela gestão náutica corresponde ao fretador e a responsabilidade pela gestão comercial ao afretador, resultando em responsabilidade compartilhada para todos os efeitos legais, incluindo os ambientais, conforme previsto no capítulo V da Lei nº 9.966/2000.

Ainda, de acordo com a Lei nº 9.966/2000 (BRASIL, 2000), submetem-se às sanções previstas no artigo 25 o concessionário ou a empresa autorizada a exercer atividades pertinentes à indústria do petróleo, assim como o comandante e o tripulante ou tripulantes do navio, o proprietário da carga e os representantes, pessoas físicas ou jurídicas que legalmente representem os terminais portuários, sejam públicos ou privados, as instalações portuárias, plataformas marítimas e suas instalações de apoio, o estaleiro, as marinas, clubes náuticos ou instalações similares.

As multas fixadas pela norma são de caráter pecuniário, fixadas a partir de 7.000 (sete mil) reais até um máximo de 50 (cinquenta) milhões de reais, o que não impede a aplicação de outras penas e sanções administrativas previstas na Lei nº 9.605, de 12 de fevereiro de 1998 (BRASIL, 1998c).

A Lei nº 9.605/1998 (BRASIL, 1998c) dispõe sobre sanções penais e administrativas derivadas de condutas e atividades lesivas ao meio ambiente, enfatizando em seu artigo 3º[118] as responsabilidades civil, penal e administrativa das pessoas jurídicas, não excluindo a responsabilidade das pessoas físicas, autoras, coautoras ou participantes do mesmo fato.

Em 2 de fevereiro de 2002 foi promulgado o Decreto nº 4.136 (BRASIL, 2002), que dispõe sobre a especificação de sanções aplicáveis às infrações às regras de prevenção, controle e fiscalização da poluição causada por lançamento de óleo e outras substâncias nocivas ou perigosas em águas sob jurisdição nacional. Esta norma legal determina quais as autoridades competentes para lavrar auto de infração, assim como outorgando a qualquer pessoa que constate a ocorrência de atos ou casos de poluição, comunicá-lo às autoridades competentes para poder realizar a devida apuração e evitar a extensão do dano, a participação da sociedade civil pode ser considerada como um ato de responsabilidade compartilhada, no momento em que assume seu dever de fiscalização.

Para efeitos de aplicação de multas, o Decreto nº 4.136/2002 (BRASIL, 2002) classifica as mesmas por faixas, permitindo sua gradação conforme o tipo de dano causado, estabelecendo seus valores em seu Anexo I. Estes valores de multas encontram-se classificados em dez grupos que vão da letra "A", que estipula multa de mil a dez mil reais e de forma proporcional, até chegar à letra "J", a mesma que estipula multa de 7 mil reais a 10 milhões de reais, acrescido de 7 mil reais a cada hora a partir do incidente.

O artigo 5º do Decreto nº 4.136/2002 (BRASIL, 2002) relaciona todas as pessoas físicas e jurídicas ou representantes legais que devem responder pelas infrações cometidas, dando ênfase a prevenção,

---

[118] Art. 3º da Lei nº 9.605, de 12 de fevereiro de 1998 – "As pessoas jurídicas serão responsabilizadas administrativa, civil e penalmente conforme o disposto nesta Lei, nos casos em que a infração seja cometida por decisão de seu representante legal ou contratual, ou de seu órgão colegiado, no interesse ou benefício da sua entidade" (BRASIL, 1998).

controle e combate da poluição nas instalações portuárias, plataformas e instalações de apoio. Os artigos seguintes especificam todas as formas de substâncias nocivas ou perigosas que podem ser derramadas nas diferentes áreas marítimas causando graves danos ao meio ambiente marinho, todas estas substâncias nocivas encontram-se citadas nas diferentes Convenções Internacionais as mesmas que foram internalizadas e promulgadas por normas internas no Brasil.

A elaboração das normas analisadas no presente capítulo demonstra a preocupação do Poder Público com aquilo que se transformou na maior ameaça para a segurança e a existência dos seres humanos, a poluição ambiental dos espaços marinhos, através do derramamento e lançamento de substâncias consideradas nocivas e perigosas, que foram identificadas ao longo do trabalho.

O fundamento principal das normas ambientais, tanto internas quanto externas, está baseado em uma série de princípios que confirmam que, além dos direitos reivindicados pela sociedade, existe o dever fundamental de proteger, prevenir e preservar o meio ambiente evitando incidentes ambientais que causam danos irreparáveis e que, geralmente, as multas previstas em lei não conseguem absorver o dano causado.

Sob este enfoque, importa considerar que as multas previstas na lei são insuficientes para uma efetiva reparação do meio ambiente marinho, já que os danos têm um efeito multiplicador que degradam a fauna e a flora marinha tanto dos espaços marítimos quanto das águas interiores.

Aponta Gomes (2015) que, apesar das multas reparatórias por dano extrapatrimonial ao meio ambiente e a obrigatoriedade de restauração da área afetada, raramente possibilitarão que os elementos naturais e seus recursos regressem ao seu estado anterior, imediata e integralmente, na medida em que haverá sempre uma parcela irreversível no dano causado.

Nesta linha de raciocínio, considerando que os valores das multas de acordo com o valor do dano causado não inibem suficientemente a prática da poluição ambiental marinha por conta do seu retorno econômico, favorecendo de longe a violação às normas de proteção ambiental, a atualização dos valores das multas é medida urgente e necessária, na percepção de Gomes (2015).

Entretanto, Gomes (2015) avança nesta crítica apresentando, além das sanções pecuniárias com multas que abrangem 100% o valor do dano causado, a criação de uma lei tornando obrigatória a utilização de métodos para evitar os efeitos da poluição ambiental marinha, como a adoção de barreiras, flutuantes ou físicas de superfície; de *skimers*; de dispersantes e de absorventes e adsorventes.

Entendemos que as disposições legais relacionadas à prevenção e proteção do meio ambiente não devem ser elaboradas unicamente para demonstrar e justificar o trabalho do legislador, pois o que se espera é que, de fato, as regras legais devem ser eficazes e práticas a fim de que os resultados atinjam efeitos positivos em benefício da sociedade.

A conscientização de que os direitos e deveres dependem uns dos outros, a fim de consolidar a existência de uma sociedade justa que garanta um desenvolvimento sustentável em benefício de todos os seres que habitam o planeta, deve se transformar numa prática permanente através do cumprimento das normas, mas, sobretudo, através da educação e conscientização e do respeito ao meio ambiente.

CAPÍTULO 4

A ELABORAÇÃO DE NORMAS INTERNAS E EXTERNAS COMO UMA FORMA DO CUMPRIMENTO DO DEVER FUNDAMENTAL NA PREVENÇÃO E PROTEÇÃO DO MEIO AMBIENTE MARINHO

A navegação e exploração dos recursos provenientes do mar são consideradas como as mais antigas na história da humanidade, assim como a preocupação pela sua regulamentação, numa primeira instância para fins de domínio, controle e soberania, posteriormente a facilitação do intercâmbio comercial de maneira pacífica, motivo pelo qual a sociedade passou a elaborar acordos conforme os costumes da época, que se transformaram em normas.

A prática costumeira dessas normas tinha por objeto o respeito ao princípio da territorialidade das leis, criado pelos romanos com o intuito de impor o seu direito aos povos conquistados e proibindo o uso das suas normas elaboradas como consequência do seu *modus vivendi*, de seus costumes, adquirindo desta maneira a sua própria personalidade. Esta peculiaridade fez emergir o princípio da personalidade das leis, que permitia que cada indivíduo fosse ser julgado pelo seu próprio ordenamento jurídico.

Neste contexto, no conflito de enfrentamento entre estes dois princípios fez com que os povos da Antiguidade, a fim de facilitar as suas práticas comerciais e as suas próprias relações pessoais ou familiares, de maneira a evitar controvérsias, criassem a arbitragem como um instrumento legal, aceito de mútuo acordo entre as partes, com a participação de uma terceira pessoa, evitando a intervenção do Estado e assumindo um caráter de obrigatoriedade.

O uso da arbitragem continua sendo, na atualidade, uma das formas de solução de conflitos, hoje em dia aceito pelo próprio Estado, inclusive para facilitar o trabalho dos tribunais e previsto na legislação nacional, no artigo 3º, §1º, do Código de Processo Civil – CPC (Lei nº 13.105, de 16 de março de 2015) (BRASIL, 2015a) e na Lei nº 9.307, de 23 de setembro de 1996 (BRASIL, 1996), assim como outros métodos de solução pacífica entre particulares, tais como a conciliação e a mediação, previstos na Lei nº 13.140, de 26 de junho de 2015 (BRASIL, 2015b).

Santos, por sua vez, entende que o Direito deve ser percebido a partir de sua perspectiva dúplice de função, qual seja, a de prevenção e de solução de conflitos em sociedade. Por essa razão, cabe ao Direito o dever de coordenação dos empenhos para possibilitar a coexistência social, na proporção em que se reconhece a característica preventiva do Direito, "[...] o seu escopo instrumental enquanto garantidor de padrões mínimos da manutenção da paz e do equilíbrio das relações sociais, ou seja: a sua função ordenadora de condutas" (SANTOS, 2012, p. 1-2).

As relações comerciais, desde épocas remotas, como explicamos no Capítulo 1, deram lugar ao surgimento de normas que outorgavam direitos, mas também exigiam deveres, com o intuito de resolver conflitos de maneira pacífica, evitando, na maior parte das vezes, enfrentamentos que podiam se transformar em guerras.

Estas normas, que no início eram de caráter costumeiro, vez que eram decorrentes de fatos sociais, estavam baseadas em valores que exigiam o cumprimento das mesmas através de obrigações básicas, especialmente no uso dos mares com institutos como o *res communis omnium* imposto pelos romanos. Desse modo, isto representava que o mar e seus recursos se regiam por princípios e costumes, não sendo permitida a sua apropriação por indivíduos ou mercadores.

Podemos observar que esses costumes estavam ligados à ideia de valores morais, onde o indivíduo deveria cumprir com o seu dever a fim de conservar a vida individualmente e no conjunto da sociedade. A discussão sobre dever e moral será desenvolvida e debatida no positivismo jurídico através das obras de diferentes juristas e filósofos, como Kant, que discorrem que o dever deve possuir um conteúdo moral, um valor intrínseco.

Neste contexto, Kant (2006, p. 25) pondera sobre o dever de todos na conservação da própria vida, por se tratar "[...] de uma coisa para que todos tem (*sic*) inclinação imediata". Contudo, Kant adverte sobre a forma ansiosa nesse cuidado dispensado pela maioria dos homens de acaba por demonstrar nenhum valor intrínseco e aquela "[...] máxima que rege esse cuidado não traz nenhum conteúdo moral. Os homens conservam a sua vida conforme o dever sem dúvida, mas não por dever" (KANT, 2006, p. 25).

Posteriormente, durante os períodos da Idade Média e da Renascença, os governantes, na sua condição de poder estabelecido, iniciam uma dupla discussão: a primeira trata da soberania sobre os espaços marítimos, a delimitação dos mesmos e a liberdade de pesca; a segunda trata sobre a elaboração de normas, direitos e obrigações no transporte marítimo e na navegação.

No primeiro caso, existe a necessidade de determinar juridicamente até onde se estende o espaço marítimo que deve ser considerado soberano e sob jurisdição do Estado costeiro, exercendo direitos e exigindo obrigações e deveres a todos aqueles que desejem fazer uso dos mesmos, especialmente no concernente a uma das principais liberdades da atividade marítima, a pesca.

Por esta razão, surge a emergência de regulamentar essas relações através da vontade recíproca das partes interessadas, elaborando normas baseadas em princípios, inclusive para a proteção das áreas de pesca e preservação das áreas marinhas, posto que ainda não se falava em preservação do meio ambiente marinho.

Compreende Kant (2006, p. 43) que a elaboração de leis é produto da razão, a fim de que os indivíduos possam agir conforme elas, vez que as leis são produto de uma vontade e estas devem ser respeitadas, surtindo, por este motivo, efeitos morais, em relação à capacidade de raciocínio do indivíduo.

Assim, como cada coisa na natureza age de acordo com determinadas leis, para Kant (2006, p. 43) somente "[...] um ser racional possui a capacidade de agir segundo a representação das leis. Isto é, por princípios, ou, só ele possui uma vontade". Como para emanar as ações das leis impõe-se a razão, "[...] a vontade outra coisa não é senão a razão prática" (KANT, 2006, p. 43).

Ora, se a razão determina, indefectivelmente, a vontade, raciocina Kant (2006, p. 43), as ações praticadas por este tal ser, entendidas como objetivamente imprescindíveis, são, do mesmo modo, subjetivamente indispensáveis, "[...] ou seja, a vontade é a faculdade de não escolher nada mais que a razão, independentemente da inclinação: conhece-a como praticamente necessária, quer dizer, como algo bom" (KANT, 2006, p. 43).

Este debate se estenderá até 1958, quando a Organização das Nações Unidas convocará à Primeira Conferência Sobre Direito do Mar, reafirmando que o mar territorial é uma área que corresponde à prolongação da jurisdição dos Estados onde exerce soberania plena em um espaço de 12 milhas marítimas. Por vontade das partes, em 1982, entra em vigor a Convenção de Montego Bay (BRASIL, 1987).

A segunda discussão, relativa à regulamentação do transporte marítimo, pode ser considerada como uma das primeiras formas de aperfeiçoamento de normas elaboradas por autores anônimos durante os séculos XV a XVIII. Nesse período foram estabelecidos direitos e deveres durante os procedimentos de navegação ou transporte de mercadorias, cujas normas eram baseadas em usos e costumes das práticas marítimas, e que hoje são consideradas como fonte principal do Direito Marítimo Internacional.

Colombos (1961, p. 20, tradução nossa), em relação a estas normas costumeiras, pondera que:

> Assim, os romanos adaptaram as leis do Mar das gentes de Rodas; as Normas de Oleron passaram da França a Espanha, Inglaterra, Holanda e o Báltico, e as leis expostas no *Consulado do Mar* foram seguidas em todo o Mediterrâneo. Considerados em conjunto, estes códigos revelam o Direito Marítimo consuetudinário das nações em uma época de comércio em expansão, antes de que o advento do Estado soberano iniciasse a série de legislações municipais para regulamentar o comércio e a navegação internacionais. Embora que nenhum desses códigos fez parte do direito inglês, "contém muitos princípios valiosos e manifestações não menos importantes de prática marinheira", os mesmos que foram utilizados pelos juízes do Tribunal do Almirantazgo inglês quando "aperfeiçoavam os princípios e práticas do seu Tribunal".[119]

As normas consuetudinárias, baseadas em princípios nascidos da consciência moral dos povos, eram reconhecidas como justas vez

---

[119] "Así los romanos adopataron las leyes del Mar de las gentes de Rodas; las Normas de Oleron pasaron de Francia a España, Inglaterra, Holanda y el Báltico, y las leyes expuestas en el Consulado del Mar fueron seguidas en todo el Mediterraneo. Considerados en conjunto, estos códigos revelan el derecho marítimo consuetudinário de las naciones en una era de comercio en expansión, antes de que el advenimiento del Estado soberano iniciase la serie de legislaciones municipales para reglamentar el comercio y la navegación internacionales. Aunque ninguno de esos códigos llegó a formar parte del derecho inglés, 'contienen muchos princípios valiosos y manifestaciones no menos apreciables de práctica marinera', de que hiccieron uso los jueces del Tribunal del Almirantazgo inglés cuando 'moldeaban los princípios y prácticas de su Tribunal'".

que elaboradas com o objetivo primordial da manutenção da paz nos acordos comerciais realizados na época, sem a participação do Estado numa primeira instância ou nos primeiros séculos.

Essas normas previam não somente direitos, mas também obrigações e deveres essenciais que deviam ser respeitados pelas partes como uma forma de submissão aos acordos previstos entre os protagonistas das empreitadas marítimas, atuando como membros de uma sociedade civilizada.

Estes usos e costumes marítimos deram lugar ao surgimento de tribunais marítimos que proferiam sentenças e decisões de caráter obrigatório, exigindo o cumprimento dos mesmos, facilitando as relações do transporte marítimo.

A preocupação dos membros da sociedade pela solução de conflitos e regulamentação das práticas de navegação e exploração de recursos naturais marinhos está consignada através de Convenções internacionais e normas internas. Neste sentido, entendemos que essa preocupação pode ser considerada como uma forma de preservação dos recursos naturais marinhos identificada através de exigências do cumprimento de deveres fundamentais previstos na norma constitucional como sendo valores superiores.

Desse modo, os deveres fundamentais se transformam em obrigações fundamentais, as mesmas que fazem parte do ordenamento jurídico, regulando as relações entre pessoas físicas e jurídicas, complementando-se com os direitos fundamentais, também previstos na norma constitucional.

Precisamos entender que, tanto os direitos como as obrigações e deveres do homem surgem como consequência de um mesmo valor, mas em planos diferentes. Assim, para que os direitos previstos nas legislações dos Estados atinjam a eficácia prevista na norma, necessariamente têm que estar acompanhados de obrigações ou deveres superiores definidos pela norma constitucional. Para tanto, a análise dos deveres fundamentais deve ser feita através de argumentos filosóficos, éticos e jurídicos.

Os deveres fundamentais devem ser reputados como sendo uma derivação de uma série de valores com uma visão eminentemente jurídica e com uma profunda base moral em benefício do conjunto da sociedade, em decorrência de sua importância, no caso a preservação do meio ambiente marinho como fator fundamental para a segurança e a sobrevivência do gênero humano.

Neste sentido, Asís Roig (1989, p, 11, tradução nossa) afirma que:

A fundamentação pelo dialogo intersubjetivo dos valores, e com esta, das obrigações, que será desenvolvida neste trabalho, estará apoiada em três pilares básicos: a razão, o consenso e a história. A razão se apresentará como instrumento básico nas relações entre os homens, mas se conjugara com outros possíveis instrumentos do conhecimento. O consenso será entendido como consenso dinâmico e com caráter não impositivo. A história nos permitirá demarcar o caráter relativo e sempre em evolução do diálogo. Sob esses três elementos é que se pretende estabelecer uma possível explicação do por que destes valores.[120]

Estes pilares estabelecidos por Asís Roig demonstram que, pelo uso da razão, o conjunto da sociedade toma consciência de que, unicamente, através de normas de caráter obrigatório elaboradas nas Convenções Internacionais, e internalizadas nos ordenamentos jurídicos dos Estados, as mesmas que se transformam em leis obrigatórias, imperativas e coercitivas, devem ser assumidas as obrigações ou deveres superiores que preservarão, no caso, o nosso meio ambiente marinho, normas que se transformam em instrumentos básicos nas relações entre os homens.

A razão, como pilar para o diálogo intersubjetivo dos valores e, consequentemente, dos deveres fundamentais, se complementa com o consenso do conjunto da sociedade, ao aceitar a implementação das normas de caráter preventivo e coercitivo para a prática dos deveres fundamentais.

Portanto, a história tem demonstrado e comprovado que a razão, como sustentáculo para a interlocução intersubjetiva dos valores e dos deveres fundamentais, é considerada como sendo uma prática em permanente evolução, observada através dos séculos nos costumes do mar, as mesmas que possuem a firme convicção da regulamentação das práticas marítimas como uma forma pacífica e válida para o desenvolvimento das relações marítimas e da exploração do mar, tanto na superfície quanto na profundidade.

---

[120] "La fundamentación para el diálogo intersubjetivo de los valores, y con ésta, de las obligaciones, que será desrrollada aqui se apoyará en tres pilares básicos: la razón, el consenso y la historia. La razón se presentará como instrumento básico en las relaciones entre los hombres, pero se conjugará con otros posibles instrumentos de conocimiento. El consenso será entendido como consenso dinámico y con caracter no impositivo. La historia nos permitirá subrayar el caracter relativo y siempre en evolución del diálogo. Bajo estos tres elementos se pretende plantear uma posible explicación del por qué de estos valores".

Para melhor compreensão deste argumento é necessário analisar o conceito do dever fundamental na teoria do direito, o mesmo que surge na Antiguidade e atravessa um processo de modificações conforme as diferentes transformações da sociedade até o momento em que os mesmos se incorporam ao direito positivo de maneira abrangente, ou seja, deveres para o cidadão e para o Estado, conforme explica Peces-Barba Martínez (1987, p. 329, tradução nossa), fundamentando que, da relação entre o Estado e o indivíduo, surge o conceito de dever fundamental:

> Talvez nesta identificação encontra-se a raiz do conceito de deveres fundamentais, como aqueles que derivam da relação entre o súdito com o poder soberano. Posteriormente os deveres fundamentais não serão unicamente do súdito, e sim que com a submissão do governante ao Direito e com o surgimento do Estado social, poderá se falar também de deveres fundamentais dos poderes públicos.[121]

Assim, o nosso entendimento é de que o dever fundamental[122] corresponde a uma:

> [...] categoria jurídico-constitucional, fundada na solidariedade, que impõe condutas proporcionais àqueles submetidos a uma determinada ordem democrática, passíveis ou não de sanção, com a finalidade de promoção de direitos fundamentais. (GONÇALVES; FABRIZ, 2013, p. 92)

Desta maneira, a definição acompanha os fundamentos da necessidade da existência de valores, dentro de um sistema jurídico e que a finalidade dos deveres fundamentais é de suma importância para a existência dos direitos fundamentais.

A partir desta relação, surge a discussão sobre a aplicação da sanção, caso o dever fundamental não seja cumprido, conforme previsto na norma, posto que devemos considerá-lo como sendo uma obrigação jurídica que deve ser acatada pelos membros de uma sociedade submetidos a uma norma constitucional pelo fato de existir um elo jurídico entre o cidadão e o Estado.

---

[121] "Quizás en esta identificación se encuentra la raiz del concepto de deberes fundamentales, como aquellos que derivan de la relación del súdito con el poder soberano. Posteriormente los deberes fundamentales no serán solo del súdito, sino que con el sometimiento del gobernante al Derecho y con la aparición del Estado social, se podrá hablar también de deberes fundamentales de los poderes públicos".

[122] Este conceito de dever fundamental foi desenvolvido pelo Grupo de Pesquisa "Estado, Democracia Constitucional e Direitos Fundamentais", do Programa de Pós-Graduação *Stricto Sensu* em Direitos e Garantias Fundamentais da Faculdade de Direito de Vitória – FDV.

Varela Díaz (1982, p. 71), ao analisar os princípios da submissão dos cidadãos espanhóis à sua Constituição, interpretando o artigo 9º inciso 1 da Carta espanhola, explica que houve um amplo debate no Congresso espanhol no sentido de que o cidadão não deveria se submeter à mesma e que somente deveria se fixar esta submissão aos poderes públicos, posto que o cidadão já estava subordinado ao ordenamento jurídico e aos tributos públicos, assim como ao aparelho coercitivo do Estado.

Desse debate, ao final, os constituintes espanhóis afirmaram a submissão tanto dos cidadãos quanto do poder público à Constituição, determinando a obediência à mesma, cuja imposição vem emparelhada de uma sanção, qual seja, de invalidar todos os atos contrários ao disposto na Constituição, caracterizando-se a referida vinculação, um autêntico dever jurídico (VARELA DÍAZ, 1982, p. 71).

Estes aspectos encontram-se plenamente enunciados na CRFB/88, no Capítulo VI, relacionado ao meio ambiente, uma vez que o artigo 225[123] (BRASIL, 1988) estabelece o direito de todos sobre o meio ambiente, para que este seja utilizado ecologicamente equilibrado pelo conjunto da sociedade, como sendo uma forma essencial à sadia qualidade de vida.

Portanto, são direitos considerados fundamentais, originários de valores pertencentes à sociedade, significando que, para que estes direitos sejam cumpridos de maneira eficaz, devem estar acompanhados de deveres fundamentais, que estão expressamente previstos na norma constitucional, de acordo com a segunda parte do artigo 225 da CRFB/88[124] (BRASIL, 1988), que impõe ao Poder Público e à coletividade o dever de defendê-lo e preservá-lo para as presentes e futuras gerações.

A obrigatoriedade do cumprimento do dever, para Kelsen, é entendida como sendo um princípio que deve ser acatado de maneira absoluta, na medida em que o "[…] princípio segundo o qual o homem deve cumprir sempre o seu "dever" ou os seus "deveres" pressupõe evidentemente que haja deveres absolutos, inteligíveis para todos" (KELSEN, 2015, p. 131).

---

[123] Art. 225 da CRFB/88 – "Todos têm direito ao meio ambiente ecologicamente equilibrado, bem de uso comum do povo e essencial à sadia qualidade de vida […]" (BRASIL, 1988).

[124] Art. 225 da CRFB/88 – "Todos têm direito ao meio ambiente ecologicamente equilibrado, bem de uso comum do povo e essencial à sadia qualidade de vida, impondo-se ao poder público e à coletividade o dever de defendê-lo e preservá-lo para as presentes e futuras gerações" (BRASIL, 1988).

Em relação ao cumprimento do dever fundamental, vários autores, ou a maioria deles, faz uma ligação com a sanção que deve ser aplicada àqueles que não cumprem com esta obrigação. Peces-Barba Martínez (1987, p. 334) fundamenta a existência de um dever fundamental a partir dos pensamentos de Jeremy Bentham, Hans Kelsen e Herbert Hart. Por conseguinte, para o filósofo iluminista e jurista Jeremy Bentham, idealizador da construção do Panóptico, a pessoa que não cumpra, ou se omite, com o seu dever fundamental estará sujeito a sofrer uma dor, um padecimento aplicado por um servidor do Estado. Nesta perspectiva, a permanência de um direito forte e rigoroso exige, em contrapartida, um governo forte e rigoroso.

Peces-Barba Martínez (1987, p. 334) traz ainda os argumentos de Kelsen, na medida em que o conjunto da sua teoria está vinculado à obrigação com sanção.

Neste mesmo sentido, as reflexões de Herbert Hart, considerado positivista da corrente inclusivista, que sustenta que o dever jurídico está baseado em normas prévias e, neste caso, a sua desobediência não serve só para predizer a existência de sanções, mas também é a razão que legitima essa sanção (PECES-BARBA MARTÍNEZ, 1987, p. 334).

O parágrafo 3º do artigo 225 da CRFB/88 (BRASIL, 1988) estabelece as sanções penais e administrativas às pessoas físicas ou jurídicas, independentemente de reparar os danos causados às condutas e atividades consideradas lesivas ao meio ambiente. Portanto, a aplicação de sanções está prescrita de maneira enfática na norma constitucional brasileira, que regula as condutas das pessoas, tanto físicas como jurídicas, como sendo parte de uma ordem social onde o indivíduo possui obrigações, neste caso específicas com a proteção do meio ambiente.

Acompanhando a diretriz argumentativa constitucional, relacionada ao dever jurídico e à sanção, Kelsen (2015, p. 130) pondera que o dever jurídico deve ser cumprido não unicamente por um indivíduo isoladamente, e sim pelo conjunto dos indivíduos. Nessa linha de raciocínio, o dever jurídico pode ser reputado como violado quando o mesmo não for cumprido e, portanto, há a aplicação da sanção. Por outro lado, se o dever for cumprimento, é para evitar a sanção.

Para Kelsen (2015, p. 130), o dever jurídico identifica-se em uma relação primordial com a sanção, pois se o indivíduo está juridicamente obrigado e, "[...] através de sua conduta, pode cometer o ilícito, isto é, o delito, e, assim, pode provocar a sanção, a consequência do ilícito – o delinquente potencial; ou o que pode evitar a sanção pela conduta" (KELSEN, 2015, p. 130).

A Convenção das Nações Unidas Sobre o Direito do Mar, conhecida como Convenção de Montego Bay, encerra um período de discussões iniciada nos primórdios da navegação, enriquecida com normas marítimas costumeiras durante a Idade Média e a Renascença. Essas normas marítimas costumeiras foram positivadas durante o período Iluminista, com a criação do Estado Moderno e, com maior ênfase, durante as primeiras décadas do século XX, através da criação de organismos internacionais e elaboração de normas internacionais encarregadas de regulamentar as relações entre os Estados, especialmente no que se refere à utilização adequada dos recursos naturais e à preservação do meio ambiente marinho.

Na análise da CNUSDM de 1982, podemos observar que a mesma é resultante de duas iniciativas anteriores das Nações Unidas. A primeira, em 1958, através de uma Conferência sobre Direito do Mar convocada pela Assembleia Geral do Organismo planetário, foi proposta a discussão não somente sobre a delimitação jurídica dos espaços marítimos e de domínio de soberania, como também ampliando a discussão para análises dos aspectos biológicos, ou seja, a proteção e exploração da diversidade de recursos naturais. Verificamos que a discussão sobre a proteção e exploração da diversidade dos recursos naturais deixou de ser do interesse apenas dos Estados costeiros e se tornou uma preocupação da sociedade internacional, em seu conjunto.

Na conclusão dos seus trabalhos desta primeira Conferência Internacional foram produzidas quatro Convenções relacionada ao Mar Territorial, à Plataforma Continental, à Pesca e aos Recursos Vivos do Alto-Mar e ao Alto-Mar. Dessa maneira surge a primeira tentativa de regular e organizar as jurisdições dos espaços marítimos, a soberania interna dos Estados e a existência das quatro liberdades fundamentais do mar: liberdade de navegação; liberdade de pesca; liberdade de colocar cabos e oleodutos submarinos e a liberdade de sobrevoo.

É importante anotar que a Primeira Conferência das Nações Unidas Sobre Direito do Mar também estipula os direitos e obrigações dos Estados-partes em relação aos usos do mar tanto na superfície quanto na profundidade, dando início, às obrigações que, a partir desse momento, estarão atreladas às normas internas dos Estados-membros através da internalização das normas internacionais.

Este fato pode ser considerado como sendo de uma grande importância para o fortalecimento do Direito Internacional marítimo, posto que, a partir da elaboração desta norma internacional, será possível exigir responsabilidades civis, penais e administrativas para todas

CAPÍTULO 4
A ELABORAÇÃO DE NORMAS INTERNAS E EXTERNAS COMO UMA FORMA DO CUMPRIMENTO DO DEVER...

161

as pessoas físicas e jurídicas que atentem contra a norma estabelecida de forma voluntária e de pleno acordo dos signatários. A pedido dos convencionais, é marcada a data para uma segunda Conferência a fim de encerrar as discussões sobre o mar territorial.

A Segunda Conferência Sobre Direito do Mar das Nações Unidas de 1960 realizada em Genebra foi iniciada num ambiente de descontentamento e de enfrentamento entre os países participantes por causa do aprofundamento da Guerra Fria e outros problemas, inclusive de caráter ideológico, que impediram a aprovação das propostas apresentadas por falta de consenso, deixando em aberto a discussão da delimitação do mar territorial para um terceiro encontro.

O cenário para a realização da Terceira Conferência das Nações Unidas Sobre Direito do Mar, que se inicia em 1973, na cidade de Nova York e que conclui na Jamaica, em 1982, na cidade de Montego Bay, foi de grande discussão entre os signatários e participantes, defendendo os seus interesses, principalmente de domínio soberano e fundamentalmente econômicos, até chegar a um consenso entre as partes aprovando um único projeto elaborado pelos comitês preparatórios, dando lugar ao surgimento da primeira norma de Direito Internacional Marítimo, assinado por representantes de 117 Estados, promulgada pelo Brasil pelo Decreto nº 99.165, de 12 de março de 1990 (BRASIL, 1990).

A CNUSDM/82 se apresenta como sendo uma norma internacional aceita pela sociedade internacional, na medida em que a mesma cria regras de conduta que toda sociedade civilizada deve possuir a fim de manter a paz, evitando conflitos, a segurança internacional e preservar seus direitos fundamentais.

Estas regras regulamentam o Direito Marítimo Internacional e enfatizam a proteção e preservação do meio ambiente marinho, baseadas em princípios básicos do Direito Ambiental, outorgando direitos e exigindo deveres, tanto das pessoas físicas quanto jurídicas, as mesmas que, em caso de não cumprimento das normas previstas, devem ser passíveis de sanções. A Convenção entende que a responsabilidade na proteção do meio ambiente marinho deve ser compartilhada entre o Estado e os indivíduos na sua condição de pessoas físicas e jurídicas, em relação a esta responsabilidade recíproca.

Peces-Barba Martínez (1987, p. 337, tradução nossa) afirma que se trata de uma construção racional que:

> Uma construção racional desde estas correntes contratuais nos permite justificar a existência de um modelo de deveres recíprocos no próprio origem da sociedade política e do Estado, numa situação comunicativa

ideal. Os deveres devem ser dos cidadãos e dos governantes que se entendem entrelaçando a origem do poder e sua função e o papel que os cidadãos desempenham.[125]

Estes aspectos estão plenamente enunciados na Convenção de *Montego Bay* (BRASIL, 1987), no artigo 192, impondo aos Estados a obrigação de proteger e preservar o meio ambiente marinho, exigindo destes a adoção de medidas para prevenir, reduzir e controlar a poluição do meio marinho. Por outro lado, o inciso 4 do artigo 194 da Convenção (BRASIL, 1987) adverte que, ao tomar as medidas exigidas pela Convenção, devem ser evitados atos de ingerência nas atividades de outros Estados, a fim de evitar conflitos entre os mesmos no exercício dos seus direitos e no cumprimento dos seus deveres.

Neste contexto, a CNUSDM (BRASIL, 1987), de maneira enfática e reiterada em todo o articulado da Parte XII, relativo à proteção e preservação do meio ambiente marinho, exige dos Estados costeiros a obrigação de adotar leis e regulamentos para aplicá-los dentro das suas jurisdições de maneira harmônica com as suas políticas internas, as mesmas que não devem ser menos eficazes que as regras e normas, bem como práticas e procedimentos recomendados de caráter internacional.

Esta exigência permite que os Estados costeiros devam aplicar as suas normas relacionadas à proteção e preservação do meio marinho, de maneira competente, justamente pela gravidade que representa um incidente ou fato da navegação que resulte em dano ambiental, visto que, na maior parte das vezes, este tipo de acidente acarreta danos irreversíveis e que, mesmo arcando com as responsabilidades civis, penais e administrativas, o dano causado ao ecossistema é irrecuperável.

Apesar de Basso entender que "[…] os sistemas jurídicos costumam conferir maior ênfase ao direito do que aos deveres, não obstante estes sempre estejam presentes no outro extremo das relações jurídicas estabelecidas por aqueles […]" (BASSO, 2016, p. 88), a CRFB/88 estabelece de forma expressa o cumprimento dos deveres em relação ao meio ambiente, como indicado linhas acima, independente da discussão doutrinária sobre a assimetria com os direitos.

Por esta razão é que Basso admite a existência de uma assimetria parcial, ou seja, de que existe certa sujeição na medida em que "[…] não

---

[125] "[…] desde estas corrientes contractualisticas permite justificar la existencia de un modelo de deberes recíprocos en el próprio origen de la sociedad política y del Estado, en una situación comunicativa ideal. Los deberes serán de los ciudadanos y de los gobernantes y se explican entrelazando el origen del poder y su función y el papel que los ciudadanos desempeñan".

existem direitos sem deveres e nem o contrário, que decorre do fato de ambos – direitos e deveres fundamentais – perfazerem o estatuto constitucional do indivíduo e, como tal, submeterem-se a um mesmo regime geral" (BASSO, 2016, p. 96).

Esclarecida a questão doutrinária sobre o cumprimento dos deveres na órbita do Direito Ambiental Marítimo no ordenamento jurídico interno, reafirmamos que o Brasil, ao aderir à CNUSDM, se submete à mesma, com o compromisso de acatar as suas exigências.

Para o cumprimento dos deveres previstos na norma internacional e de evitar a poluição resultante de acidentes marítimos, a Convenção de Montego Bay adota uma sequência de medidas e disposições que devem ser tomadas pelos Estados costeiros, previstos no artigo 224 (BRASIL, 1987). Neste propósito, é o exercício do poder de polícia, através do uso de seus navios de guerra ou outros navios ou aeronaves que possuam sinais claros e sejam identificáveis como estando a serviço de um governo e, para tanto, autorizados a exercer este poder em relação às embarcações estrangeiras que se encontrem poluindo ou depredando o meio ambiente marinho.

O artigo 228 da Convenção (BRASIL, 1987) permite ao Estado costeiro aplicar todos os procedimentos para a imposição de penalidades decorrentes de qualquer infração às leis e regulamentos e normas internacionais relativas à prevenção, redução e controle da poluição proveniente de embarcações, cometidas por embarcações além do mar territorial do Estado que instaurou tais procedimentos, assim como a de suspender os mesmos quando o Estado costeiro de bandeira tiver instaurado procedimentos para imposição de penalidades com base em acusações correspondentes.

Outros procedimentos previstos neste mesmo dispositivo, do artigo 228 da Convenção (BRASIL, 1987), devem ser observados, em caso de dano grave causado ao Estado costeiro ou o Estado de bandeira tiver faltado ao cumprimento da sua obrigação de assegurar a execução efetiva das regras e normas internacionais aplicáveis, relativas a infrações cometidas por embarcações suas.

É importante e relevante observarmos que a Convenção enfatiza que, uma vez concluídos os procedimentos instaurados pelo Estado de bandeira, os procedimentos suspensos serão extintos, desde que seja efetuado do pagamento das custas referentes a tais procedimentos. E, no mesmo desiderato, deverá ocorrer por parte do Estado costeiro a restituição de qualquer caução ou outra garantia financeira prestada em relação aos procedimentos suspensos.

A adoção desses procedimentos pela Convenção reafirma a importância do cumprimento dos deveres e da aplicação de sanções pecuniárias através de garantias financeiras, de depósito de cauções ou outras, com a advertência de que, ao impor as sanções, devem ser respeitados os direitos reconhecidos dos acusados.

Esta posição confirma que todo direito outorgado, para ser eficaz, deve estar acompanhado de deveres e obrigações previstos nas normas internas e internacionais, portanto consideradas como deveres jurídicos.

Desse modo, independentemente da existência de uma dimensão moral, embora, quando nos referimos à elaboração de normas ambientais, estamos respaldados também, em argumentos morais, posto que, ao proteger o meio ambiente marinho, estamos protegendo a segurança da sociedade em seu conjunto e os direitos humanos de gerações presentes e futuras, conforme prescreve a norma constitucional.

Peces-Barba Martínez (1987, p. 335, tradução nossa), em relação à relevância do dever jurídico, entende que:

> O dever jurídico existe independentemente de que o dever de que se trata tenha previamente ou não uma dimensão moral (o dever de não injuriar ou caluniar e o dever de dirigir pelo lado direito são ambos deveres jurídicos de origem distinta). Só o dever jurídico será relevante, igual que o direito subjetivo, a liberdade, a potestade ou a imunidade para o Direito, com a influência ou da pressão que podem produzir aquelas dimensões morais que engendram obrigações nesse nível, e da possibilidade de que se convertam em obrigações jurídicas. Tudo isto sem prejuízo de que essa influência da moralidade possa orientar as decisões dos operadores jurídicos.[126]

A Convenção, de maneira justa, cria normas de direito, regulamenta os espaços marítimos, estabelece e outorga direitos e liberdades marítimas, tais como liberdade de navegação, liberdade de pesca, liberdade de instalação de cabos e dutos submarinos, liberdade de sobrevoo, para os Estados costeiros, e inclusive direito de acesso ao mar

---

[126] "El deber jurídico existe com independencia de que el deber de que se trata haya tenido previamente o no una dimensión moral (el deber de no injuriar o calumniar y el deber de conducir por la derecha son ambos deberes jurídicos de origen distinto) Solo el deber jurídico será relevante, igual que ele derecho subjetivo, la libertad, la potestad o la inmunidad para el Derecho, con independencia de la influencia o de la presión que pueden producir aquellas dimensiones morales que enjendran obligaciones a ese nivel, y de la posibilidad de que se conviertan en obligaciones jurídicas. Todo esto sin perjuicio de que esa influencia de la moralidad pueda orientar las decisiones de los operadores jurídicos".

para aqueles Estados sem litoral, a fim de exercerem os direitos conferidos pela Convenção. Mas, ao mesmo tempo, impõe deveres, estabelece ações de responsabilidade civil objetiva por perdas ou danos causados pela poluição do meio marinho, exigindo dos Estados, zelar pelo cumprimento das suas obrigações ou deveres internacionais relativos à preservação do meio ambiente marinho, através da efetiva aplicação do seu Direito Interno, que permitam obter uma indenização pronta e adequada ou outra reparação pelos danos resultantes da poluição.

Estes aspectos analisados, em relação à importância do dever fundamental como sendo um requisito primordial para a efetivação dos direitos fundamentais, assim como a insistência no sentido de que não pretendemos iniciar um debate relacionado à hierarquia ou à maior ou menor importância dos mesmos diante dos direitos, obrigam-nos a explicar que os deveres fundamentais não foram tratados com o mesmo entusiasmo que os direitos fundamentais pelas doutrinas dos países ocidentais, especialmente após as experiências dramáticas vividas sob o governo de ditaduras brutais durante o período da Segunda Guerra Mundial, ou, no caso dos países latino americanos, as ditaduras da década dos anos setenta.

Naturalmente, toda sociedade que vive ou atravessa um longo período de opressão e de violação de direitos fundamentais por parte do Estado tende a fortalecer os mesmos, uma vez que retornam a um Estado de direito, exigindo que estejam expressos nos textos constitucionais. Nos dias de hoje, fazemos parte de uma sociedade "de direitos", esquecendo-nos da contraparte dos mesmos, os deveres, posto que ambos são as duas faces de uma mesma moeda.

Nabais (2002, p. 1) defende que os deveres são a face oculta dos direitos, ou seja, a existência da face oculta da liberdade e dos direitos é admitir que a responsabilidade dos deveres e custos que a materializam, "[...] não seja bem-vinda ao discurso social e político nem à retórica jurídica" (NABAIS, 2002, p. 1). Por este motivo, propõe Nabais falar a respeito "[...] dos deveres e dos custos dos direitos, da face oculta do estatuto constitucional do indivíduo" (NABAIS, 2002, p. 1). Além disso, Nabais faz um paralelo com a face oculta da lua, pois, apesar dessa face da lua não poder ser vista, "[...] é absolutamente necessária para a compreensão correta do lugar do indivíduo e, por conseguinte, da pessoa humana em sede dos direitos fundamentais ou direitos do homem" (NABAIS, 2002, p. 2). Arremata Nabais escancarando que "[...] tanto os deveres em geral como os deveres fundamentais em particular foram objeto de um pacto de silêncio de um verdadeiro desprezo" (NABAIS, 2002, p. 2).

Há uma tendência "naturalizada" entre os membros da sociedade de exigir direitos e evitar os deveres, posto que estes significam atitudes de profunda reflexão moral e, ao mesmo tempo, de reflexão jurídica. Dessa forma, a primeira é corolário da vida em uma sociedade organizada e, a segunda, é o resultado das exigências do poder que garante o cumprimento da norma e, via de consequência, dos deveres.

Por esta acepção, Asís Roig (1989, p. 12, tradução nossa) pontifica que:

> O Poder é, como disse anteriormente, o fundamento da validez do Direito e, além do mais, vai ser também a causa da sinalização de certas obrigações e justificação da imposição de outras. Não é possível fazer referência às obrigações jurídicas que não tenham seu último apoio no Poder e, o tipo de Poder vai condicionar o sentido das obrigações jurídicas.[127]

Desta maneira, muito embora as normas do Direito Internacional diferenciem-se das normas do Direito Interno, no sentido de que o Direito Interno é considerado como um direito de subordinação às normas elaboradas pelo Poder competente e que, uma vez publicadas se transformam em obrigatórias e coercitivas, o Direito Internacional, doutrinariamente, é um direito de coordenação entre os Estados, onde prima a boa-fé para o cumprimento dos mesmos.[128]

Neste contexto, podemos afirmar que as normas internacionais, especialmente as relativas aos direitos humanos e proteção ambiental estão providas de uma base moral social comum e, portanto, é permitida a inclusão de cláusulas de cunho coercitivo por conta de um consenso como resultado de amplas discussões e diálogos construtivos entre os Estados-membros evitando os atritos de maiorias e minorias.

Finalmente, uma vez internalizadas nos ordenamentos jurídicos dos Estados signatários, e conforme disposto nos ordenamentos constitucionais, passaram a ter *status* de normas ordinárias de caráter obrigatório, imperativo e coercitivo.

---

[127] "El Poder es, como he dicho antes, el fundamento de validez del Derecho, y además, va a ser también causa de la señalización de ciertas obligaciones y justificación de la imposición de otras. No es posible hacer referência a las obligaciones jurídicas que no tengan su último apoyo en el Poder y, el tipo de Poder va a condicionar el sentido de las obligaciones jurídicas".

[128] Princípio *Pacta Sunt Servanda* (servo quem assume pacto). Os pactos assumidos devem ser cumpridos, não existindo uma subordinação tácita e, portanto, teoricamente não existiria coerção; em razão disto, a norma internacional não teria eficácia.

Feita a explicação da importância dos deveres fundamentais, podemos afirmar que, na atualidade, as diferentes Convenções relativas à preservação do meio ambiente, confirmam a prática dos deveres e obrigações dos Estados como uma forma solidária da proteção ambiental, a mesma que se complementa com os direitos outorgados à sociedade a fim de utilizar os recursos naturais para a sua sobrevivência e desenvolvimento econômico.

É importante destacarmos que, dada a importância das normas contidas na CNUSDM, a mesma cria o Tribunal Internacional Sobre Direito do Mar, cujo estatuto encontra-se no Anexo VI da norma. Este Tribunal constitui um órgão judicial independente, com sede na cidade de Hamburgo, podendo reunir-se em qualquer outro local quando o considere desejável, é composto por 21 membros independentes, eleitos entre pessoas que gozem da mais alta reputação e de reconhecida competência em matéria de Direito do Mar.

A jurisdição do Tribunal compreende a solução das controvérsias da interpretação e aplicação das normas previstas na Convenção, assim como pedidos que lhe sejam submetidos de conformidade com a mesma.

As sentenças do Tribunal serão definitivas e deverão ser acatadas por todas as partes envolvidas na controvérsia, como o órgão judicial não conta com os mecanismos de coerção para o cumprimento das suas decisões, o Tribunal pode acionar o Conselho de Segurança das Nações Unidas a fim de aplicar as medidas coercitivas caso não se cumpram as suas sentenças proferidas.

Sob este enfoque, podemos considerar que a Convenção das Nações Unidas Sobre Direito do Mar foi elaborada dentro das normas do Direito, baseadas num conjunto de valores, importantes para uma sociedade organizada com direitos e obrigações, a fim de regulamentar as relações marítimas entre Estados e de proteger e preservar o meio ambiente marinho.

Diante destes pressupostos, esta norma internacional dá ênfase à necessidade de exigir dos Estados a obrigação de cumprir com seus deveres e obrigações assumidas no acordo internacional, sob pena de sofrer sanções previstas no próprio ordenamento internacional. Assim, o dever fundamental está ligado à obrigação jurídica permitindo uma convivência pacífica nas relações entre Estados, assim como, também, entre pessoas física e jurídicas envolvidas nessas relações.

A Convenção enfatiza que as disposições da mesma não afetarão as obrigações específicas contraídas pelos Estados em virtude de Convenções e acordos especiais concluídos anteriormente sobre a preservação e proteção do meio ambiente marinho. Cabe destacar que esta é uma referência às Convenções relativas à proteção do meio ambiente marinho que já se encontravam em vigor, tais como a CLC/69 e a MARPOL 73/78.

Neste momento, para fins de contextualização, é importante compreender as discussões doutrinárias a respeito das diferenças jurídicas entre obrigação e dever, pois as mesmas estão direcionadas para entender as diferenças entre direito e moral. Uma das correntes afirma que o dever está diretamente relacionado com a moral, e o termo obrigação está relacionado com o âmbito jurídico propriamente dito. Esta corrente está sustentada no pensamento de Kant, o mesmo que considera que o dever está ligado a um determinado valor, a uma vontade perfeitamente boa.

Para Kant, todos os imperativos "[...] se expressam pelo verbo dever [*sollen*] e mostram assim a relação de uma lei objetiva da razão com uma vontade que, por sua constituição subjetiva, não é necessariamente determinada por tal lei [como] uma obrigação" (KANT, 2006, p. 42).

Pondera Kant sobre quando dizem "[...] que seria bom algo fazer ou omitir; mas dizem-no a uma vontade que nem sempre faz alguma coisa somente para que se represente que seja bom fazê-la" (KANT, 2006, p. 42).

Arremata demonstrando que o bom, na realidade, é "[...] aquilo que determina a vontade por meio de representações da razão, e portanto não por causas subjetivas, mas objetivamente, isto é, por princípios que são válidos para todo ser racional como tal" (KANT, 2006, p. 42).

A outra corrente, por sua vez, segue a linha de pensamento de Hans Kelsen, afirmando que ambos os termos são sinônimos e que não existe contradição na sua aplicação da norma jurídica, posto que se encontram relacionados com a mesma.

Baseados nestas duas correntes doutrinárias sobre a interpretação jurídica destas duas expressões, poderíamos adentrar-nos também numa análise gramatical de utilização da linguagem jurídica, ou também na interpretação etimológica das expressões dever e obrigação, porém entendemos que a corrente kelseniana se adapta perfeitamente ao espírito das normas internacionais relativas à proteção do meio ambiente marinho.

Para tanto, constatamos que as normas internacionais de proteção do meio ambiente marinho não fazem distinção entre dever e obrigação, já que, se os deveres derivam de valores de uma sociedade organizada, que por meio da razão e do consenso elabora normas através do Poder competente como consequência do *modus vivendi* ou de práticas sociais de determinada comunidade ou Estado, outorgando direitos de maneira solidária, estes direitos só poderão ter efetividade, quando, de maneira equitativa, se exijam o cumprimento destes deveres que também fazem parte do ordenamento jurídico. Portanto, não há que se falar de distinção, uma vez que as obrigações derivam de deveres, aceitos pela própria sociedade a fim de manter um convívio harmônico.

Ao analisarmos a CLC/69 e o Protocolo de 1992 relativo à CLC/69, é abordado o tema da responsabilidade ao reconhecer o dever e a necessidade de garantir as indenizações adequadas, ao reconhecerem as partes, conscientemente, os riscos de poluição ambiental marinha como consequência do transporte marítimo internacional de óleo.

A responsabilidade civil objetiva é um conceito que se encontra em perfeita sintonia com o dever jurídico e é o fundamento para a elaboração das Convenções internacionais que preveem a necessidade de garantir uma indenização adequada às pessoas que venham a sofrer danos causados por poluição resultante de descargas ou fugas de óleo proveniente de navios que transportam este recurso energético, motivo pelo qual a CLC/69 dispõe que o proprietário do navio, no momento do incidente, assumirá a responsabilidade civil por qualquer dano por poluição causado por óleo que tenha sido derramado de seu navio.

Ao assumir a responsabilidade civil, o proprietário ou proprietários do navio cumprem com o dever jurídico de proteção e preservação do meio ambiente marinho em benefício da sociedade em seu conjunto e, desta maneira, deverá ser sancionado pela autoridade do Estado-parte.

Se os derrames ou descargas de óleo se dão em mais de um navio, e daí resultar danos por poluição, os proprietários de todos os navios envolvidos serão solidariamente responsáveis pela totalidade do dano. Desta maneira, a norma internacional identifica a pessoa física ou jurídica (proprietário do navio) que, em caso de poluição marinha, deverá assumir a responsabilidade pelo incidente como sendo parte do seu dever jurídico, reconhecendo no momento em que a norma foi elaborada, baseada em princípios e valores morais em benefício da sociedade, a fim de preservar a sua segurança e os seus direitos fundamentais na preservação de um bem que pertence a todo um grupo social.

Kelsen reafirma que a responsabilidade está ligada ao dever jurídico, sendo que condutas opostas à mesma deverão sofrer a coerção. O conceito de responsabilidade, por sua vez, apesar de essencialmente ligado com o conceito de dever jurídico, é dele distinto, na medida em que um indivíduo "[...] é juridicamente obrigado a uma determinada conduta quando uma oposta conduta sua é tornada pressuposta de um ato coercitivo [como sanção]" (KELSEN, 2015, p. 133).

Em vista disso, responsabilidade, dever jurídico e sanção são conceitos que fazem parte do conteúdo fundamental das Convenções internacionais de preservação do meio marinho, as mesmas que, ao mesmo tempo que indicam e estabelecem a responsabilidade, estipulam sanções pecuniárias para efeito de pagamento de indenizações, assim como a obrigatoriedade de fornecimento de garantias financeiras, de seguros representados pelos clubes de P&I.[129]

Finalmente, é permitido ao proprietário constituir um fundo, cuja soma total represente o limite de sua responsabilidade junto ao Tribunal ou qualquer outra autoridade competente de qualquer dos Estados Contratante, no qual a ação judicial foi iniciada. Este fundo, conforme disposto na Convenção, pode ser constituído tanto por depósito da soma ou por apresentação de uma garantia bancária, ou por qualquer outra garantia que seja aceitável pela legislação do Estado Contratante e que seja adequado pelo tribunal ou por qualquer autoridade competente.

A responsabilidade prevista na norma internacional pode ser de caráter individual (pessoa física) ou de caráter coletivo (pessoa jurídica), posto que a figura do proprietário pode estar juridicamente conformada desta maneira. Esta distinção também é feita por Kelsen na medida em que pondera que "[...] somos obrigados a uma determinada conduta, que é sempre e apenas a nossa própria conduta; não podemos ser obrigados à conduta de outrem. Respondemos por uma determinada conduta própria" (KELSEN, 2015, p. 135).

Quando nos referimos à responsabilidade da pessoa jurídica, estamos nos enquadrando na previsão da CLC/69, quando imputa responsabilidade civil aos armadores ou proprietários de navios especializados em transporte de óleo e seus derivados com mais de 2.000 toneladas, seja como pessoa física ou como pessoa jurídica.

A poluição por óleo prevista na Convenção CLC/69 não é a única forma de poluição do meio marinho, posto que existem diferentes tipos de substâncias danosas que podem ser lançadas ao mar, poluindo o meio marinho, causando danos aos recursos do mar, criando graves riscos à saúde humana ou interferindo em outras utilizações legítimas do mar. Esta preocupação está prevista na MARPOL 73/78.

---

[129] Clubes de proteção de indenização que visam completar o seguro normal protegendo navios de longo curso e respectiva carga contra sinistros (MARTINS, 2008, p. 489).

A MARPOL 73/78 estabelece que existem outras formas de poluição marinha, como a emissão de esgotos e outros, adotando os mesmos critérios de obrigações e deveres jurídicos, assim como o estabelecimento de sanções por violações às prescrições da MARPOL 73/78, exigindo dos Estados-partes o máximo rigor com as penalidades estabelecidas a fim de desestimular violações à Convenção, de maneira que a sociedade possa se beneficiar com as medidas de proteção ao meio ambiente, salvaguardando a vida humana.

Outros instrumentos internacionais analisados neste trabalho, como a OPCR/90, mantêm os mesmos fundamentos de responsabilidade, dever jurídico e sanção, acrescentados de princípios que já fazem parte das normas do Direito Ambiental Internacional, como o princípio do poluidor-pagador.

A OPCR/90 reconhece a importância dos instrumentos internacionais sobre responsabilidade e compensação por danos devidos à poluição por petróleo e todas as demais Convenções relativas ao meio ambiente marinho, assim como a necessidade da mútua cooperação através da responsabilidade solidária coletiva entre Estados e a sociedade em seu conjunto.

Diante destes pressupostos, podemos concluir que as normas internas e internacionais relacionadas à proteção do meio ambiente marinho foram construídas sob princípios baseados em valores morais, através do uso da razão em benefício de uma sociedade organizada através de direitos e obrigações jurídicas, estas últimas necessárias para a existência das primeiras de maneira eficaz.

O dever jurídico, a responsabilidade e a coerção devem ser interpretados como instrumentos necessários para o cumprimento das normas, sejam estas internas ou internacionais, inclusive para evitar que determinados atos considerados crimes, como é o caso da poluição ambiental, permaneçam impunes, permitindo práticas reiteradas, favorecendo interesses econômicos em detrimento dos interesses da sociedade. Sob este enfoque, as normas ambientais estipulam diferentes sistemas de indenização e ressarcimento às vítimas do dano causado por poluição ou depredação.

Quanto à compreensão sobre o dever de indenizar, Kelsen desvela que, quando o indivíduo tem o dever jurídico de compensar os danos materiais ou morais provocados por ele ou por outrem é deduzido como sendo uma sanção e, por esta razão "[...] também este dever é designado como responsabilidade" (KELSEN, 2006, p. 138).

Por conta desta construção é que se confundem os conceitos de dever jurídico, de responsabilidade e de sanção. Neste sentido, fica evidente que a sanção não se constitui em si mesma um dever pois "[...] ela pode estar estatuída com tal, porém, não tem necessariamente de o ser [...]" (KELSEN, 2006, p. 138). O conteúdo de um dever jurídico, de fato, corresponde ao "[...] ato coercitivo que uma norma liga a uma determinada conduta cuja conduta oposta é, desse modo, juridicamente prescrita" (KELSEN, 2006, p. 138).

Portanto, para Kelsen, "[...] a sanção é o ato coercitivo que constitui o dever jurídico" (KELSEN, 2006, p. 138). Desta maneira, podemos salientar que os fundamentos das normas internacionais referentes à proteção do meio ambiente marinho estão perfeitamente baseados na necessidade de que a sociedade, no seu conjunto, deve assumir a responsabilidade civil de preservação e proteção do meio marinho, por ser esta um dever jurídico baseado em valores, inclusive em princípios morais próprios de uma sociedade organizada, devendo ser aplicadas as sanções cabíveis, caso estes indivíduos cometam dano ambiental por poluição ou por depredação, atentando aos interesses e à segurança da sociedade.

CONSIDERAÇÕES FINAIS

As considerações finais deste trabalho sintetizam os argumentos apresentados e a afirmação das reflexões elencadas ao longo da tese, com o propósito de que as mesmas se transformem numa contribuição doutrinária para o fortalecimento das previsões efetuadas na elaboração das normas internas e normas internacionais como resultado das diferentes Convenções internacionais relativas à proteção do meio ambiente marinho.

A consistente determinação de que a proteção do meio marinho é uma obrigação compartilhada do conjunto da sociedade, a mesma que assim como possui direitos para fazer uso dos recursos naturais de maneira sustentável, para garantir a sua sobrevivência, também deve observar e cumprir os deveres jurídicos fundamentais de defendê-los e preservá-los, conforme prevê a Constituição da República Federativa do Brasil de 1988, em seu artigo 225.

Durante a laboração do trabalho, nos debruçamos na análise dos motivos pelos quais as diferentes Convenções Internacionais tomaram a iniciativa de elaborar normas com o firme propósito da proteção ambiental marinha, posto que o meio ambiente marinho estava sendo poluído de maneira agressiva através do derramamento de óleo e outras substâncias nocivas provenientes de navios petroleiros, colocando em risco a segurança dos seres humanos e da vida marinha, fato que, na maior parte das vezes, pode ser considerado como uma ação criminal com efeitos destrutivos do meio ambiente com características irreversíveis e irrecuperáveis.

Diante da situação observada e confirmada por uma série de acidentes ambientais marinhos provocadas por navios de diferentes nacionalidades conforme indicado no trabalho, os organismos internacionais decidem regulamentar este tipo de transporte dominado e controlado por poderosos interesses econômicos que agem de maneira impune e sem temor de sofrer nenhum tipo de sanção.

Foi, neste cenário de preocupação com a depredação do meio marinho que os organismos internacionais, ao elaborar normas relacionadas à proteção ambiental marinha, reafirmam que, dada a importância dos recursos naturais marinhos para a existência dos seres humanos, existe a necessidade de reparar os danos infligidos ao meio ambiente marinho através da responsabilidade civil, identificando, desta maneira, o poluidor ou depredador, estabelecendo, assim, uma harmonia entre dever jurídico e cumprimento efetivo dos direitos.

Este fundamento foi a base para a conclusão da CLC/69, que identifica o proprietário do navio como sendo o único responsável por qualquer dano por poluição por óleo que tenha sido derramado ou descarregado do seu navio.

A mesma Convenção estabelece deveres jurídicos a fim de indenizar as vítimas pelos danos causados no momento do derramamento de óleo, assim como exigirá garantias financeiras, caução bancária e um seguro obrigatório, evitando a impunidade do ator do dano ambiental. Salientamos que o mesmo procedimento foi aplicado na constituição das demais Convenções analisadas neste trabalho, trazendo de volta valores fundamentais que fazem parte do ordenamento jurídico dos Estados modernos, tais como o dever jurídico que junto aos direitos garantem o bem comum de uma sociedade organizada.

O dever jurídico e o dever fundamental podem ser considerados como sendo os alicerces legais para o cumprimento da responsabilidade civil objetiva impetrada contra o poluidor, no caso, e como previsto nas normas internacionais relativas à proteção e preservação do meio ambiente marinho, o armador ou proprietário do navio, o mesmo que deverá ser punido com rigor pela legislação do Estado-parte, conforme estabelecem as Convenções analisadas neste trabalho.

Afirmamos, também, que a responsabilidade civil objetiva é um instituto do Direito que se encontra em perfeita sintonia com o dever jurídico, e ambos são o fundamento para a elaboração de normas relativas à proteção ambiental marinha.

Assim como existe sintonia entre responsabilidade civil e dever jurídico, também existe um nexo entre direitos e deveres, necessários para a manutenção da paz social e a garantia de uma sociedade estável.

Desta maneira, não existe uma hierarquia entre direitos e deveres, consideramos que os dois institutos possuem características diferentes para atingir um mesmo objetivo.

Asís Roig assinala que existe a possibilidade de propor uma fundamentação geral comum dos direitos e das obrigações básicas dos homens, qual seja, através "[...] desta visão se apresenta novamente a relação direito-obrigação não em termos de primazia de um ou de outro, e sim, como figuras pertencentes a planos distintos derivados de um mesmo valor"[130] (ASÍS ROIG, 1989, p. 7, tradução nossa).

---

[130] "Con ésta visión, se vuelve a plantear la relación derecho-obligación no en términos de primacia de uno o de outro, sino como figuras pertencientes a distintos planos derivados de un mismo valor".

CONSIDERAÇÕES FINAIS | 175

Os valores aos quais fez referência o autor supracitado são os valores que consolidam as normas elaboradas pelos poderes competentes e que se tornam obrigatórias dentro de uma sociedade organizada. Estes valores, segundo o mesmo autor, são os da liberdade e igualdade, assim como valores jurídicos, religiosos e morais.

O cumprimento do dever jurídico é determinante para a consolidação de uma sociedade mais justa, está previsto no artigo 33 da Declaração dos Direitos e Deveres do Homem, aprovada em 1948, na IX Conferência Internacional Americana, realizada em Bogotá, qual seja, "Toda pessoa tem o dever de obedecer às leis e aos demais mandamentos legítimos das autoridades do país onde se encontrar".

Portanto, conforme previsto nas Convenções Internacionais, a responsabilidade civil objetiva e o valor jurídico respondem à necessidade de proteção do meio ambiente como sendo um direito inalienável dos seres humanos.

O trabalho apresentado nos leva a confirmar que tanto os deveres jurídicos quanto os direitos derivam de normas jurídicas ordinárias, assim como os deveres e direitos fundamentais derivam de normas constitucionais exercendo a sua função na sociedade de maneira a organizar a vida social, ou seja, as relações entre os indivíduos, os mesmos que devem acatar estas disposições ou estarão sujeitos a uma sanção determinada pelo Estado, com sendo o poder político.

Peces-Barba (1987, p. 337, tradução nossa) enfatiza que:

> O dever do poder político, das instituições, dos operadores jurídicos, será a de procurar essa salvaguarda da segurança da liberdade e da igualdade e o dever dos cidadãos de uma sociedade assim constituída, e onde eles podem participar na elaboração desses fins, será o de obedecer ao Direito como consequência da ação do poder político.[131]

Desta maneira, a norma internacional não interfere na soberania estatal do Estado-parte quando exige o cumprimento do dever jurídico do poluidor; pelo contrário, exige do poder político do Estado-parte a aplicação da norma nacional para cumprimento dos deveres e a previsão de sanções rigorosas no caso de desobediência às normas.

---

[131] "El deber del poder político, de las instituciones, de los operaores jurídicos, será procurar esa salvaguardia de la seguridade de la liberdad y de la igualdad y el deber de los ciudadanos de una sociedad así constituída, y donde ellos queden participar em la elaboración de esos fines, será el de obedever al Derecho consecuencia dela acción de poder político".

Finalmente, afirmamos, também, que a sanção faz parte do ordenamento jurídico, a fim de reparar ou atenuar o dano causado, como dissemos anteriormente, muitas vezes irreversível ou irreparável, mesmo com a aplicação coercitiva, posto que estamos tratando do meio ambiente essencial para a sobrevivência dos seres humanos. Neste ponto, a doutrina de Kelsen confirma que a fundamentação da norma interna e internacional somente terá eficácia mantendo os pressupostos da responsabilidade civil ambiental, o cumprimento do dever jurídico e a aplicação da sanção, na preservação do meio ambiente marinho.

REFERÊNCIAS

ANDRADE, Maria Inês Chaves de. *A plataforma continental brasileira*. Belo Horizonte: Del Rey, 1995.

ANJOS, Ana Paula Machado dos. *Interfaces e limites de aplicabilidade entre a lei do óleo e o anexo IV da Convenção MARPOL 73/78*. Monografia (Pós-Graduação *lato sensu* em Direito Ambiental) – Departamento de Economia Rural e Extensão, Setor de Ciências Agrárias da Universidade Federal do Paraná, 2014.

ANTUNES, Paulo de Bessa. *Direito Ambiental*. 13. ed. rev. e atual. Rio de Janeiro: Lumen Juris, 2011.

ASÍS ROIG, Rafael de. *Deberes y Obligaciones en la Constitución. Tesis Doctorales. Universidad Carlos III de Madrid*, 1989. Disponível em: http://e-archivo.uc3m.es/bitstream/handle/10016/15827/Asis_Roig_Tesis_1989_1.pdf. Acesso em: 20 abr. 2017.

BARELLA, Walter; FERREIRO, João Roberto Pinto. *Porto de Santos*: descarte de água de lastro de navios e a bioinvasão. Disponível em: http://www.unaerp.br/documentos/1658-porto-de-santos-1/file. Acesso em: 10 mar. 2018.

BASSO, Joaquim. Notas sobre o regime jurídico dos deveres fundamentais no ordenamento jurídico brasileiro. *Revista Direito UFMS*, Campo Grande, v. 1, n. 2, p. 87-108, jan./jun. 2016.

BRASIL. Câmara dos Deputados. *Decreto nº 52.493, de 23 de setembro de 1963*. Promulga a Convenção sobre a Organização Marítima Consultiva Internacional, assinada em Genebra, a 06 de março de 1948. Disponível em: http://www2.camara.leg.br/legin/fed/decret/1960-1969/decreto-52493-23-setembro-1963-392522-publicacaooriginal-1-pe.html. Acesso em: 22 abr. 2017.

BRASIL. Câmara dos Deputados. *Decreto nº 73.030, de 30 de outubro de 1973*. Cria, no âmbito do Ministério do Interior, a Secretaria Especial do Meio Ambiente - SEMA, e dá outras providências. Disponível em: http://www2.camara.leg.br/legin/fed/decret/1970-1979/decreto-73030-30-outubro-1973-421650-publicacaooriginal-1-pe.html. Acesso em: 20 abr. 2017.

BRASIL. Câmara dos Deputados. *Decreto nº 99.165, de 12 de março de 1990*. Promulga a Convenção das Nações Unidas sobre o Direito do Mar. Disponível em: http://www2.camara.leg.br/legin/fed/decret/1990/decreto-99165-12-marco-1990-328535-publicacaooriginal-1-pe.html. Acesso em: 15 mar. 2017.

BRASIL. Câmara dos Deputados. *Decreto Legislativo nº 74, de 1976*. Aprova o texto da Convenção Internacional sobre Responsabilidade Civil em Danos Causados por Poluição por Óleo. Disponível em: http://www2.camara.leg.br/legin/fed/decleg/1970-1979/decretolegislativo-74-30-setembro-1976-364186-publicacaooriginal-1-pl.html. Acesso em: 22 abr. 2017.

BRASIL. Câmara dos Deputados. *Decreto Legislativo nº 5, de 1987.* Aprova o texto da Convenção das Nações Unidas sobre Direito do Mar, concluído em Montego Bay, Jamaica, em 10 de dezembro de 1982. Disponível em: http://www2.camara.leg.br/legin/fed/decleg/1980-1987/decretolegislativo-5-9-novembro-1987-367281-publicacaooriginal-1-pl.html. Acesso em: 27 fev. 2016.

BRASIL. Câmara dos Deputados. *Decreto Legislativo nº 499, de 2009.* Aprova o texto consolidado da Convenção Internacional para a Prevenção da Poluição por Navios, adotada pela Organização Marítima Internacional, em Londres, em 2 de novembro de 1973, e o seu Protocolo de 1978, com as Emendas adotadas em 4 de dezembro de 2003 a 1º de abril de 2004. Disponível em: http://www2.camara.leg.br/legin/fed/decleg/2009/decretolegislativo-499-10-agosto-2009-590377-publicacaooriginal-139822-pl.html. Acesso em: 20 abr. 2017.

BRASIL. Câmara dos Deputados. *Decreto Legislativo nº 148, de 15 de março de 2010.* Aprova o texto da Convenção Internacional para Controle e Gerenciamento da água de lastro e Sedimentos de Navios. Disponível em: http://www2.camara.leg.br/legin/fed/decleg/2010/decretolegislativo-148-12-marco-2010-603816-publicacaooriginal-124707-pl.html. Acesso em: 07 mar. 2018.

BRASIL. Constituição (1988). *Constituição da República Federativa do Brasil*, 1988. Brasília: Senado Federal, Centro Gráfico, 1988, 292p. Disponível em: http://www.planalto.gov.br/ccivil_03/constituicao/constituicaocompilado.htm. Acesso em: 19 fev. 2017.

BRASIL. *Decreto nº 15.788, de 8 de novembro de 1922.* Regula a execução dos contratos de hipoteca de navios. Disponível em: http://www.planalto.gov.br/ccivil_03/decreto/1910-1929/D15788.htm. Acesso em: 22 abr. 2017.

BRASIL. *Decreto nº 79.437, de 28 de março de 1977.* Promulga a Convenção Internacional sobre Responsabilidade Civil em Danos Causados por Poluição por óleo, 1969. Disponível em: http://www.planalto.gov.br/ccivil_03/decreto/1970-1979/D79437.htm. Acesso em: 20 abr. 2017.

BRASIL. *Decreto nº 98.145, de 15 de setembro de 1989.* Aprova o Plano de Levantamento da Plataforma Continental Brasileira, e dá outras providências. Disponível em: http://www.planalto.gov.br/ccivil_03/decreto/1980-1989/D98145.htm. Acesso em: 15 mar. 2017.

BRASIL. *Decreto nº 1.530, de 22 de junho de 1995.* Declara a entrada em vigor da Convenção das Nações Unidas sobre o Direito do Mar, concluída em Montego Bay, Jamaica, de 10 de dezembro de 1982. Disponível em: http://www.iea.usp.br/noticias/documentos/convencao-onu-mar. Acesso em: 19 fev. 2017.

BRASIL. *Decreto nº 2.508, de 04 de março de 1998.* Promulga a Convenção Internacional para a Prevenção da Poluição Causada por Navios, concluída em Londres, em 2 de novembro de 1973, seu Protocolo, concluído em Londres, em 17 de fevereiro de 1978, suas Emendas de 1984 e seus Anexos Opcionais III, IV e V. (1998a). Disponível em: http://www.planalto.gov.br/ccivil_03/decreto/d2508.htm. Acesso em: 20 abr. 2017.

BRASIL. *Decreto nº 2.870, de 10 de dezembro de 1998.* Promulga a Convenção Internacional sobre Preparo, Resposta e Cooperação em Caso de Poluição por Óleo, assinada em Londres, em 30 de novembro de 1990. (1998b). Disponível em: http://www.planalto.gov.br/ccivil_03/decreto/D2870.htm. Acesso em: 15 abr. 2017.

REFERÊNCIAS | 179

BRASIL. *Decreto nº 4.136, de 20 de fevereiro de 2002.* Dispõe sobre a especificação das sanções aplicáveis às infrações às regras de prevenção, controle e fiscalização da poluição causada por lançamento de óleo e outras substâncias nocivas ou perigosas em águas sob jurisdição nacional, prevista na Lei nº 9.966, de 28 de abril de 2000, e dá outras providências. Disponível em:http://www.planalto.gov.br/ccivil_03/decreto/2002/d4136.htm. Acesso em: 15 abr. 2017.

BRASIL. *Decreto nº 6.514, de 22 de julho de 2008.* Dispõe sobre as infrações e sanções administrativas ao meio ambiente, estabelece o processo administrativo federal para apuração destas infrações, e dá outras providências. Disponível em: http://www.planalto.gov.br/ccivil_03/_ato2007-2010/2008/decreto/d6514.htm. Acesso em: 09 abr. 2017.

BRASIL. *Decreto nº 8.400, de 4 de fevereiro de 2015.* Estabelece os pontos apropriados para o traçado da Linha de Base do Brasil ao longo da costa brasileira continental e insular e dá outras providências. Disponível em: http://www.planalto.gov.br/ccivil_03/_Ato2015-2018/2015/Decreto/D8400.htm#art7. Acesso em: 15 mar. 2017.

BRASIL. *Decreto-Lei nº 1.098, de 25 de março de 1970.* Altera os limites do mar territorial do Brasil, e dá outras providências. Disponível em: http://www.planalto.gov.br/ccivil_03/decreto-lei/1965-1988/Del1098.htm. Acesso em 15 mar. 2017.

BRASIL. *Lei nº 556, de 25 de junho de 1850.* Código Comercial. Disponível em: http://www.planalto.gov.br/ccivil_03/leis/L0556-1850.htmCompilado.htm. Acesso em: 15 abr. 2017.

BRASIL. *Lei nº 6.453, de 17 de outubro de 1977.* Dispõe sobre a responsabilidade civil por danos nucleares e a responsabilidade criminal por atos relacionados com atividades nucleares e dá outras providências. Disponível em: http://www.planalto.gov.br/ccivil_03/leis/L6453.htm. Acesso em: 23 abr. 2017.

BRASIL. *Lei nº 6.938, de 31 de agosto de 1981.* Dispõe sobre a Política Nacional do Meio Ambiente, seus fins e mecanismos de formulação e aplicação, e dá outras providências. Disponível em: http://www.planalto.gov.br/ccivil_03/leis/L6938.htm. Acesso em: 06 abr. 2017.

BRASIL. *Lei nº 7.735, 22 de fevereiro de 1989.* Dispõe sobre a extinção de órgão e de entidade autárquica, cria o Instituto Brasileiro do Meio Ambiente e dos Recursos Naturais Renováveis e dá outras providências. Disponível em: http://www.planalto.gov.br/ccivil_03/leis/L7735.htm. Acesso em: 09 abr. 2017.

BRASIL. *Lei nº 8.078, de 11 de setembro de 1990.* Dispõe sobre a proteção do consumidor e dá outras providências. Disponível em: http://www.planalto.gov.br/ccivil_03/leis/L8078.htm. Acesso em: 23 abr. 2017.

BRASIL. *Lei nº 8.817, de 4 de janeiro de 1993.* Dispõe sobre o mar territorial, a zona contígua, a zona econômica exclusiva e a plataforma continental brasileiros, e dá outras providências. Disponível em: http://www.planalto.gov.br/ccivil_03/LEIS/L8617.htm#art16. Acesso em: 15 mar. 2017.

BRASIL. *Lei nº 9.307, de 23 de setembro de 1996.* Dispõe sobre a arbitragem. Disponível em: http://www.planalto.gov.br/ccivil_03/leis/L9307.htm. Acesso em: 15 abr. 2017.

BRASIL. *Lei nº 9.537, de 11 de dezembro de 1997.* Dispõe sobre a segurança do tráfego aquaviário em águas sob jurisdição nacional e dá outras providências. Disponível em: http://www.planalto.gov.br/ccivil_03/leis/l9537.htm. Acesso em: 22 abr. 2017.

BRASIL. *Lei nº 9.605, de 12 de fevereiro de 1998.* Dispõe sobre as sanções penais e administrativas derivadas de condutas e atividades lesivas ao meio ambiente, e dá outras providências. (1998c). Disponível em: http://www.planalto.gov.br/ccivil_03/leis/L9605.htm. Acesso em: 09 abr. 2017.

BRASIL. *Lei nº 9.966, de 28 de abril de 2000.* Dispõe sobre a prevenção, o controle e a fiscalização da poluição causada por lançamento de óleo e outras substâncias nocivas ou perigosas em águas sob jurisdição nacional e dá outras providências. Disponível em:http:// www.planalto.gov.br/ccivil_03/leis/L9966.htm. Acesso em: 12 abr. 2017.

BRASIL. *Lei nº 10.406, de 10 de janeiro de 2002.* Código Civil. Disponível em: http://www. planalto.gov.br/ccivil_03/leis/2002/L10406.htm. Acesso em: 22 abr. 2017.

BRASIL. *Lei nº 12.815, de 5 de junho de 2013.* Dispõe sobre a exploração direta e indireta pela União de portos e instalações portuárias e sobre as atividades desempenhadas pelos operadores portuários; altera as Leis nºs 5.025, de 10 de junho de 1966, 10.233, de 5 de junho de 2001, 10.683, de 28 de maio de 2003, 9.719, de 27 de novembro de 1998, e 8.213, de 24 de julho de 1991; revoga as Leis nºs 8.630, de 25 de fevereiro de 1993, e 11.610, de 12 de dezembro de 2007, e dispositivos das Leis nºs 11.314, de 3 de julho de 2006, e 11.518, de 5 de setembro de 2007; e dá outras providências. Disponível em: http://www. planalto.gov.br/ccivil_03/_ato2011-2014/2013/Lei/L12815.htm. Acesso em: 14 abr. 2017.

BRASIL. *Lei nº 13.105, de 16 de março de 2015.* Código de Processo Civil, 2015a. Disponível em:http://www.planalto.gov.br/ccivil_03/_ato2015-2018/2015/lei/l13105.htm. Acesso em: 15 abr. 2017.

BRASIL. *Lei nº 13.140, de 26 de junho de 2015.* Dispõe sobre a mediação entre particulares como meio de solução de controvérsias e sobre a autocomposição de conflitos no âmbito da administração pública; altera a Lei nº 9.469, de 10 de julho de 1997, e o Decreto nº 70.235, de 6 de março de 1972; e revoga o §2º do art. 6º da Lei nº 9.469, de 10 de julho de 1997, 2015b. Disponível em: http://www.planalto.gov.br/ccivil_03/_ato2015-2018/2015/ Lei/L13140.htm. Acesso em: 15 abr. 2017.

BRASIL. Marinha do Brasil. Diretoria de Portos e Costas. *Resolução A.868(20) – IMO.* Diretrizes para o controle e gerenciamento da água de lastro dos navios, para minimizar a transferência de organismos aquáticos nocivos e agentes patogênicos. 1997. Disponível em: https://pt.scribd.com/document/257464319/Gerenciamento-de-Agua-de-Lastro. Acesso em: 07 mar. 2018.

BRASIL. Marinha do Brasil. Diretoria de Portos e Costas. *NORMAN-20/DPC.* Norma da Autoridade Marítima Para o Gerenciamento da Água de Lastro de Navios. 2014. Disponível em: https://www.dpc.mar.mil.br/sites/default/files/normam20.pdf. Acesso em: 07 mar. 2018.

BRASIL. Marinha do Brasil. Diretoria de Portos e Costas. *Circular nº 12/2016.* Entrada em vigor da Convenção Internacional para Controle e Gerenciamento da Água de Lastro e Sedimentos (Convenção BWM). 26 de setembro de 2016. Disponível em: https://www. dpc.mar.mil.br/sites/default/files/csocial/circ_12_2016_dpc/Circ_12_2016.pdf. Acesso em: 12 mar. 2018.

BRASIL. Ministério da Saúde. Agência Nacional de Vigilância Sanitária – ANVISA. *Resolução – RDC nº 217, de 21 de novembro de 2001.* Aprova o Regulamento Técnico, com vistas à promoção da vigilância sanitária nos Portos de Controle Sanitário instalados no território nacional, embarcações que operem transportes de cargas e ou viajantes nesses locais, e com vistas à promoção da vigilância epidemiológica e do controle de vetores dessas áreas e dos meios de transporte que nelas circulam, 2001.

BRASIL. Ministério da Saúde. Agência Nacional de Vigilância Sanitária – ANVISA. Brasil – Água de Lastro. *Projetos GGPAF 2002.* Disponível em: http://docplayer.com. br/8963615-Brasil-agua-de-lastro-anvisa.html. Acesso em: 07 mar. 2018.

REFERÊNCIAS | 181

BRASIL. Secretaria de Assuntos Estratégicos da Presidência da República. Instituto de Pesquisa Econômica Aplicada – IPEA. *Sustentabilidade ambiental no Brasil*: biodiversidade, econômica e bem-estar humano. Livro 7, Brasília, 2010. Disponível em: http://www.ipea.gov.br/portal/index.php?option=com_content&view=article&id=6474%3Asustentabilidade-ambiental-no-brasil-biodiversidade-economia-e-bem-estar-humano&catid=265%3A2010&directory=1&Itemid=1. Acesso em: 07 maio 2017.

BRASIL. Senado Federal. *Decreto legislativo nº 17, de 1962*. Autoriza o poder executivo a assinar a adesão do Brasil à Convenção internacional, para a criação da organização marítima consultiva intergovernamental. Disponível em: http://www.lexml.gov.br/urn/urn:lex:br:federal:decreto.legislativo:1962-11-28;17. Acesso em: 22 abr. 2017.

BRASIL. Senado Federal. *Decreto Legislativo nº 74, de 1976*. Aprova o texto da Convenção Internacional sobre Responsabilidade Civil em Danos Causados por Poluição por Óleo. Disponível em: http://legis.senado.gov.br/legislacao/ListaPublicacoes.action?id=123672. Acesso em: 20 abr. 2017.

CABRAL, Luiz José dos Santos. *Convenções Internacionais sobre poluição do mar por navios e a posição do Estado Brasileiro*. 2010. Dissertação (Mestrado) – UFRJ/COPE/ Programa de Engenharia Oceânica, Rio de Janeiro, 2010. Disponível em: http://objdig.ufrj.br/60/teses/coppe_m/LuizJoseDosSantosCabral.pdfObjdij.ufrj.br/60/teses/coppe_m/luizjosedossantoscabral.pdf. Acesso em: 18 abr. 2017.

CAMACHO, Wellington Nogueira. Aspectos jurídicos acerca da poluição causada por água de lastro. *Revista de Direito Ambiental RDA*, v. 12, n. 46, p. 191-222, abr./jun. 2007.

CANÇADO TRINDADE, Antônio Augusto. Meio ambiente e desenvolvimento: formulação, natureza jurídica e implementação do direito ao desenvolvimento como um direito humano. *RPGE*, Fortaleza, v. 9, n. 11, p. 11-42, 1992.

CANÇADO TRINDADE, Antônio Augusto. *Direitos humanos e meio-ambiente*: paralelo dos sistemas de proteção internacional. Porto Alegre: Sergio Antonio Fabris, 1993.

CASELLA, Paulo Borba. *Direito Internacional dos Espaços*. São Paulo: Atlas, 2009.

CAVALIERI FILHO, Sergio. *Programa de responsabilidade civil*. 11. ed. rev. e ampl. São Paulo: Atlas, 2014.

COLLYER, Wesley. Água de lastro, bioinvasão e resposta internacional. *Revista Jurídica da Presidência*. v. 9, n. 84, p. 145-160, abr./maio 2007. Disponível em: https://revistajuridica.presidencia.gov.br/index.php/saj/article/view/362/355. Acesso em: 07 mar. 2018.

COLOMBO, Silvana Raquel Brendler. O princípio do poluidor-pagador. Âmbito Jurídico. 23 abr. 2017. Disponível em: http://www.ambitojuridico.com.br/site/index.php?n_link=revista_artigos_leitura&artigo_id=932. Acesso em: 23 abr. 2017.

COLOMBOS, C. John. *Derecho Internacional Marítimo*. Madrid: Aguilar, 1961.

CORTES, Alexandre Guimarães. *Os fundamentos jurídicos do Direito Internacional do Mar para as operações privadas desreguladas no alto-mar*. 2010. Dissertação (Mestrado em Direito das Relações Internacionais) – Universidade de Lisboa, Lisboa, 2010.

D'ALMEIDA, Joanna de Arruda Reis. *A responsabilidade civil por danos às águas do mar em razão do derramamento de óleo*. 2005. Monografia (graduação em Direito) – Pontifícia Universidade Católica do Rio de Janeiro, 2005. Disponível em:https://www.maxwell.vrac.puc-rio.br/10115/10115.PDF. Acesso em: 12 abr. 2017.

DAMACENA, Fernanda Dalla Libera; SILVA, Renato Carvalho da. Bioinvasão por água de lastro: um problema de direito e uma ameaça à sustentabilidade. *Revista Eletrônica Direito e Política*. Programa de Pós-Graduação Stricto Sensu em Ciência Jurídica da UNIVALI, Itajaí, v. 10, n. 1, edição especial de 2015. Disponível em: www.univali.br/direitoepolitica. Acesso em: 10 mar. 2018.

DESASTRE ecológico: Petroleiro Torrey Canion. *Mega Arquivo*. 03 jan. 2014. Disponível em: https://megaarquivo.wordpress.com/category/catastrofes-2/derramamento-de-oleo/. Acesso em: 20 abr. 2017.

D'ISEP, Clarissa Ferreira Macedo. *Direito Ambiental Econômico e a ISSO 14000:* análise jurídica do modelo de gestão ambiental e certificado ISSO 14001. São Paulo: Revista dos Tribunais, 2004.

ESPÍRITO SANTO. *Decreto nº 1.777-R, de 08 de janeiro de 2007.* Dispõe sobre o Sistema de Licenciamento e Controle das Atividades Poluidoras ou Degradadoras do Meio Ambiente, denominado SILCAP. Disponível em:https://www.legisweb.com.br/legislacao/?id=126515. Acesso em: 09 abr. 2017.

FABRIZ, Daury Cesar; OBREGÓN, Marcelo Fernando Quiroga. O dever fundamental de proteção ambiental no mar territorial. *Rev. Fac. Direito UFMG*, Belo Horizonte, n. 65, p. 171-198, jul./dez. 2014.

FERRAJOLI, Luigi. *Principia iuris:* teoría del derecho y de la democracia. 2. Teoría de la democracia. Madrid: Trotta, 2007.

FIGUEROA, Christiano Sávio Barros. *Limites exteriores da plataforma continental do Brasil conforme o Direito do Mar*. Brasília: FUNAG, 2014.

FIORATI, Jete Jane. *A disciplina jurídica dos espaços marítimos na Convenção das Nações Unidas sobre Direito do Mar de 1982 e na jurisprudência internacional*. Rio de Janeiro: Renovar, 1999.

FONSECA, Maurílio M. *Arte Naval*. 6. ed. Rio de Janeiro: Serviço de Documentação da Marinha. 2002. v. 1

FREITAS, Juarez. *Sustentabilidade:* direito ao futuro. 2. ed. Belo Horizonte: Fórum, 2012.

GALVÃO, Elisangela Cristina Ribeiro; FEITOSA, Antonio Cordeiro. Risco potencial da água de lastro para os ecossistemas costeiros de São Luís, Maranhão – Brasil. Disponível em: http://observatoriogeograficoamericalatina.org.mx/egal14/Procesosambientales/Hidrologia/09.pdf. Acesso em: 10 mar. 2018.

GIBERTONI, Carla Adriana Comitre. *Teoria e prática do Direito Marítimo*. 3. ed. atual., ver. e ampl., Rio de Janeiro: Renovar, 2014.

GOMES, Thais Pires. Responsabilidade civil perante os óleos poluentes derramados nos mares. *Jusbrasil*. 2015. Disponível em: https://thaitaa.jusbrasil.com.br/artigos/186156188/responsabilidade-civil-perante-os-oleos-poluentes-derramados-no-mares. Acesso em: 15 abr. 2017.

GONÇALVES, Luísa Cortat Simonetti; FABRIZ, Daury César. Dever fundamental: a construção de um conceito. *In*: DE MARCO, Cristhian Magnus; PEZZELLA, Maria Cristina Cereser; STEINMETZ, Wilson (Org.). *Teoria geral e mecanismos de efetividade no Brasil e na Espanha*. Joaçaba: Editora Unoesc, 2013.

GONZÁLEZ CAMPOS, Julio D.; SÁNCHEZ RODRÍGUES, Luis Ignacio; SÁENZ DE SANTA MARIA, Paz Andrés. *Curso de Derecho Internacional Público*. 3. ed. rev. Madrid: Civitas, 2003.

REFERÊNCIAS | 183

GONZÁLEZ-LEBRERO, Rodolfo A. *Manual de Derecho de la Navegación*. 4. edición, ampliada y actualizada. Buenos Aires: Depalma, 2000.

GUIMARÃES, Alexandre Cortes. *Os fundamentos jurídicos do Direito Internacional do Mar para as operações privadas desreguladas no alto-mar*. 2010. Dissertação (Mestrado em Direito das Relações Internacionais) – Universidade de Lisboa, Lisboa, 2010.

HEGEL, Georg Wilhelm Friedrich. *Fenomenologia do Espírito*. Tradução de Paulo Meneses, com a colaboração de Karl-Heinz Efken e José Nogueira Machado. 5. ed. Petrópolis: Vozes; Bragança Paulista: Editora Universitária São Francisco, 2008.

KANT, Immanuel. *Fundamentos da metafísica dos costumes e outros escritos*. São Paulo: Martin Claret, 2006.

KELSEN, Hans. *Teoria Pura do Direito*. 8. ed. São Paulo: Martins Fontes, 2015.

LIMA, Lara. Dossiê: espécies invasoras. *Revista Galileu*, p. 45-56, ago. 2003. Disponível em: http://www.institutohorus.org.br/download/midia/galileu/galileu0803.pdf. Acesso em: 21 mar. 2018.

MACHADO, Luiz Alberto Figueiredo. *A plataforma continental brasileira e o Direito do Mar*: considerações para uma ação política. Brasília: Fundação Alexandre de Gusmão, 2015.

MacMILLAN, Margaret Olwen. *Paz em Paris 1919*: a Conferência de Paris e seu mister de encerrar a Grande Guerra. Rio de Janeiro: Nova Fronteira, 2004.

MARTÍN, María. O pré-sal será aberto ao capital estrangeiro. Entenda o que muda. *El País*. Economia. Rio de Janeiro, 16 nov. 2016. Disponível em:http://brasil.elpais.com/brasil/2016/10/25/economia/1477353770_864008.html. Acesso em: 10 abr. 2017.

MARTINS, Eliane Maria Octaviano. *Curso de Direito Marítimo*. Barueri: Manole, 2008. v. II

MARTINS, Eliane Maria Octaviano. *Curso de Direito Marítimo*: teoria geral. Barueri: Manoel, 2014. v. I.

MARTINS, Eliane Maria Octaviano. Domínio marítimo, soberania e jurisdição. *Portogente*, 1º mar. 2010. Disponível em: https://portogente.com.br/colunistas/eliane-octaviano/27523-dominio-maritimo-soberania-e-jurisdicao. Acesso em: 21 mar. 2018.

MARTINS, Marina de Miranda. Do mar ao ultramar: a transmigração do lioz português para São Luís do Maranhão. *Revista de História da Arte e Arquitetura*. Unicamp, n. 19, p. 101-115, jan./jun. 2013. Disponível em: http://www.unicamp.br/chaa/rhaa/downloads/Revista%2019%20-%20artigo%206.pdf. Acesso em: 21 mar. 2018.

NABAIS, José Casalta. A face oculta dos direitos fundamentais: os deveres e os custos dos direitos. *Revista Direito Mackenzie*. ano 3, n. 2, p. 9-30, 2002.

NGUYEN QUOC, Dinh; DAILLIER, Patrick; PELLET, Alain. *Direito Internacional Público*. 2. ed. Lisboa: Fundação Calouste Gulbenkian, 2003.

NOSSO FUTURO COMUM. *Comissão Mundial sobre Meio Ambiente e Desenvolvimento*. 2. ed. Rio de Janeiro: Fundação Getulio Vargas, 1991.

OBREGÓN, Marcelo Fernando Quiroga; FABRIZ, Daury Cesar. O dever fundamental de proteção ambiental no mar territorial e nas águas interiores áreas portuárias: poluição por derramamento de água de lastro. *Derecho y Cambio Social*, 01 de julho de 2015. Disponível em: http://www.derechoycambiosocial.com/revista041/O_DEVER_FUNDAMENTAL_DE_PROTE%C3%87AO_AMBIENTAL.pdf. Acesso em: 09 abr. 2017.

ONG ÁGUA DE LASTRO BRASIL. *A água de lastro e seus riscos ambientais*. São Paulo: Associação Água de Lastro Brasil, 2009. (Cartilha)

ONU – ORGANIZAÇÃO DAS NAÇÕES UNIDAS. *Protocolo de 1978 relativo al convenio internacional para prevenir la contaminación por los buques, 1973 (MARPOL 73/78)*. Disponível em: http://proteo2.sre.gob.mx/tratados/ARCHIVOS/PROT.%20MARPOL%201978.pdf. Acesso em: 20 abr. 2017.

ONU – ORGANIZAÇÃO DAS NAÇÕES UNIDAS. *Protocolo de 1992 que emenda a Convenção Internacional para o estabelecimento de um Fundo Internacional de Compensação por Danos por Poluição por Óleo, 1971*. 27 nov. 1992. Disponível em:http://dai-mre.serpro. gov.br/atos-internacionais/multilaterais/protocolo-de-1992-que-emenda-a-convencao-internacional-sobre-responsabilidade-civil-em-danos-causados-por-poluicao-por-oleo-1969-clc-prot-92/at_download/arquivo. Acesso em: 20 abr. 2017.

ONU – ORGANIZAÇÃO DAS NAÇÕES UNIDAS. *Declaração do Rio sobre Meio Ambiente e Desenvolvimento*, junho de 1992. Disponível em: http://www.onu.org.br/rio20/img/2012/01/rio92.pdf. Acesso em: 24 abr. 2017.

PARIZATTO, João Roberto. *Arbitragem*: comentários à Lei nº 9.306, de 23.09.96: revogação dos artigos 1.037 a 1.068 do Código Civil e 101 e 1.072 do Código de Processo Civil. São Paulo: Editora de Direito, 1996.

PASSOS, Dario Almeida de Freitas. *Poluição marítima*: legislação, doutrina e jurisprudência. Curitiba: Juruá, 2009.

PECES-BARBA MARTÍNEZ, Gregorio. Los Deberes Fundamentales. *In*: AZARA, A.; EULA, E. (Orgs.). *Novíssimo DigestoItaliano*. Itália: Libreria Universitária, 1987, p. 329-341.

PETROBRAS. *Pré-sal*. Disponível em: http://www.petrobras.com.br/pt/nossas-atividades/areas-de-atuacao/exploracao-e-producao-de-petroleo-e-gas/pre-sal/. Acesso em: 03 jul. 2017.

PEZELLA, Maria Cristina Cereser; STEINMETZ, Wilson. *Séries Direitos fundamentais civis*: teoria geral e mecanismo de efetividade no Brasil e na Espanha. Joaçaba: Unoesc, 2013, p. 87-95. t. 1

PORTO, Marcos Maia; TEIXEIRA; Sérgio Grein. *Portos e meio ambiente*. São Paulo: Aduaneiras, 2001.

RODRIGUES, André Mondaine. Análise do regimento da Convenção internacional sobre responsabilidade civil pelos prejuízos devidos à poluição por hidrocarbonetos em transporte marítimo sob a óptica da análise econômica do Direito Internacional. *RJLB*, ano 1, n. 1, p. 459-504, 2015. Disponível em: https://www.cidp.pt/publicacoes/revistas/rjlb/2015/1/2015_01_0459_0504.pdf. Acesso em: 23 abr. 2017.

RODRIGUES, Paulo Roberto Ambrosio. *Introdução aos sistemas de transporte no Brasil e à logística internacional*. 4. ed., rev. e ampl. São Paulo: Aduaneiras, 2007.

SANTOS, Boaventura de Sousa. *A Crítica da Razão Indolente*: contra o desperdício da experiência. 3. ed. São Paulo: Cortez, 2001. v. 1

SANTOS, Ricardo Goretti. *Manual de Mediação de Conflitos*. Rio de Janeiro: Lumen Juris, 2012.

SCALASSARA. Lecir Maria. *Poluição marinha e proteção jurídica internacional*. Curitiba: Juruá, 2008.

REFERÊNCIAS | 185

SCAVONE JUNIOR, Luiz Antonio. *Manual de Arbitragem*. 3. ed. rev. e atual. São Paulo: Revista dos Tribunais, 2009.

SOARES, Mário Lúcio Quintão. *Direitos Fundamentais e Direito Comunitário:* por uma metódica de direitos fundamentais aplicada às normas comunitárias. Belo Horizonte: Del Rey, 2000.

SOARES, Guido Fernando Silva. *Direito Internacional do Meio Ambiente:* emergência, obrigações e responsabilidades. 2. ed. São Paulo: Atlas, 2003.

SUPERPETROLEIRO naufraga e despeja 230 mil toneladas de óleo no mar da França. Acervo *O GLOBO*. Publicado em 25 set. 2013 e atualizado em 07 jun. 2016. Disponível em:http://acervo.oglobo.globo.com/fatos-historicos/superpetroleiro-naufraga-despeja-230-mil-toneladas-de-oleo-no-mar-da-franca-10138380#ixzz4eoBvqXwq. Acesso em: 20 abr. 2017.

UNEP – Organização das Nações Unidas para o Meio Ambiente. *Declaração sobre o ambiente humano.* Estocolmo, Suécia, 1972. Disponível em: http://portal.iphan.gov.br/uploads/ckfinder/arquivos/Declaracao%20de%20Estocolmo%201972.pdf. Acesso em: 09 abr. 2017.

VARELA DÍAZ, Santiago. La Idea de Deber Constitucional. *Revista Española de Derecho Constitucional.* Año 2, n. 4, p. 69-96, enero/abr. 1982.

XAVIER, Grazielle. *Atividade portuária:* bioinvasão por água de lastro como vetor de risco à biodiversidade e a sociedade costeira. 2008. Dissertação (Mestrado em Ciência Jurídica) – Centro de Educação de Ciências Jurídicas, Políticas e Sociais, Universidade do Vale do Itajaí, Itajaí, 2008.

ZULAUF, Werner E. O meio ambiente e o futuro. *Estudos Avançados.* v. 14, n. 39, p. 85-100, 2000. Disponível em: http://www.scielo.br/pdf/ea/v14n39/v14a39a09.pdf. Acesso em: 07 maio 2017.

Esta obra foi composta em fonte Palatino Linotype, corpo 10
e impressa em papel Offset 75g (miolo) e Supremo 250g (capa)
pela Rona Editora.